Auer
Deutschbuch 7

Ein kombiniertes Sprach- und Lesebuch

Erarbeitet von:
Hans Werner Huneke • Otto Mayr • Harald Müller • Dr. Klaus Sauerbeck •
Gerd Schemel • Horst Schierhorn • Burkhard Vollmers

Auer Verlag GmbH

Ernst Klett Schulbuchverlag Leipzig
Leipzig Stuttgart Düsseldorf

Das Auer Deutschbuch ist eine Kooperation mit dem Ernst Klett Schulbuchverlag Leipzig und wurde erarbeitet von

Hans Werner Huneke

Gerd Schemel

Horst Schierhorn

Burkhard Vollmers

Gedruckt auf umweltbewusst gefertigtem, chlorfrei gebleichtem und alterungsbeständigem Papier.

1. Auflage. 2005
© by Auer Verlag GmbH, Donauwörth
Illustrationen: Maja Berg, Cornelia Haas, Daniela Kropf, Inge Voets, Katja Wehner, Bettina Weller
Satz: Fotosatz H. Buck, Kumhausen
Druck und buchbinderische Verarbeitung: Ludwig Auer GmbH, Donauwörth
ISBN 3-403-04357-6
ISBN 3-12-313230-7 (Ernst Klett Schulbuch Verlag Leipzig)

INHALTSVERZEICHNIS

So arbeitest du mit diesem Buch

Dieses Buch ist in fünf Lernbereiche gegliedert:
Sprechen, Zuhören, Spielen; Schreiben; Lesen; Rechtschreibung sowie **Grammatik**. Sie sind an den farbigen Balken zu erkennen. Auf diesen steht auch der Name des Lernbereichs.

Die Lernbereiche sind in kleinere Kapitel gegliedert. Jedes Kapitel beginnt mit einer Auftaktseite. Überschrift, Bilder kurze Texte oder einige Aufgaben sagen dir, worum es in dem jeweiligen Kapitel geht.

Am Anfang des Buches zeigt dir ein Inhaltsverzeichnis, welche Lernbereiche es gibt und welche Kapitel dazu gehören.

Am Ende des Buches findest du unter der Überschrift **Auf einen Blick** mehrere Übersichten:
- *Grammatische Begriffe und Regeln,*
- *Arbeitstechniken,*
- *Informationen über Autoren und weitere Persönlichkeiten*
- *Erklärungen zu den Textarten und Themen, die im Buch vorkommen,*
- *Kleines Computerlexikon,*
- *Register und Quellenverzeichnis.*

Wie geht denn das?

TIPP!
Um einem anderen einen Vorgang zu beschreiben, muss man diesen Schritt für Schritt erklären und Unbekanntes genau benennen.

1 Könnt ihr auch etwas Besonderes, was andere vielleicht nicht können? Es kann ein Trick sein, ein Experiment, eine besondere Fertigkeit oder Geschicklichkeit. Sprecht darüber.

2 Versucht, ohne große Vorbereitung zu erklären, was ihr Besonderes könnt, ohne es vorzumachen oder zu zeigen. Was ist daran schwierig?

Das wird nie ein Spiegelei!

Es gibt auch Dinge, die wohl alle von euch können, wie z.B. ein Spiegelei braten. Aber könnt ihr diesen Vorgang auch so genau beschreiben, dass ihn jeder ausführen kann? Macht dazu ein Experiment: Ein Mitschüler von euch macht genau das, was ihr sagt, wie ein Roboter, der jede Anweisung befolgt.

1 Überlegt, welche Vorbereitungen ihr treffen müsst:
Zutaten: …
Benötigte Geräte: …

ein Stück Butter · Bratenwender · erhitzen · das Eiweiß stockt · Dotter · würzen · eine Prise Salz · …

Und noch eine kleine Hilfe:
Zum Beschreiben eines Vorgangs braucht man Fachausdrücke, um etwas ganz genau und eindeutig benennen zu können. Welche sind das? Ergänzt die oberen Begriffe.

2 Und nun kann es losgehen!

1. Du nimmst eine Pfanne.

2. Nun gibst du das Ei in die Pfanne.

Immer wenn du merkst, dass dein „Roboter-Koch" etwas falsch macht, musst du korrigieren.

Auf vielen Seiten dieses Buches findest du **Symbole**. Sie stehen auf dem Seitenrand und haben unterschiedliche Aufgaben. Wenn du weißt, was sie bedeuten, kannst du die Aufgaben in den Kapiteln leichter lösen. Auf den abgebildeten Seiten siehst du Beispiele dazu.

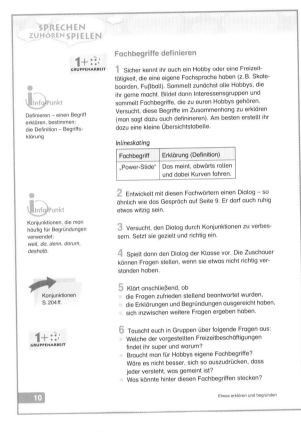

 Hier findest du Erklärungen und Regeln.

 Hier findest du Hilfen oder Hinweise zu Aufgaben.

Konjunktionen
S. 204 ff.

Der Pfeil verweist auf Seiten, auf denen du mehr zum Thema findest.

 Die Aufgabe kannst du in Gruppen bearbeiten.

 Die Aufgabe kannst du gemeinsam mit einem Partner bearbeiten.

 Die Aufgabe kannst du mit Hilfe eines Computers lösen.

7 Wie viele Begründungen habt ihr gefunden? Bereitet euch darauf vor, die Fragen vor der Klasse zu beantworten.
⚬ Ordnet die Antworten so, wie ihr sie der Klasse vortragen wollt.
⚬ Welche machen den meisten Eindruck? Wollt ihr diese gleich am Anfang oder erst am Schluss nennen?
⚬ Macht euch Notizen, damit ihr nichts vergesst.

8 Tragt jetzt den anderen eure Ergebnisse vor.
Die Zuhörer haben dabei folgende Aufgaben:
⚬ Genau zuhören
⚬ Nicht dazwischenreden
⚬ Versuchen, die Begründungen gelten zu lassen, auch wenn sie anderer Meinung sind
⚬ Sich aufkommende Fragen oder Einwände notieren

Wiederholt zuerst die Frage, so können sich alle besser erinnern.

9 Klärt zum Schluss:
⚬ Wurden die Fragen zufrieden stellend beantwortet?
⚬ Reichen die Begründungen aus?
⚬ Welche weiteren Fragen haben sich während des Vortrages ergeben?

Wovon redest du eigentlich?

1 Woran würdest du Spaß haben, was würdest du gerne ausprobieren? Was findest du weniger interessant, was vielleicht sogar langweilig? Führe zunächst eine kleine Bestandsaufnahme für dich selbst durch. Versuche, deine Beschreibungen zu begründen.

2 Führt nun eine Umfrage in eurer Klasse durch. Sammelt Dinge oder Tätigkeiten, die ihr eher gut findet bzw. die ihr eher ablehnt. An der Tafel oder auf einem Plakat könnt ihr die Umfrageergebnisse notieren. Erstellt anschließend für die Ergebnisse eine Rangfolge.

Das finden wir gut	Das lehnen wir ab
Skaten II	Wandern I
Computerspiele IIII	

Etwas erklären und begründen

Etwas erklären und erläutern

1 Diskutiert darüber, warum ihr bestimmte Dinge oder Tätigkeiten gut findet bzw. warum ihr diese ablehnt. Achtet darauf, ob die Begründungen auch stichhaltig (verständlich, logisch nachvollziehbar usw.) sind.

2 Wenn man von den anderen verstanden werden will, muss man sicher sein, dass die Gesprächspartner wissen, wovon man redet. Gerade im Freizeitbereich hat sich aber eine Fachsprache entwickelt, die von den anderen nicht verstanden wird. Hier ein kurzes Beispiel:

Bernd Mader (B. M.), ein begeisterter Segler, hat seinen Arbeitskollegen Kurt Neumann (K. N.) zum Segeln eingeladen ...

B. M.: Wir werden jetzt die Segel setzen, geh mal an die Pinne und luv ein wenig an!
K. N.: Was soll ich tun?
B. M.: Du sollst anluven, sonst kann ich das Großsegel nicht setzen.
K. N.: Wieso setzen? Es ist doch gar nicht oben. Außerdem wollen wir doch segeln.
B. M.: Lenke das Boot einfach so, dass die Spitze des Verklickers nach vorne schaut.
K. N. Was willst du mir verklickern? Du weißt, Spitzen kann ich nicht leiden.
B. M.: Du bist und bleibst eine Landratte – ein hoffnungsloser Fall!

≥KLICK≤

Auf den Geschmack gekommen? Informiere dich im Internet darüber, was ein Segelkurs für Anfänger kostet. Wo wird er angeboten? Welche Voraussetzungen muss man mitbringen? Wann findet ein Kurs statt? Gibt es Übernachtungsmöglichkeiten?

3 Bernd Mader hat doch noch ein Einsehen mit seinem Arbeitskollegen und beantwortet geduldig seine Fragen. Unten findet ihr die Antworten, was könnten die Fragen gewesen sein?

- Wenn du in die Richtung segeln willst, von der Wind kommt, musst du „kreuzen", da du nur in einem 40-Grad-Winkel gegen den Wind segeln kannst.
- Woher der Wind kommt, kann man zwar auch spüren, genauer aber ist der Verklicker.
- Vielleicht heißt er so, weil er dir verklickert, woher der Wind kommt – einfaches Gerät. Es ist eigentlich nur eine Windfahne.
- Der schnellste Kurs ist der Halbwindkurs, da kommt der Wind genau von der Seite, der Verklicker steht dann genau senkrecht zum Boot.

Fachbegriffe definieren

1 Sicher kennt ihr auch ein Hobby oder eine Freizeittätigkeit, die eine eigene Fachsprache haben (z. B. Skateboarden, Fußball). Sammelt zunächst alle Hobbys, die ihr gerne macht. Bildet dann Interessensgruppen und sammelt Fachbegriffe, die zu euren Hobbys gehören. Versucht, diese Begriffe im Zusammenhang zu erklären (man sagt dazu auch definineren). Am besten erstellt ihr dazu eine kleine Übersichtstabelle.

Info Punkt

Definieren – einen Begriff erklären, bestimmen; die Definition – Begriffsklärung

Inlineskating

Fachbegriff	Erklärung (Definition)
„Power-Slide"	Das meint, abwärts rollen und dabei Kurven fahren.

2 Entwickelt mit diesen Fachwörtern einen Dialog – so ähnlich wie das Gespräch auf Seite 9. Er darf auch ruhig etwas witzig sein.

Info Punkt

Konjunktionen, die man häufig für Begründungen verwendet:
weil, da, denn, darum, deshalb.

3 Versucht, den Dialog durch Konjunktionen zu verbessern. Setzt sie gezielt und richtig ein.

4 Spielt dann den Dialog der Klasse vor. Die Zuschauer können Fragen stellen, wenn sie etwas nicht richtig verstanden haben.

5 Klärt anschließend, ob
- die Fragen zufrieden stellend beantwortet wurden,
- die Erklärungen und Begründungen ausgereicht haben,
- sich inzwischen weitere Fragen ergeben haben.

Konjunktionen
S. 204 ff.

6 Tauscht euch in Gruppen über folgende Fragen aus:
- Welche der vorgestellten Freizeitbeschäftigungen findet ihr super und warum?
- Braucht man für Hobbys eigene Fachbegriffe? Wäre es nicht besser, sich so auszudrücken, dass jeder versteht, was gemeint ist?
- Was könnte hinter diesen Fachbegriffen stecken?

GRUPPENARBEIT

7 Wie viele Begründungen habt ihr gefunden? Bereitet euch darauf vor, die Fragen vor der Klasse zu beantworten.
- Ordnet die Antworten so, wie ihr sie der Klasse vortragen wollt.
- Welche machen den meisten Eindruck? Wollt ihr diese gleich am Anfang oder erst am Schluss nennen?
- Macht euch Notizen, damit ihr nichts vergesst.

8 Tragt jetzt den anderen eure Ergebnisse vor.

Die Zuhörer haben dabei folgende Aufgaben:
- Genau zuhören
- Nicht dazwischenreden
- Versuchen, die Begründungen gelten zu lassen, auch wenn sie anderer Meinung sind
- Sich aufkommende Fragen oder Einwände notieren

9 Klärt zum Schluss:
- Wurden die Fragen zufrieden stellend beantwortet?
- Reichen die Begründungen aus?
- Welche weiteren Fragen haben sich während des Vortrages ergeben?

Wiederholt zuerst die Frage, so können sich alle besser erinnern.

... die Erfindung überhaupt

Frank (Schüler)

Computerleben

Der Computer ist die Erfindung überhaupt,
Ist man mal nicht so gut drauf,
nimmt man sich ein *Action-Spiel*
und reagiert sich ab.

5 Ist man mal gelangweilt und hat zu viel Zeit,
nimmt man ein *Adventure* und spielt bis in die Nacht.

Ist man mal guter Laune, so richtig lustig drauf,
lädt man ein *Jump-and-run-Spiel* rein,
dann geht die Sache auf.

10 Ja, ein Computer ist eine tolle Sache,
kannst dich ausprobieren und testen,
kannst wie im besten Krimi schnüffeln
und sogar noch für die Schule büffeln.

Und haste keinen Bock mehr drauf,
15 stellste aus.

1 Kennt ihr auch einige von diesen Computerspielarten, von denen hier die Rede ist? Erklärt sie euren Mitschülern.

2 Ist der Computer für euch ebenfalls die Erfindung überhaupt oder seid ihr da anderer Meinung? Seht ihr vielleicht sogar einige Nachteile, wenn man zu lange am Computer sitzt?

+ 3 Versucht euer Hobby, ähnlich wie Frank, in einem Gedicht vorzustellen, z. B.:

Seglerleben
Segeln ist die Erfindung überhaupt,
ist man nicht gut drauf,
genießt man das Gleiten im Wasser
und ...

Michael Sperschneider

Disko

Ich hab Langeweile,
will mit Leuten reden,
einen duften Jungen kennen lernen,
vielleicht 'ne irre Frau.
5 Ich geh in die Disko,
dort sind so viele.
Ich fang an zu lachen,
denn das tun dort alle.
Ich tanze (jeder für sich),
10 ich rauche, ich trinke,
ich treffe ein paar Typen,
wir flachsen so rum.
Neugierig schauen wir zu
Bei der Schlägerei mit dem Arbeitslosen.
15 Dann trenn ich mich wieder,
lass mich treiben,
setze mich hin.
Seh den Leuten zu,
die an mir vorbei auf der Tanzfläche,
20 von dort immer wiederkommen,
hin und her, immer wieder.
Unzufrieden
Geh ich nach Haus.

1 Michael geht in die Disco, um sich zu amüsieren. Betrachte den Text kritisch. Amüsiert sich Michael wirklich? Michael ist unter vielen Menschen. Warum ist er trotzdem alleine?

2 Forsche genauer nach:
- Was möchte Michael?
- Was erlebt er, wie verhält er sich? Verhält er sich in allen angeführten Situationen richtig?
- Bekommt Michael, was er möchte?
- Untersuche die Zeilen 9 und 10. Warum helfen ihm die angeführten Beschäftigungen nicht über die Langeweile hinweg?
- Warum ist Michael unzufrieden?

3 Wie ist das, wenn man Langeweile hat? Wie geht es dir, wenn du dieses Gefühl hast? Was machst du dann? Was denkst oder empfindest du dabei? Wie könnte sich Michael sinnvoller verhalten? Gib ihm Tipps.

Was sagst du dazu?

„Mit Alk fing's an, nein Zigaretten. Rauch nicht, haben sie gesagt, das ist ungesund. Du in deinem Alter, das hätten wir uns einmal erlauben sollen. Schwachsinn. Das hat mit Drogen nichts zu tun. Wenn es wirklich gefährlich wäre, würde es der Staat doch verbieten. Und dann, als ich meinen ersten Rausch hatte – wieder das Gleiche. Sauf nicht, haben sie gesagt, das ist ungesund. Du in deinem Alter. Schwachsinn. Wie viele trinken denn Alkohol? Und der Staat verdient doch noch dabei. Der Staat hat doch gar kein Interesse, dass man keinen Alkohol trinkt. Warum soll man's dann lassen? Und die Politiker trinken doch auch. Aber es ist schon ein bisschen viel geworden mit der Zeit. Und dann wurde es täglich. Und dann kam Nina. Und ich habe es zum ersten Male probiert. Ich nehme das Zeug, weil alles Scheiße ist. Ich nehme das Zeug, weil es so viel Spießer gibt. Morgens aufstehen, zur Arbeit gehen, abends heimkommen, fernsehen, aufstehen, zur Arbeit gehen. Auto kaufen, abbezahlen, Wohnung kaufen, abbezahlen. Das ist nicht mein Leben. So eine Spießerscheiße mache ich nicht mit!"

Tim machte mit 14 Jahren seine ersten Drogenerfahrungen.

1 Über Texte und Bilder, die bewegen, hat jeder etwas zu sagen. Wie empfindet ihr die Aussagen des Jugendlichen? Welche Gefühle habt ihr dabei?

2 Tim stellt seine Drogenerfahrungen positiv dar. Schreibe die Gründe dafür auf. Stelle dir nun vor, du seist Tims Freund und versuchst, ihn von den Drogen wegzubekommen. Erläutere ihm die Gefahren (z. B. Abrutschen in die Kriminalität usw.).

3 Die abgebildete Zeichnung trägt den Titel „Sucht ist Sehnsucht". Stimmt das? Sprecht in der Klasse darüber. Welche Süchte (außer Drogen) kennt ihr noch?

Auch zu diesem Thema hast du sicherlich einiges zu sagen: Eine Diskussion vorbereiten

Ein Wechselbad der Gefühle

„Ich lasse mir doch von Dritten nicht vorschreiben, was ich anzuziehen habe." Für Pablo ist das Experiment „Schuluniform" vorzeitig beendet.
5 Zum gemeinsamen Termin kommt er bereits im beigen Pullover, während das Gros* der Klassenkameraden weiter die schwarze Strickjacke zum weißen T-Shirt oder Hemd nebst Jeans trägt.
10 Das Projekt hat der 9b der Realschule Herkenrath in den vergangenen Wochen ein Wellenbad der Gefühle beschert: Das Spektrum reichte von Euphorie** über Skepsis bis hin zu Ablehnung.

(Kölner Stadt-Anzeiger)

* **Gros:** überwiegender Teil
** **Euphorie:** übersteigerte Freude

1 Entscheide, ohne lange nachzudenken:

Bist du für oder gegen die Idee, dass alle Schüler deiner Schule Schuluniformen tragen sollen?

Zählt die Pro-Stimmen und die Kontra-Stimmen.

2 Denke jeweils zwei Minuten nur „in eine Richtung":

2 min: P (Plus) – Was ist gut an der Idee? Was spricht dafür?
2 min: M (Minus) – Was ist schlecht an der Idee? Was spricht dagegen?
2 min: I (Interessant) – Was ist interessant an der Idee? Was wäre interessant zu wissen? Was würde passieren, wenn sich die Idee durchsetzte?

Lege eine Tabelle mit drei Spalten an und trage ein, z. B.:

P (Plus)	M (Minus)	I (Interessant)
○ Man identifiziert sich eher mit der Schule ○ ?	○ Langweilige Klamotten ○ ?	○ Wer bestimmt, wie die Uniform aussieht? ○ ?

3 Trage deine Ergebnisse in der Klasse vor.

4 Du hast „in drei Richtungen" nachgedacht. Entscheide dich nun: Bist du für oder gegen die Idee? Ist das Ergebnis anders ausgefallen als bei deiner ersten Spontanäußerung?

TIPP!

Wenn du deine Meinung schriftlich formulierst, helfen dir Konjunktionen dabei, die PMI-Methode sinnvoll auszugestalten. Denke daran: Der Leser kann dich nicht unmittelbar fragen, wenn er etwas nicht verstanden hat. Beispiele untermauern daher deine Argumente.

TIPP!

Oft denkt man nicht weiter über eine Idee nach, sondern ist spontan dafür oder dagegen. Die PMI-Methode zwingt zum Nachdenken in drei Richtungen und schließt nicht sofort eine Meinung aus. Daher sollte man sie immer vor einer Diskussion anwenden.

Die spreche ich heute besser nicht an!

Mit dem unternehm ich nachher was! Der ist gut drauf.

5 Verwende die PMI-Methode auch bei der folgenden Idee. Entscheide dich zunächst wieder spontan für oder gegen die Idee. Halte genau die Zeit ein: Für jede Denkrichtung hast du zwei Minuten Zeit. Notiere in Stichworten deine Gedanken.

> Alle, auch Lehrer, tragen in der Schule ein Abzeichen, an dem man ablesen kann, wie sie gerade gelaunt sind.

6 Tauscht eure Argumente in der Klasse aus.

*Also einerseits wäre es schon interessant zu sehen, wer ...
Auf der anderen Seite jedoch glaube ich nicht, dass ...*

Ich bin dagegen! So ein Abzeichen wäre zwar ganz gut, weil man dann sofort ..., aber denkt doch einmal daran, was ...

*Natürlich sprechen einige Argumente dagegen, wie z. B. ...
Ich bin dennoch für diese Abzeichen, weil ...*

7 Hat sich deine Meinung geändert, nachdem du die verschiedenen Argumente dafür oder dagegen gehört hast?

ARBEITSTECHNIK

Sich auf eine Diskussion vorbereiten

- Durchdenke das Problem oder die Fragestellung genau.
- Lege dich nicht spontan auf einen Standpunkt fest, sondern überlege dir, was dafür spricht (Plus), was dagegen spricht (Minus) und was man noch wissen müsste (Interessant).
- Unterscheide: Was ist wichtig bzw. unwichtig für dich und für andere?
- Beschaffe dir gegebenenfalls weitere Informationen.
- Entscheide dich für einen Standpunkt und lege dir die Begründungen zurecht.
- Bedenke auch, welche Gegenargumente andere in der Diskussion vorbringen könnten.

Einen Standpunkt begründen

1 Schaue dir das nebenstehende Foto von der Hallig Gröde an. Stelle dir vor, du könntest hier wohnen und auch zur Schule gehen. Wende die PMI-Methode an – ordne zuerst den folgenden Punkten Plus oder Minus zu. Ergänze deine PMI-Liste.

- In einer Schule mit nur drei Schülern lernt man besser.
- Dort ist es ruhig und friedlich.
- Bei Sturmflut steht das Wasser oft bis zur Haustür.
- Es ist immer spannend, wenn das Postschiff kommt.
- Man lernt, mit sich selbst zurechtzukommen.
- Es ist ein richtig langweiliges Leben.
- Das Einkaufen muss richtig geplant werden.
- Man hat kaum Freunde oder Freundinnen.
- Man geht sich auf die Nerven.
- Man kann keinen Sport treiben.

Info Punkt

Hallig Gröde liegt im nordfriesischen Wattenmeer und ist mit 17 Einwohnern die kleinste Gemeinde in Deutschland.

2 Denke darüber nach, wie sich dein Leben verändern würde, wenn du nach Hallig Gröde umziehen würdest. Ergänze dann mit diesen Überlegungen die PMI-Liste.

3 Sucht gemeinsam weitere Argumente und erweitert eure PMI-Liste. Bildet nun zwei Gruppen.

GRUPPENARBEIT

Wählt A oder B:

A: Diejenigen, die die Idee befürworten.
B: Diejenigen, die die Idee ablehnen.

Aufgabe ist es, die anderen von eurem Standpunkt zu überzeugen.
- Notiert euch in der Gruppe stichwortartig, welche Begründungen besonders stark sind.
- Stellt eine Reihenfolge auf: Die stärksten Begründungen kommen an den Schluss.
- Überlegt auch, welche Begründungen die andere Gruppe für die Gegenmeinung bringen wird und sucht passende Entgegnungen.
- Nun trägt eine Gruppe geordnet ihre Begründungen vor. Die andern hören zu.
- Dann folgt die andere Gruppe.

Lösungen suchen und diskutieren

1 Sicher habt ihr schon häufig über ein bestimmtes Thema diskutiert. Vielleicht wart ihr mit der Art und Weise, wie das Gespräch abgelaufen ist, nicht zufrieden. Denkt nochmals an eure letzten Diskussionen zurück: Was hat funktioniert und was hat weniger funktioniert bzw. sogar gestört? Vergleicht eure Probleme mit den unten stehenden Beispielen.

> - Es reden immer die gleichen Personen.
> - Man lässt andere nicht ausreden.
> - Es gibt zu viele private Nebengespräche, die die Diskussion stören.
> - Man wechselt häufig das eigentliche Thema.
> - Man reagiert auf die Meinung anderer verärgert.
> - Es wird laut und gefühlsbetont argumentiert.
> - Bei manchen Beiträgen werden die Redner ausgelacht oder verspottet.

TIPP!

Um euer Diskussionsverhalten zu verbessern, müsst ihr immer wieder über folgende Fragen nachdenken:
- Was gelingt uns schon gut?
- Was gelingt uns noch nicht so gut?
- Woran könnte das liegen?
- Wie können wir an diesem Problem arbeiten?
- Was nehmen wir uns für die nächste Diskussion vor?

Stellt eure Probleme in einer Rangliste zusammen. Die Probleme, die ihr schnell in den Griff bekommen wollt, stehen ganz oben.

2 Entwickelt nun auf der Grundlage der Rangliste von Aufgabe 1 einen Regelkatalog für eure Diskussionen. Macht euch dabei auch Gedanken, wie einfach bzw. schwierig die Umsetzung der Regeln in eurer Klasse sein wird.

3 Versucht, eure Diskussionsregeln bei folgendem Thema umzusetzen: „Der Computer – eine sinnvolle Freizeitbeschäftigung?".

4 Es gibt sicher einiges, was ihr an eurer Schule gerne verbessern würdet. Sammelt eure Vorschläge und einigt euch auf maximal drei Stück.

5 Wenn ihr wollt, können einige von euch eure Überlegungen der Schulleitung vortragen. Vielleicht habt ihr Erfolg und es ändert sich etwas.

So könntet ihr anfangen:

„Wir haben über ein Problem, das für uns alle wichtig ist, nachgedacht und diskutiert, nämlich ... Wir sind zu Ihnen gekommen, um Sie zu fragen ..."

Dann könntet ihr eure Standpunkte vorbringen:

„Wir wissen, was daran nicht so gut ist, nämlich ... Aber wir finden, dass die Punkte, die dafür sprechen, wichtiger sind, nämlich ... Wenn Sie unserem Vorschlag zustimmen, wird es bestimmt interessant sein zu sehen, was ..."

Zum Schluss solltet ihr zusammenfassen:

„Das ist unser Anliegen und wir bitten Sie hiermit ..."

6 Sucht selbst Probleme und Ideen, an denen ihr das Diskutieren üben wollt, z. B.:

- An der Schule wird ein Kraftraum eingerichtet.
- Samstags ist Unterricht und dafür haben wir jeden Tag weniger Stunden.
- Jeder kann sich seinen Stundenplan selbst zusammenstellen.
- Jeder hat einen Laptop.
- Die Schule bietet nachmittags allen Schülern verschiedene Arbeitsgemeinschaften an.
- usw.

7 Vielleicht gibt es an eurer Schule oder in eurer Klasse auch aktuelle Probleme, die ihr mit der PMI-Methode angehen könnt. Macht dazu Vorschläge.

Orientierung ist wichtig!

Wie eine Arbeitsplatzerkundung geplant, durchgeführt und ausgewertet wird, lernst du im Fach Arbeit – Wirtschaft – Technik. Im Rahmen dieses Fachs triffst du auf viele Gesprächspartner. Sich auf die verschiedenen Gesprächspartner und -situationen einzustellen, erfordert genaue Vorbereitung.

1 Vorarbeit

Zuerst solltest du dir Gedanken machen, welche Arbeitsplätze du erkunden willst. Folgende Hinweise können dir dabei helfen:

- Welche Arbeitsplätze kennst du bereits?
- Welche interessieren dich unter dem Gesichtspunkt der eigenen Berufswahl?

Folgende Informationsquellen solltest du nutzen:
Broschüren der Bundes-agentur für Arbeit
Berufsdatenbank:
www.machs-richtig.de und
http://berufenet.arbeitsamt.de

Bevor du mit einem Betrieb in Kontakt trittst, solltest du dich über die Arbeit informieren (nur wenn man schon ein wenig Bescheid weiß, kann man die richtigen Fragen stellen).

Erstelle eine Übersicht über alle Firmen, mit denen du Kontakt aufnehmen willst. Mache dir kurze Notizen zu den Berufen.

2 Kontaktaufnahme

Um die Kontaktaufnahme zu den einzelnen Firmen musst du dich selbst kümmern. Überlegt gemeinsam, wie ihr am besten vorgeht.

3 Wichtige Notizen

Bevor du Kontakt zu den Firmen aufnimmst, solltest du einen kurzen Notizzettel zusam-menstellen, der die wichtigsten Informationen (z. B. Berufswunsch, Grund der Kontaktauf-nahme usw.) enthält.

4 Der Gesprächsbeginn

Ein Gespräch richtig zu beginnen, ist meist schwieriger als das Gespräch selbst. Erörtert die folgenden Beispiele:

- „Hallo, ich bin der Max von der Bismarckschule und möchte Sie was fragen."
- „Hallo, ich heiße Gerber und möchte gerne eine Arbeitsstelle erkunden, kann ich morgen kommen?"
- „Grüß Gott, meine Name ist Heiko Tetzler. Ich bin Schüler der Frundsbergschule. Im Rahmen unseres Faches Arbeit – Wirtschaft – Technik werden wir verschiedene Arbeitsplätze erkunden …"

5 Entwerft nun selbst einen für euch geeigneten Gesprächsbeginn. Probt ihn mit einem Partner im Rollenspiel.

6 Vorbereitung des Besuchs

Eine gute Vorbereitung ist auch hier sehr wichtig, denn der erste persönliche Kontakt entscheidet häufig darüber, ob man dich sympathisch findet oder nicht. Überlege dir deshalb genau, wie du auf deinen Gesprächspartner zugehen könntest. Es ist wichtig, dass du die Fragen gut vorbereitet hast – hier einige Anhaltspunkte:

- Fragen zum Beruf an sich (z. B. Art der Tätigkeit, Arbeitsschritte usw.)
- Fragen zum Gesprächspartner (z. B. beruflicher Werdegang, Gründe für die Entscheidung zu diesem Beruf usw.)
- Fragen zum Betrieb (Arbeitszeit, betriebliche Besonderheiten usw.)

Folgende Tipps solltest du außerdem berücksichtigen:
- Lies deine Fragen nicht herunter, sondern versuche, sie an der richtigen Stelle einzubringen.
- Versuche, systematisch vorzugehen (Reihenfolge). Dazu gehört auch, dass man einen Fragenblock erst einmal abschließt, bevor man einen neuen beginnt.
- Bemühe dich, deine Fragen höflich zu stellen und schaue deinem Gegenüber in die Augen und nicht an ihm vorbei (Blickkontakt!).
- Wenn du etwas nicht verstanden hast, frage höflich nach. Bitte gegebenenfalls höflich darum, auf Fachbegriffe zu verzichten oder sie zu erklären.
- Vermeide Entscheidungsfragen (das sind solche, auf die man nur mit Ja oder Nein antworten kann), sie sind einerseits nicht ergiebig und andererseits nerven sie deinen Gesprächspartner.

7 Besuch des Betriebs

Wenn du zum ersten Mal in dem Betrieb bist, kann es durchaus zu unerwarteten Situationen kommen, auf die du dich aber auch vorbereiten kannst. Probe folgende Situationen in einem Rollenspiel mit deinem Partner, z. B.:

- Bei einem großen Betrieb musst du dich erst bei einem Pförtner oder beim Empfang anmelden.
- Du hast dich im Betrieb verlaufen oder findest die richtige Zimmernummer nicht.
- Du wirst gebeten, dich erst einmal zu setzen – selbst nach einer halben Stunde hat sich aber noch niemand um dich gekümmert.
- Du bist verständlicherweise etwas nervös und möchtest die Toilette aufsuchen; du kennst dich aber nicht aus.

Immer diese Vorwürfe!

Eine Aufwärmrunde, bevor es richtig losgeht

A „Stand und Widerstand"

Zwei Spieler stehen sich gegenüber. Jeder leicht gegrätscht (etwa schulterbreit). Sie pressen gegenseitig ihre Handflächen aufeinander. Auf ein Startkommando müssen sie versuchen, den anderen durch Druck auf die Handflächen aus der Balance zu bringen. Sobald einer der beiden seine Fußstellung verändert, ist das Spiel beendet.

B Waschanlage

Zwei Reihen stehen sich eng gegenüber, so dass eine Gasse entsteht, die so schmal ist, dass man nur mit Mühe hindurchgehen kann. Diese Aufstellung stellt die Waschanlage dar.
Spielregel: Die Hände der in der Gasse Stehenden werden auf den Oberschenkeln abgelegt und dürfen nicht bewegt werden. Nun geht einer mit geschlossenen Augen durch die Gasse.
Anschließend tauscht er mit einem anderen innerhalb der Gasse den Platz. Das Spiel geht solange, bis alle an der Reihe waren.

C Knobeln auf Japanisch

Dieses Spiel gleicht dem deutschen „Papier, Schere, Stein". Die japanische Version hat aber andere Symbole, die pantomimisch dargestellt werden:
- Altes Mütterchen, das die Weisheit symbolisiert: gebeugte Haltung, geht am Stock
- Samurai, der die Stärke symbolisiert: erhobenes Schwert und Kampfruf
- Tiger, der das Wilde symbolisiert: fauchend mit schlagenden Pranken

Die Weisheit besiegt die Stärke, wird aber vom Tiger gefressen. Der Samurai besiegt den Tiger, wird aber von der Weisheit besiegt. Der Tiger besiegt zwar die Weisheit, verliert aber gegen den Samurai.
Das Spiel kann in beliebig großen Gruppen gespielt werden. Jede Gruppe berät leise, für welches Symbol sie sich entscheidet. Auf ein Kommando präsentiert jede Gruppe ihr abgemachtes Symbol.

1 Die Aufwärmrunde läuft zwar spielerisch ab, dennoch steckt hinter jeder Aufgabe ein tieferer Sinn und eine Möglichkeit, Erfahrungen zu machen. Versuche, herauszufinden, welchen Sinn diese Übungen haben könnten.

Josef Guggenmoos

Du Satansröhrling!

Du Satansröhrling! – Du Bauchwehkoralle!
Du Wurzel-Lorchel! – Du Runzel-Verpel!
Du lästiger Ritterling! – Du Graugezonter Faserkopf!
Du Buckel-Tramete! – Du Umrollender Mist-Tintling!
5 Du Papageigrüner Saftling! – Du Tropfender Rostporling!
Du Judasohr! – Du Gefächerter Flatterwirrling!
Du Walzensporiger Wirrkopf! – Du Zwergbovist!
Du Gemeiner Wurzelschnitzling! – Du Frostrasling!
Du Alkalischer Helmling! – Du Mürbling!
10 Du Schwarzanlaufender Schwarzporling! – Du Klapperschwamm!
Du Falscher Zunderporling! – Du Wechselfarbiger Speitäubling!
Du Geweihförmiger Holzstiel! – Du angebrannter Saftporling!
Du Blasser Zottenreizker! – Du Verbogener Milchling!
Du Körnig-Rinniger Röhrling! – Du Runzliggeriefter Schleimfuß!
15 Du Empfindlicher Krempling! – Du Zitterzahn!
Du Kuhfladen-Düngerling! – Du Starkriechender Schwindling!
Du Grünspan-Täuschling! – Du Mäusegrauer Erdritterling!
Du Rauchgraublättriger Schwefelkopf! – Du Stinkmorchel!
Du Gesätes Glimmerköpfchen! – Du Tigel-Täuerling!
20 Du Schleimigberingter Schneckling! – Du Tränentäubling!
Du Spitzes Stempelkeulchen! – Du Halbkugeliger Borstling!

2 Eure Aufgabe ist es, mit einem Partner aus den Text-
teilen einen kleinen Dialog zu machen und ihn anschlie-
ßend vorzutragen. Ihr habt dabei folgende Möglichkeiten –
probiert zwei Versionen aus:
- Gegenseitige Beschimpfung
- Herablassende Beleidigung
- Ein Kompliment
- Ein Liebesgeflüster

Denkt daran, dass ihr mit Hilfe der Mimik, der Betonung
sowie der Lautstärke bestimmt, wie eure Worte ankommen.

Immer, ständig, jedes Mal ...

1 Beschreibe die Situationen, die auf den Bildern dargestellt werden. Was ist wohl geschehen?

2 Sammelt typische Vorwürfe an der Tafel.

Nie räumst du von allein auf ...
Jedes Mal redest du von ...

etwas verallgemeinern
von etwas ablenken
etwas verstärken
etwas verharmlosen
jemanden ablehnen

3 Wie wirken „nie", „immer" usw. auf die Beschuldigten? Welche der Vorwürfe aus den Sprechblasen und an der Tafel passen zu den Begriffen am Rand?

Mit Rollenspielen Lösungen finden

1 Wenn jemand Vorwürfe äußert, steckt dahinter oft ein Konflikt. Wie laufen solche Konflikte häufig ab, wie versucht ihr, sie zu lösen?

> Die Jungen geben uns Mädchen beim Spielen nie den Ball ab!

2 Überlegt einmal, welcher Vorwurf, den ihr in letzter Zeit gehört habt, euch noch in Erinnerung ist. Wenn ihr gemeinsam sammelt, bekommt ihr sicherlich eine große Auswahl zusammen. Wenn euch gemeinsam nichts einfällt, könnt ihr die nebenstehenden Äußerungen verwenden.

> Warum muss ich jedes Mal den Rasen mähen und nie Nina?

> Die aus Klasse 10 drängeln uns am Bus immer zur Seite!

3 Denke bei einem Beispiel über folgende Dinge nach:
- Wie kam es eigentlich zu diesem Vorwurf, wie war die Situation?
- Was könnte dahinter stecken? Gab es darüber vielleicht vorher eine Auseinandersetzung?
- Was hat der Vorwurf bei euch ausgelöst?
- Hat sich die Beziehung zu demjenigen verändert, der den Vorwurf ausgesprochen hat?

4 Bildet nun Gruppen und entscheidet euch jeweils für eine Situation. Bereitet euch darauf vor, die Szene in einem Rollenspiel vorzuspielen. Einigt euch, wer welche Rolle übernimmt. Spielt möglichst spontan, ohne vorher zu proben.

1+ GRUPPENARBEIT

5 Die Klasse beobachtet das Rollenspiel:
- Was sagen die einzelnen Personen?
- Wie sagen sie etwas?
- Wie handeln sie?
- Wie schauen sie sich an?

6 Wertet das Rollenspiel aus.
- Wie habt ihr euch in euren Rollen gefühlt? Welche Gefühle waren euch schon bekannt, welche waren neu?
- Wie habt ihr euch als Beobachter gefühlt?
- Zu welcher Lösung ist die Gruppe gekommen?
- Notiert an der Tafel, welche Verhaltensweisen euch besonders aufgefallen sind, z. B.:
  Corinna hat oft verallgemeinert.

7 Welche Lösung wäre noch möglich gewesen? Was hätten die Personen auch anders machen können? Schreibt die Verhaltenstipps auch an die Tafel.

> – Wörter wie „nie, immer ..." vermeiden
> – Nicht handgreiflich werden
> – Aufeinander eingehen ...

8 Spielt die Situation noch einmal, aber mit vertauschten Rollen. Versucht, die Verhaltenstipps zu beachten. Teilt den Zuschauern vor dem Rollenspiel mit,
- wer welche Rolle übernommen hat,
- welche Lösung angestrebt wird.

9 Wertet auch dieses Rollenspiel aus.
- Wie habt ihr euch diesmal in euren Rollen gefühlt?
- Wie wurden die Verhaltenstipps eingehalten?
- Wie nahe ist die Gruppe einer Lösung gekommen?
- An welchen Stellen hätte ein Spieler noch anders reagieren können?

ARBEITSTECHNIK

Konflikte im Gespräch lösen

1. Bemühe dich, nicht laut zu werden.
2. Zeige keine drohenden Gesten.
3. Höre dir die Meinung des anderen an, ohne ihn zu unterbrechen.
4. Vermeide Verallgemeinerungen.
5. Antworte auf Vorwürfe nicht mit Gegenvorwürfen.
6. Gehe auf den anderen ein, versuche, ihn zu verstehen.
7. Triff Vereinbarungen.

+10 Das sieht alles ganz einfach aus, überlege trotzdem einmal:
- Welche Regeln fallen dir eher leicht?
- Welche Regeln fallen dir weniger leicht?
- Warum ist das so?

Irmela Wendt

Die Wut

Stefan kriegt mit allen Krach: mit Olaf hat er schon und auch mit Jürgen (der kriegt sonst mit keinem Krach), mit Axel, mit Jochen, mit Markus und mit den Jungen aus den anderen Klassen auch. Eines Mittags in der Förderstunde,
5 es sind nur sechs Kinder da, setzt Stefan sich ganz links in die äußerste Ecke und guckt vor sich hin, einfach tiefsinnig. „Komm zu uns an den Tisch", sagt Frau Anders. Aber das tut er nicht. Frau Anders lässt ihm etwas Zeit, dann geht sie zu ihm hin, und da sagt er: „Ich mache so oder so
10 einen Mord."

Frau Anders lässt die anderen fünf allein, sie nimmt Stefan mit ins Büro nebenan, da ist um diese Zeit niemand. „Sag das noch mal, was du eben gesagt hast!" Und er sagt es noch mal. „Auf wen hast du Wut?", fragt Frau Anders,
15 „auf mich?"

„Auf meinen Bruder", sagt Stefan, „den haben sie von der Schule geschmissen, der lernt jetzt Maurer, und wenn er Feierabend hat, macht er mir alle Häuser kaputt, die ich gebastelt habe." – „Was sagt denn dein Vater dazu?" – „Der
20 mischt sich nicht ein." – „Und deine Mutter?" – „Die hat keine Zeit." – „Und dein anderer Bruder?" – „Der spricht nicht mit mir." – „Und Maike, deine Schwester?" – „Mit der spreche ich nicht."

1 Warum bekommt Stefan mit allen Krach?

2 Was würdest du tun, wenn Stefan in deiner Klasse wäre? Wie könnte man ihm helfen?

Moderne Sagen – Geschichten mit Pfiff

Nierenklau

Ein Bremer Ehepaar hatte von einem anderen Paar gehört, welches nach Istanbul gereist war. Im Gedränge des Basars kam der Mann abhanden. Tagelang blieb er verschwunden, während die türkische Polizei auf Bitten der Deutschen Botschaft nach ihm fahndete. Schließlich machte man ihn in einem Krankenhaus ausfindig, wohin er eingeliefert worden war, nachdem man ihn bewusstlos am Strand gefunden hatte. Er wurde in seine Heimat zurückgeflogen, wo die Ärzte eine frisch vernähte Wunde am Rücken entdeckten und feststellten, dass ihm vor kurzem eine Niere entnommen worden war.

Monopoly

Ein „Bänker", der in Süddeutschland wohnte und durch erfolgreiche Börsenspekulation zu schnellem Reichtum gelangt war, wollte seiner Mutter, die in einer kleinen Stadt bei Braunschweig wohnte, zu Weihnachten etwas von seinem Geldsegen zukommen lassen und kam auf folgende Idee: Er kaufte ein Monopoly-Spiel, ersetzte das Spielgeld durch richtiges Geld, insgesamt 20000 Euro, und packte alles wieder in Plastikfolie ein. Durch Bekannte ließ er das Präsent seiner Mutter pünktlich zum Heiligen Abend zukommen. Sie machte sich aber nichts aus Spielen, ging nach den Feiertagen in ein Spielwarengeschäft und tauschte das Geschenk um.

1 Lies eine der beiden modernen Sagen und erzähle sie einem Partner.
Besprecht: Hat der Zuhörer gleich alles verstanden oder gab es Nachfragen? Was findet ihr an den Sagen besonders interessant? Worauf sollte man beim Erzählen achten?

2 Hast du auch schon einmal Geschichten gehört, zu denen der Ausspruch „Unwahrscheinlich, aber wahr!" passt. Erzähle sie in der Klasse.

Moderne Sagen – Wandersagen:
Interview mit Professor Rolf W. Brednich

Deutschbuch: Herr Professor Brednich, Sie sind Wissenschaftler an der Universität Göttingen und beschäftigen sich mit modernen Sagen. Ist das nicht ein Widerspruch: modern und Sage?

Professor Brednich: Nein, Sagen hat es nicht nur in der Vergangenheit gege-
5 ben. Sie entstehen auch heute immer wieder neu und werden eifrig weiter-
erzählt. Sie funktionieren immer noch nach den gleichen beiden Prinzipien wie früher: Es werden Ereignisse erzählt, die eigentlich ziemlich unwahrscheinlich oder ungewöhnlich sind, aber man erzählt sie dann so, dass sie ganz realistisch klingen.

10 *Deutschbuch:* Wie machen die Erzähler das denn?

Professor Brednich: Nun, sie berichten zum Beispiel ganz genau, wann und wo das Ereignis stattgefunden hat und wer daran beteiligt war. Also nicht einfach „Ein Mann kam nach Hause und fand …", sondern „Ein Schlosser aus Karlsruhe-Dammerstock kam aus den Sommerferien zurück und fand
15 in seinem Briefkasten …" Manchmal wird auch ein Zeuge genannt: „Das hat ein Arbeitskollege von meinem Cousin selbst erlebt."

Deutschbuch: Und wer setzt solche modernen Sagen in die Welt?

Professor Brednich: Das kann man oft nicht mehr genau feststellen. Einer erzählt sie dem anderen weiter, in der Kantine, beim Einkaufen oder auf dem
20 Schulhof und so breiten sie sich aus und wandern. Oft bauen die Erzähler dabei aber auch kleine Veränderungen ein.

Deutschbuch: Könnten Sie uns dafür ein Beispiel geben?

Professor Brednich: Ein schönes Beispiel ist die Wandersage vom Nierenklau. Man konnte nachweisen, dass sie zuerst 1990 in Rinteln an der Weser
25 erzählt wurde. Das Opfer war angeblich in Istanbul überfallen worden.
Wenig später tauchte die Geschichte im Ruhrgebiet auf – das Opfer war jetzt nach Venlo in Holland gefahren. Und schließlich wurde dieselbe Wandersage in Freiburg im Breisgau erzählt. Hier war allerdings Straßburg auf der französischen Rheinseite zum Ort des Verbrechens geworden.

3 Sprecht über das Interview. Was versteht man unter Wandersagen? Nennt ihre Merkmale.
Belegt dies mit Beispielen aus den Texten auf Seite 28 und aus den Geschichten, die ihr erzählt habt.

Sage S. 259 f.

4 Beim Weitererzählen verändern sich die Geschichten oft. Erkläre, warum das so ist.

Gut erzählt ist halb geglaubt

1 Lest diese Zeitungsmeldung und gebt mit eigenen Worten wieder, was geschehen ist.

„Einbrecher" waren eine Schulklasse

Mainz (AP).

Ein Leseabend in einer Schule hat in Mainz einen größeren Polizeieinsatz ausgelöst. Wie das Polizeipräsidium mitteilte, wurden in der Nacht zum Freitag nach einem Anruf besorgter Anwohner insgesamt sechs Streifenwagen zur Theodor-Heuss-Schule geschickt.

Die Beamten sperrten zunächst das Schulgelände ab. Nachdem erneut Taschenlampen im Erdgeschoss der Schule gesichtet worden waren, drangen drei Polizisten mit Diensthunden in das Gebäude ein. „Es stellte sich dann aber heraus, dass es sich um eine gesamte Schulklasse samt Lehrkräften handelte, die einen Leseabend durchführten", erklärte Polizeisprecher Lothar Neumann.

1 + :::
GRUPPENARBEIT

2 Macht aus dieser (wahren) Zeitungsmeldung eine Wandersage. Bildet Gruppen. Jede Gruppe verändert etwas und schreibt einen Stichwortzettel zu ihrer Version.

Ihr könnt den Ort ändern:
Ludwigsburg. Im Vereinsheim des FC Eglosheim ...

Ihr könnt etwas weglassen:
Nach einem telefonischen Hinweis drangen Polizeibeamte gestern ...

Ihr könnt etwas hinzufügen:
Der zehnjährige Johannes las gerade aus „Emil und die Detektive" vor, als ...

Ihr könnt etwas verändern:
Die Deutschlehrer der Stadt hatten sich zu einer gemeinsamen Korrekturnacht verabredet und ...

Ihr könnt die Erzählreihenfolge verändern:
Mainz (AP). In der Nacht zum Freitag riefen besorgte Anwohner ...

3 Erzählt eure Geschichten in der Klasse. Sprecht darüber, welche Texte am besten gewirkt haben.

Wahr oder erfunden?

1 Arbeitet zu zweit. Wählt eine der beiden modernen Sagen auf Seite 28 aus und erzählt sie so, als sei alles in eurer Umgebung geschehen. Ihr könnt aber auch nur die Idee aufgreifen und eure eigene Sage daraus basteln.

+2 Erzähle unwahrscheinliche Begebenheiten in der Klasse. Die anderen raten, ob deine Geschichte wahr oder erfunden ist.

Eine wahre Geschichte erzählen:
Vielleicht hast du selbst oder jemand aus deiner Familie einmal eine geeignete Begebenheit erlebt. Mache dir dazu auf einem Stichwortzettel Notizen.

Du kannst auch eine geeignete Meldung in einer Tageszeitung suchen und sie umformulieren. Dort gibt es oft eine Seite, die „Vermischtes" oder „Aus aller Welt" heißt.

Wie fast mal ein schlimmer Unfall passiert wäre.	*Wie etwas längst verloren Geglaubtes an einer ganz unerwarteten Stelle wieder aufgetaucht ist.*	*Wie jemand einmal ganz großes Glück / Pech hatte.*

Eine erfundene Geschichte erzählen:
Denke an die beiden Merkmale von modernen Sagen.
Du brauchst eine unglaubliche Begebenheit.
Du erzählst mit vielen realistischen Einzelheiten.
Mache dir dazu auf einem Stichwortzettel Notizen.

3 Besprecht in der Klasse, was euch geholfen hat, richtig zu raten oder was euch auf eine falsche Fährte gelockt hat.

ARBEITSTECHNIK

Eine Begebenheit wirkungsvoll erzählen

1. Wähle eine Begebenheit – erfunden oder wahr – mit einer überraschenden Wendung (Pointe) aus.
2. Füge wirklichkeitsnahe Angaben ein:
   - Wem ist das passiert?
   - Wer war dabei/hat davon gehört?
   - Wo ist das geschehen?
   - Wann war das?

Eine Theateraufführung entsteht

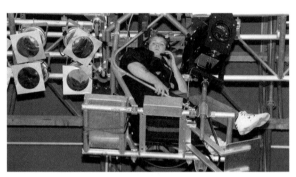

1 Bei der Aufführung stehen die Schauspieler im Mittelpunkt. Sie werden bewundert und erhalten Applaus. Bis zu diesem Moment haben aber noch viele andere Leute zum Gelingen beigetragen.
Seht euch die Fotos genau an. Findet heraus, welche Theaterberufe und Aufgaben zu sehen sind.

2 Könntet ihr euch vorstellen, später selbst solche Berufe auszuüben?

„EIER-MEIER VERWANDELT SICH"

Frank Lion

Darsteller:

- Fabrikant Heinz Meier,
  Besitzer einer Hühnerfabrik
- Elfriede, *seine Frau*
- Edwin und Erwin,
  Arbeiter in der Hühnerfabrik
- mehrere Hühner
- Moderator

Bild 1

Moderator:

Wir befinden uns hier im Frühstückszimmer von Herrn Meier. Herr Meier ist Fabrikant. Er fabriziert Hühner.
5 Die Hühner fabrizieren Eier. Wenn sie lange genug Eier gelegt haben und bevor sie zu zäh werden, werden sie geschlachtet. Dann finden sie ihren Weg in die Tiefkühltruhen unserer Kaufhäuser. Herr Meier
10 liebt Hühner. Er liebt sie gegrillt, gebraten und gekocht. Und fast noch mehr liebt er Eier. Von den vielen Eiern, die er täglich verspeist, ist das Frühstücksei sein liebstes Ei. Er hat sein Frühstücksei so lieb, dass er
15 es nur alleine essen kann. Jede Gesellschaft, und wäre es auch nur die seiner Frau Elfriede, würde diesen Genuss schmälern. Heute wollen wir Herrn Meier bei seinem morgendlichen Ritual zusehen.

20 **Herr Meier:**
(sitzt am Frühstückstisch)

Ich wollt', ich wär' ein Huhn.
Ich braucht' nicht viel zu tun.
Ich legte jeden Tag ein Ei
25 und sonntags auch mal zwei!
Heute ist Freitag. Wie wird am Freitag mein Lieblingsfrühstücksei geöffnet? …
Freitags stets mit einem kurzen Schlag eines mit der rechten Hand geführten
30 Messers. Und zwar so.

(Er öffnet das Ei wie beschrieben und beginnt es genüsslich auszulöffeln. Er gibt Laute und Geräusche von sich, die keinen Zweifel daran lassen, dass es ihm schmeckt.)

35 Zum Schluss das Deckelchen.
Das Deckelchen ist der Höhepunkt meines Freitagsfrühstücks. Und dann den Mund abwischen, damit meine Frau Elfriede nicht meckert. Sie sagt immer: Nur ein
40 sauberer Chef ist ein richtiger Chef!

*(Er nimmt die Serviette, führt sie zum Mund, hält inne, legt sie sich über den Kopf. Herr Meier verwandelt sich langsam in ein Huhn. Seine Haut verändert sich. Er bekommt
45 Federn. Seine Arme werden zu Flügeln. Seine Füße zu Krallen. Seine Stimme verändert sich. Er kann nur noch gackern. Herr Meier gackert und hüpft aufgeregt in seinem Frühstückszimmer herum. Sein letzter Satz,
50 bevor es ihm endgültig die menschliche Sprache verschlägt, lautet:)*

Ich glaub', ich bin ein Huhn!
(Auf dem Flur hört man die Stimme seiner Frau.)

Frau Meier:

Heinz! Heinzihähnchen! Du musst zur Arbeit,
es ist schon spät. Du musst Vorbild sein.

*(Als sie das Zimmer betritt, findet sie nicht
ihr Mann, sondern nur ein aufgeregtes*
Huhn, das sie mächtig angackert.)

Heinzihähnchen, wo bist du? … Er muss
zur Arbeit gegangen sein. Aber wie kommt
dieses grässlich große Huhn hierher? Ich
werde sofort die Arbeiter rufen, damit sie es
einfangen und zurück in die Legebatterie
bringen. Edwin! Erwin! Kommt sofort hoch
ins Frühstückszimmer. Schnell!

*(Edwin und Erwin, die beiden Arbeiter aus
der Hühnerfabrik von Herrn Meier, kommen*
herein.)

Edwin:

Gnädige Frau, was gibt es denn?

Frau Meier:

Es gibt dieses grässlich große Huhn. Entfernt es sofort.

Erwin:

Wow, was für ein Prachtexemplar, das
müssen wir bei der letzten Schlachtung ver-
gessen haben! Das kommt gleich morgen
unters Messer.

Frau Meier:

Von mir aus könnt ihr es gleich schlachten,
schafft es nur schnell hier weg!

(Der in ein Huhn verwandelte Fabrikant
Meier lässt sich nur mühsam einfangen und
von den Arbeitern wegbringen.)

Bild 2

Moderator:

Dies ist die Unterkunft der Hühner. Hier
zeigt es sich wieder einmal, dass der Mensch
die Krone der Schöpfung ist. Nur ein ver-
nunftbegabtes Wesen wie der Mensch ist
in der Lage, sich solch eine Anlage auszu-
denken. Es geht darum, wie man möglichst
viele Tiere mit möglichst geringem Aufwand auf möglichst kleinem Raum unter-
bringt. Weil sie sich wenig bewegen können,
werden unsere Gäste schnell dick, werden
geschlachtet und schaffen Platz für neue
Gäste. Dies ist eine unendliche Geschichte.

(Fabrikant Meier wird von Edwin und Erwin
hereingeführt und in eine Box gesperrt.)

Doch soeben wird ein neues Huhn eingeliefert. Was für ein seltsames Huhn? Ach ja, es
handelt sich ja, wie wir eben gesehen haben,
nicht um ein gewöhnliches Huhn, sondern
um den verwandelten Fabrikanten Meier.
Doch sehen Sie selbst.

Edwin:

Das ist ja wirklich ein Riesenhuhn.

Erwin:

Ein Glück, dass der Chef es nicht gesehen
hat. Der wäre stinksauer über so ein großes Huhn. Es passt kaum in die Box, ist
bestimmt bald zäh und unverkäuflich.

Edwin:

Hast du Lust heute noch die Schlachtma-
schine anzuwerfen und auch noch sauber
zu machen?

Projekt: Eine Theateraufführung vorbereiten

Erwin:

120 Nee, du?

Edwin:

Gleich ist Feierabend. Es kommt morgen dran.

Erwin:

125 Morgen bist du dran, du Huhn. Dann hat es sich ausgegackert.

(Fabrikant Meier sitzt als Huhn in seinem engen Käfig zwischen anderen Hühnern, die nur apathisch ihre Körner picken.)

130 **Herr Meier:**

Diese Unterbringung ist eine Zumutung: eng, stinkend. Kein Komfort … Körner. Was ist mit meinem geliebten Frühstücksei? Soll ich das etwa selber legen? Soll ich mir

135 jeden Tag selber den Hintern aufreißen? Was heißt hier jeden Tag! Morgen werde ich geschlachtet! Ich, Heinz Meier, Fabrikant, Inhaber der Hühnerfabrik „Zur glücklichen Henne", werde von meinen eigenen Ange-

140 stellten geschlachtet, wenn mir nicht etwas einfällt. Ich will hier raus! Sofort!

(Die Hühner neben ihm schrecken durch sein Geschrei zusammen und werden auf ihn aufmerksam.)

145 **Herr Meier:**

So kann man doch nicht leben! Das ist ja unmenschlich! Menschenunwürdig! Hühnerunwürdig! Skandalös! Wir müssen uns befreien! Morgen werde ich geschlach-

150 tet … morgen werden wir alle geschlachtet. Wir müssen ausbrechen, die furchtbaren Zustände hier anprangern. Protestschreiben verfassen. Wir werden eine Demonstration organisieren. Nieder mit der Hühnerfabrik!

155 **Alle Hühner:**

Nieder mit der Hühnerfabrik!

Herr Meier:

In fünf Minuten ist hier Feierabend. Dann gehen Edwin und Erwin nach Hause.

160 Erwin vergisst regelmäßig, die Hallentür zu verriegeln. Deshalb wollte ich ihn nächste Woche feuern. Dies ist unsere einzige Chance. Gemeinsam können wir die Hallentür öffnen. Zwei springen auf

165 die Türklinke. Der Rest von euch drückt. Es ist so weit! 5 – 4 – 3 – 2 – 1 – 0!

(Black-out oder Vorhang)

Alle Hühner:

(singen im Chor)

170 Ich wollt', ich wär' kein Huhn.
Ein Huhn hat nichts zu tun.
Es muss nur Eier legen.
Ein ziemlich ödes Leben.

(Die Hühner bilden einen Demonstrations-
175 *zug, entrollen Transparente …)*

Der Inhalt

1 Wie wirkt das Stück auf dich: An welchen Stellen hast du gelacht? Warum? Was will der Autor durch die starke Übertreibung bewirken?

2 Was sagst du zu dem Problem, das in dem Stück angesprochen wird? Fallen dir noch andere Beispiele für nicht-artgerechte Tierhaltung ein?

3 Besprecht, ob ihr das Stück einstudieren wollt. Wenn ihr euch dafür entschieden habt, müsst ihr überlegen, wann und vor welchem Publikum ihr es aufführen wollt.

4 Verdeutlicht euch zuerst den Inhalt und den Aufbau des Stückes: Gliedert das Stück in kleine Szenen. So entsteht ein Szenenplan.

Bild 1	Bild 2
Der Moderator stellt den Fabrikanten vor.	...
Herr Meier sitzt am Tisch und isst Eier.	...
...	...

5 Gefallen euch alle Szenen gut oder möchtet ihr an einigen Stellen etwas ändern? Sammelt alle Ideen und legt fest, wie ihr das Stück aufbauen wollt. Ändert euren Szenenplan und den Text entsprechend.

Weitere Rollen:
- *Andere Tiere melden sich zu Wort, z. B. ein Schwein.*
- *Tierschützer treten auf.*
- *...*

Der Schluss:
- *Änderungen werden zusammen mit Herrn Meier beschlossen.*
- *Die Zuschauer sollen befragt werden.*
- *...*

Die Besetzung

1 „Casting"

Um herauszufinden, wer welche Rolle am besten spielen
könnte, eignen sich die folgenden Übungen:

> **Pantomime**
> Der Spielleiter bestimmt, was dargestellt werden
> soll:
> – Wie bewegt sich ein Huhn?
> – Wie bewegen sich andere Tiere?
> – Wie öffnet man ein Frühstücksei?
> – ...
>
> **„Anspielen einer Rolle"**
> Lernt einen kleinen Teil einer Rolle auswendig,
> von dem ihr glaubt, dass er zu euch passen könnte.
> Übt für diesen Teil auch passende Gesten ein.

1 + ⁝⁝
GRUPPENARBEIT

Info Punkt

Körperbewegungen,
die etwas ausdrücken
sollen, nennt man
Gestik.
Gesichtsbewegungen,
die etwas ausdrücken
sollen, nennt man
Mimik.
Ein Spiel, bei dem
alles nur mit Gestik und
Mimik ausgedrückt
wird, nennt man
Pantomime.

2 Spielt der Klasse eure eingeübte Pantomime oder
Rolle vor. Achtung:
- Lacht niemanden bei diesen ersten Versuchen aus!
- Ermuntert die, die noch unsicher sind!
- Gebt den Darstellern Tipps, wie sie ihr Spiel verbessern können.

Beratet darüber, wer welche Rolle übernehmen könnte.

3 Verteilt die Rollen. Beachtet: Die Darsteller müssen
ihre Rolle auch mögen.

Arbeitstechnik
„Einen Rollentext
auswendig lernen"
S. 240

Die Proben

1 Die Rollen sind verteilt. Für die Aufführung ist noch viel zu tun.

Wähle A, B oder C:

A: Diejenigen, die eine Rolle übernommen haben
B: Diejenigen, die Masken herstellen wollen
C: Diejenigen, die das Bühnenbild herstellen und die Technik übernehmen wollen

A Darsteller

1. Zunächst musst du deinen Text auswendig lernen. Sieh dir den Szenenplan an. Mit welcher Szene willst du beginnen?
2. Überlege, wie Tiere und Menschen sprechen und sich bewegen sollen. Versuche, dich in die Personen hineinzuversetzen.
3. Sprich den Text immer wieder, Mimik und Gestik gehören stets dazu.
4. Probiere mit Partnern, so lernt man den Text leichter.
5. Beim Proben der Szenen kannst du den Text auch noch verändern. Du solltest die anderen aber über Änderungen informieren.

B Masken-Team

1. Sprecht mit der Schauspielergruppe ab, welche Tiere und welche Menschen in eurem Stück jetzt auftreten.
2. Stellt für die „Tiere" einfache Masken her.
3. Besprecht mit den Darstellern auch, welche Kleidung sie tragen sollen, z. B. alle Hühner weiße T-Shirts oder …

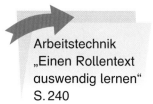

Arbeitstechnik
„Einen Rollentext auswendig lernen"
S. 240

Denke daran:
– Laut sprechen!
– Deutlich sprechen!
– Langsam sprechen!
– Zum Publikum wenden!
– Gestik und Mimik einsetzen!

Schlagt in Bastelbüchern nach und fragt euren Kunstlehrer.

C Bühnenbild und Technik

1. Spielorte

Klärt, wo die Aufführung stattfinden soll. Wenn ihr
keine eigene Bühne an eurer Schule habt, könnt ihr
sie mit einfachen Mitteln herstellen.

Manegenbühne

Die Zuschauer sitzen in einem Kreis um eine Spielfläche. Bis zu drei Reihen Stühle lassen sich stellen,
damit alle noch etwas sehen. Mit kleinen Kästen aus
der Turnhalle könnt ihr die Spielfläche abtrennen.
Jede Manegenbühne braucht einen schmalen offenen
Gang, durch den die Spieler auf- und abtreten. Dort
kann sich auch ein Vorhang befinden.

Hoftheater

Ihr müsst zunächst eine geeignete Stelle auf dem
Schulhof suchen. Die Spielfläche könnt ihr mit Kreide-
strichen markieren. Für das Auf- und Abtreten der
Spieler eignet sich auch ein aufgespanntes Tuch.

2. Requisiten

Überlegt, welche Requisiten notwendig sind und mit
welchen Mitteln ihr sie herstellen könnt, z. B.:
- *Waschmaschinenkartons* und *Turnstäbe* werden zu
  Hühnerkäfigen.
- Hühner können *unter Stühlen* kauern.
Legt fest, wer sie herstellen soll.

3. Licht, Musik und andere Effekte

Beleuchtung und Musik unterstützen die Wirkung der
Szenen. Sie können helfen, den Zuschauern Stimmun-
gen und Gefühle zu vermitteln. Auch kann man damit
den Anfang und das Ende einer Szene verdeutlichen.
Bevor der Moderator die Bühne betritt, kann eine *Ein-
gangsmusik* das Stück eröffnen. Eventuell spielt oder
singt ihr das *Lied* „Ich wollt', ich wär' ein Huhn".

Sprecht euch immer
wieder mit den
anderen Gruppen ab.

2 Probt das gesamte Stück auf eurer Bühne mit Licht,
Musik und allen Effekten so oft wie möglich. Auch jetzt
könnt ihr an einigen Stellen vielleicht noch Änderungen
vornehmen.

Die Werbung

1 Um möglichst viele Zuschauer für euer Stück zu interessieren, könnt ihr Plakate und Handzettel an der Schule oder in eurem Ort verteilen. Überlegt,
– wie das Plakat aussehen soll: Größe, Material, Farbe …,
– welcher Text auf dem Plakat stehen soll,
– wie die Handzettel gestaltet werden sollen.

2 Stellt zuerst ein verkleinertes Musterplakat her. Kontrolliert euch gegenseitig und fertigt dann möglichst viele Plakate an.

3 Beauftragt einige Schüler Handzettel herzustellen, die anschließend vervielfältigt werden können.

Die Aufführung

1 Probt das Stück vom Anfang bis zum Ende so, als wäre das Publikum bereits da. Diese Proben nennt man Hauptproben. Die letzte Hauptprobe ist dann die Generalprobe.

Tipps für den großen Augenblick – Premiere

Vor der Aufführung:

- Alle müssen einige Zeit vor Beginn der Vorstellung da sein.
- Kontrolliert, ob sich alles am richtigen Platz befindet.
- Prüft auch die Technik noch einmal.
- Führt einige Entspannungsübungen durch, z. B.:
  - Bewegt euch nach leiser Musik durch den Raum. Wenn die Musik gestoppt wird, versucht ihr, euch sanft auf den Boden gleiten zu lassen. Bleibt eine Weile entspannt liegen, bis die Musik wieder einsetzt. Wiederholt diese Entspannungsübung mehrmals.
  - Ihr liegt entspannt auf dem Boden. Auf Zuruf des Spielleiters spannt ihr bewusst eine Muskelgruppe an: ein Bein, das Gesicht, eine Hand … Anschließend entspannt ihr genau diese Muskelgruppe wieder ganz bewusst.
- Das Einsprechen:
  Jeder Darsteller erhält einen Korken. Alle halten ihren Korken mit den Vorderzähnen. Der Spielleiter spricht Wörter und Sätze vor, die alle wiederholen:
  - sehr laut
  - sehr leise
  - mit unterschiedlichen Betonungen.
  - Alle sprechen Teile ihres eigenen Textes.
  Wiederholt jetzt die Übung ohne Korken.

Nach der Aufführung:

- Verbeugt euch vor dem Publikum.
- Wartet mit der Kritik bis zum nächsten Tag.
- Übrigens: Eine Premierenfeier gehört unbedingt dazu!

Info-Punkt

Die erste Aufführung nennt man auch Premiere.

Arbeitstechnik „Einen Bericht schreiben" S. 63, 241

+2 Schreibt einen Bericht über die Premiere für eure Schulzeitung, Wandzeitung oder eure Homepage.

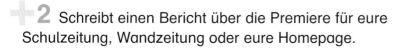

Gedanken und Gefühle

Zu einem Bild

„Das ist ein Bild von Michael und mir. Michael ist schon seit einigen Jahren mein bester Freund. Es ist schwierig, meine Gefühle zu ihm genau zu beschreiben. Wie auch immer, es ist etwas ganz Besonderes mit ihm. Es ist jetzt genau zwei Jahre her ..."

1 Das ist der Anfang einer Geschichte, die ein Junge zu diesem Foto aufgeschrieben hat.
Bildet Gruppen, versetzt euch in die abgebildeten Personen und erfindet gemeinsam eine fantasievolle Geschichte.
- Denkt euch einen Namen für den Jungen aus.
- Beschreibt die Personen genau: Wie sehen sie aus? Wie sind sie (nachdenklich, rücksichtsvoll, still, lebhaft, modern, leichtsinnig, faul, zielbewusst, ehrgeizig ...)?
- Wie haben sich die beiden kennen gelernt?
- Was für Gefühle haben sie?

2 Tragt eure Ergebnisse im Erzählkreis vor.
Vergleicht und bewertet sie.

3 Schreibe die Geschichte so auf, wie sie dir am besten gefällt. Worüber könnten sich die beiden unterhalten? Mit der wörtlichen Rede kannst du deinen Text interessanter gestalten.

4 Sicher hast du auch Fotos, zu denen du etwas erzählen kannst.
Denke an Bilder, die dich an bestimmte Situationen erinnern, die einen Freund oder eine Freundin zeigen …
Bringe ein solches Foto in der nächsten Stunde mit.

5 Bereite dich mit Hilfe eines Clusters (Ideennetzes) auf das Erzählen vor, z. B.:

ein gemeinsames Tagebuch führen

alles zusammen machen   *über alles sprechen können*

gemeinsam verreisen   **unzertrennlich** — *sich blind verstehen*

einander helfen

sich mögen   *sich vertrauen*

sich nie streiten   *miteinander gehen*

6 Setzt euch in einen Erzählkreis. Wer möchte, zeigt sein Foto und erzählt.

KLICK

7 Schreibe nun deine Geschichte auf ein DIN-A4-Blatt. Besprecht sie in einer Schreibkonferenz.
Hängt die Geschichten in eurem Klassenzimmer aus.

8 Legt in der nächsten Stunde einen Zeitraum zum Lesen fest. Ihr könnt dann von Geschichte zu Geschichte gehen und lesen.
Lest so viel, wie ihr in der vorgegebenen Zeit schafft. Tauscht anschließend eure Eindrücke aus.

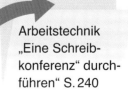

Arbeitstechnik „Eine Schreibkonferenz" durchführen" S. 240

Zu einem Buch

1 In dem Jugendbuch „Bitterschokolade" von Mirjam Pressler wird beschrieben, wie das Mädchen Eva, das etwas füllig und deshalb unglücklich ist, sich zunächst mit Essen tröstet und damit ihre Probleme nur vergrößert. Im Laufe der Zeit lernt sie aber mit Hilfe einer Freundin und eines Jungen, der sie mag, ihre gute Seiten wahrzunehmen und zu sich selbst zu finden.
Bearbeite zwei der vier folgenden Schreibaufgaben.

Wähle A, B, C oder D:

A Im 1. Kapitel unterhält sich Eva mit ihrer Freundin darüber, welche Stellen in Filmen oder Büchern sie traurig stimmen oder sie sogar zum Weinen bringen.
Schreibe auf, welche Situationen und Gefühle in Filmen oder Büchern dich traurig stimmen oder sogar zum Weinen bringen können. Die Wörter im Kasten helfen dir, deine Gefühle auszudrücken.
Bringe auch Beispiele.

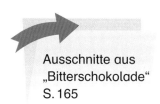

Ausschnitte aus „Bitterschokolade" S. 165

> unglücklich, allein, einsam, betrogen, überflüssig, unbeliebt, beleidigt, gerührt, enttäuscht, verlassen;
>
> übergangen, bloßgestellt, geliebt, verlassen, getrennt, ungerecht behandelt, abgelehnt, ausgeschlossen, sitzen gelassen, gehasst werden …

B Im 2. Kapitel erinnert sich Eva an eine bestimmte Situation, die ihr äußerst peinlich war: „Es war eine peinliche Erinnerung. Auch jetzt noch, in der Erinnerung, fühlte Eva die Scham und ihre eigene Unbeholfenheit."
Beschreibe eine Situation, in der du dich einmal geschämt hast. Die Wörter im Kasten helfen dir, deine Gefühle auszudrücken.

> rot werden, sich schämen, in den Boden sinken vor Scham, jemanden nicht in die Augen sehen können, sich Vorwürfe machen, bloßgestellt werden, sitzen gelassen werden …

C Im Kapitel 17 beobachtet Eva heimlich ihren Freund:
„Wieder war Eva erstaunt über die Innigkeit in den
Bewegungen des Mädchens. Ein Gefühl von Eifersucht
stieg in ihr hoch. Wie kommt die dazu, ihn so zu berüh-
ren?, dachte sie. Nur ich sollte das dürfen."
Schreibe auf, was für dich Eifersucht bedeutet. Arbeite
mit einem Cluster.

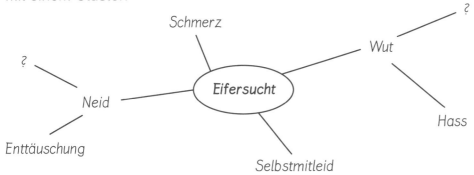

D Im Kapitel 18 ist Eva glücklich, denn ihr Freund hat
geschrieben: „Eva lachte. Viel war das nicht, aber sie freu-
te sich, dass der sofort an sie gedacht hatte. Laut singend
machte sie ihr Zimmer fertig. Mama, ich hole mir einen
Blumenstrauß. Soll ich dir etwas mitbringen?"
Wann hast du eine Situation erlebt, in der du dir am
liebsten einen Blumenstrauß gekauft hättest?
Schreibe darüber.

+2 Führe zu einem Jugendbuch, das du in diesem
Schuljahr liest, ein Lesetagebuch.
Beachte dabei folgende Vorschläge:

In einem Lesetagebuch kannst du
- aufschreiben, was du bei einer Textstelle gedacht oder gefühlt hast,
- notieren, was du wann gelesen hast,
- eine Textstelle, die dir besonders gut gefällt, notieren,
- ein Bild zu einer Textstelle malen,
- zu einer Textstelle ein Foto suchen und es aufkleben oder eine Collage gestalten,
- aufschreiben, was dir an einer Textstelle gut gefällt oder nicht gut gefällt.

Ein Tagebuch

+1 Julia vertraut ihre Gedanken und Gefühle einem Tagebuch an. Lies einen Auszug daraus.

Christine Nöstlinger

Oh, du Hölle!
Julias Tagebuch

Samstag, 7. Juni

Es ist ein echter Wahnsinn, aber es stimmt trotzdem:
Mein Straßenbahntyp heißt tatsächlich Stefan! Was aber nicht heißt,
dass ich mit ihm geredet habe. Es war so: Ich komme, zwanzig vor acht Uhr
wie immer, zur Haltestelle. Er lehnt – auch wie immer – mit der Zeitung
5 unter dem Arm an der Stange und kaut seinen Kaugummi. Ich stelle mich in
einem Respektsabstand von einem Meter neben ihn, schaue ihn nicht an
und hole einen Kaugummi aus der Hosentasche und stecke ihn in den Mund.
Eigentlich mag ich seit Jahren schon keinen Kaugummi mehr, aber ich
habe mir wegen dem Typ extra ein Packel Kaugummi gekauft, weil ich mir
10 gedacht habe: Kauen wir wenigstens gemeinsam, wenn wir schon nichts
miteinander reden, das verbindet auch irgendwie!
Die Straßenbahn kommt, und wir steigen ein. Zuerst ich, er hinter mir.
Gegenüber vom „Einstieg", am Kasten, wo man die Vorverkaufsscheine
markieren muss, lümmelt ein kleiner, schwarzhaariger Pummel, einer mit
15 mehr Pickeln im Gesicht als ein Normalmensch Poren hat. Einen Fettbauch
hat der Pummel auch. Der hängt ihm in einem rot-weiß karierten Hemd
über den Hosenhund und schaut vorne, zwischen den Hemdknöpfen,
behaart heraus. Der Pummel hebt die rechte Hand und sagt: „Hallo, Stefan,
wie geht's, Alter?"
20 Ich bin dermaßen verdattert, dass mein Typ wirklich Stefan heißt, dass ich
über meine eigenen Hufe stolpere, quer durch den Wagen holpere und dem
Pummel mitten auf den Fettbauch falle.
...
PS:
25 Der Corinna habe ich nicht erzählt, dass ich meinen Typ aus der
Straßenbahn morgen im Bad treffen werde. Ich wollte nicht, dass sie auch
ins Bad kommt. Sie ist zwar meine Freundin, aber wenn es um Burschen
geht, kennt sie kein Pardon. Der Stefan würde ihr sicher gefallen.
Bei blonden, großen Typen flippt sie aus. Und ich brauche nicht gleich beim
30 ersten Rendezvous harte Konkurrenz.

Sonntag, 8. Juni

Es ist neun Uhr, und der Himmel ist grau wie ein Granitgrabstein und
hängt ganz weit unten, und die Mutti sagt, dass nur echt Wahnsinnige
bei so einem Wetter auf die Idee kommen, ins Bad zu gehen.
Es ist zehn Uhr, und das Straßenpflaster ist schwarz getupft von
35 Regentropfen, und die Mutti sagt, dass sie mir verbietet, bei so einem Wetter
ins Bad zu gehen, weil meine Mandeln zu Angina neigen und meine
Nase zu Schnupfen und sie ihre fünf Tage Pflegeurlaub schon in meine
März-Angina investiert habe, und sie habe keine Lust, ihren sauer
verdienten Normal-Urlaub für Krankenpflege zu vertun.
40 Es ist elf Uhr, und der Regen hat aufgehört. Am Horizont ist fast schon
ein hellblauer Streifen zu sehen. Die Mutti sieht ihn nicht, aber die ist ja
farbenblind! Sie behauptet, dass es gleich wieder regnen wird. Wird es aber
nicht. Ohne dass ich den dicken Baumwollpulli in die Badetasche packe,
sagt sie, darf ich nicht aus dem Haus. Von mir aus! Pack ich das Unikum
45 halt ein. Ob ich es anziehe, ist allerdings eine andere Frage!

Es ist acht Uhr am Abend, und ich habe einen Tag hinter mir, von dem ich
nur sagen kann: den wünsche ich meinem ärgsten Todfeind! ...

+2 Für Julia beginnt offensichtlich etwas Neues. Worum
geht es?
Wieso wird sie ihrer Freundin Corinna nicht von den Neuig-
keiten erzählen?

+3 Was könnte Julia im Bad erlebt haben? Versetze
dich in ihre Situation. Befrage jemanden, der das Buch
kennt oder lies selbst nach.

+4 Schreibe deine Meinung zu folgendem Thema auf:
„Ein Tagebuch führen – ist das sinnvoll?" Denke an die
PMI-Methode von Seite 15. Führe für alle Gesichtspunkte
(Plus, Minus, Interessant) mindestens zwei Argumente
an. Veranschauliche diese durch Beispiele. Treffende
Adjektive, Konjunktionen, Adverbien sind gute Formulie-
rungshilfen.

Augenblicke

1 Wenn man sich einmal Zeit nimmt, seine Umgebung genau zu beobachten, kann man erstaunliche Entdeckungen machen. Lies dazu den folgenden Text.

Cordula Tollmien
Angst vor Hunden

Der Hund liegt auf dem Fußboden in einem Sonnenfleck. Er liegt auf der Seite und schläft. Die Ohren sind hochgestellt. Ab und zu blinzelt er mit einem Auge.

Bads ist da. Er ist mit seinem Vater gekommen. Boris kann schon gut laufen, doch der Vater hält ihn trotzdem auf dem Arm. Er macht das gern. Boris muss zweimal „runter"
5 sagen, bis der Vater ihn endlich absetzt.

Der Vater unterhält sich. Boris wackelt auf den Hund zu. Der Hund blinzelt, hebt den Kopf, steht langsam auf und streckt sich.

Der Vater unterhält sich immer noch. Er steht mit dem Rücken zu Boris. Boris geht einen Schritt weiter auf den Hund zu. Der Hund wedelt mit dem Schwanz.

10 Boris macht noch einen Schritt, schwankt, bleibt in den eigenen Beinen hängen, fällt auf den Hund zu, hält sich am Hundehalsband fest und rutscht auf den Boden.

Der Vater unterhält sich weiter. Boris sitzt vor dem Hund. Der Hund senkt den Kopf, schnuppert und leckt Boris über das Gesicht.

Boris zwinkert mit den Augen. Der Hund leckt noch einmal.

15 Boris verzieht das Gesicht. Er lacht leise. Er greift mit beiden Händen nach dem Hund, zielt in die Augen und fasst nach den Ohren. Der Hund leckt ihm wieder über das Gesicht. Boris lacht noch einmal. Diesmal laut.

Das hört der Vater. Er dreht sich um. Sieht den Hund und Boris davor.

Sofort reißt er Boris vom Fußboden hoch. Nimmt ihn auf den Arm und redet los: „Ist ja
20 schon gut", sagt er. „Brauchst nicht zu weinen. Ich bin ja da. Ist ja schon gut."

Bads weint.

Der Hund steht vor dem Vater und bellt. Boris brüllt.

Der Hund springt am Vater hoch.

Der dreht sich weg, tritt nach dem Hund und schreit: „Geh weg, lass das. Hau ab."

2 Schaue dir die farbig unterlegte Textstelle genauer an. Wie hat der Erzähler erreicht, dass man sich das Geschehen so gut vorstellen kann?

Alltägliches neu entdecken

1 Setzt euch bequem auf euren Platz. Lehnt euch zurück, die Hände auf den Knien. Atmet ruhig. Hört auf euer eigenes leises Atmen. Es wird ganz still in der Klasse. Schaut und hört!

2 Sagt jetzt, was euch aufgefallen ist.

3 Schaue dich jetzt noch einmal im Klassenzimmer um. Findest du etwas, was dir bisher noch nie aufgefallen ist? Sage es laut.

4 Macht ein weiteres Experiment, jetzt aber mit Block und Bleistift. Nehmt euren Stuhl, Block und Bleistift und geht auf den Schulhof (außerhalb oder während der Pause). Setzt euch einzeln, sprecht nicht miteinander. Schaut und hört, was euch auffällt. Notiert es stichwortartig, z. B.:

Der Hausmeister geht über den Hof, seine Schritte ...
Ein Blatt wirbelt im Wind. Ein Geräusch ist zu hören ...
Stimmen kommen aus den Klassenräumen, man kann ... hören.
Ein Auto fährt vorbei, es ...

5 Lest eure Notizen vor. Habt ihr in eurer Gruppe dasselbe gesehen oder dasselbe gehört?
Gab es Unterschiede? Wie erklärt ihr euch das?

Momentaufnahmen

1 Hier sind Texte abgedruckt, die Schüler in eurem Alter geschrieben haben. Sie haben genau beobachtet, sich Notizen gemacht und dann zusammenhängende Texte geschrieben:

Ich stehe unten im Foyer. Plötzlich wird die Stille durch ein schrilles Klingeln unterbrochen. Es ist große Pause. Die Türen fliegen auf und die Schüler stürmen wie Verrückte aus den Klassen. Ein Junge fällt mir gleich durch seine Art auf … Er geht ganz langsam und vorsichtig mit kleinen Schritten als Letzter aus der Klasse. Er fährt sich durch die Haare und sieht sich um … (Elif)

Es ist 9.30 Uhr. Die Tür der Klasse 9a öffnet sich. Mit lautem Geschrei stürzen die Schüler wie eine rasende Büffelherde auf den Flur. Hastig kommt eine Schülerin aus der Klasse. Sie drängelt sich nach vorn. Vielleicht will sie … (Dirk)

Man hört richtig die Stille. Nur manchmal kommt ein Laut aus einem Klassenzimmer. Plötzlich lachen in einem anderen Raum alle laut. Nach dem Gong stürmen die Schülerinnen und Schüler durch die Flure.
Zwei rennen und überholen … (Jana)

2 Sprecht über die Texte. Was gefällt euch daran? Welche Aufgabe hatten Elif, Dirk und Jana wohl? Stellt euch die Situation vor, in der diese Texte entstanden sind. Wo standen die drei, wie haben sie sich verhalten?

3 Mache deine eigenen Beobachtungen. Positioniere dich drei Minuten vor Pausenbeginn leise im Flur, im Treppenhaus oder an der Tür zum Pausenhof …
Warte dort, bis die Pause beginnt … Stehe ganz ruhig, schaue …, höre …, mache dir Notizen …

4 Schreibe jetzt deine Beobachtungen auf.

5 Lies vor, was du aufgeschrieben hast.
Was hat dir besonders gefallen? Warum?

Vergleiche helfen

1 Die beobachtete Situation kann sich der Leser dann besonders gut vorstellen, wenn ihr genau beschreibt, wie sich jemand bewegt, wie er aussieht oder schaut, was man hört, was jemand vielleicht denkt oder fühlt. Dazu kann man Vergleiche und Redensarten verwenden. Sammelt an der Tafel, z. B.:

> ### Wie sich jemand bewegt
>
> - *schleicht ängstlich*
> - *kommt eilig mit großen Schritten*
> - *bleibt plötzlich wie angewurzelt stehen*
> - *rennt einen Mitschüler fast über den Haufen*
> - *...*

Redensarten
S. 222 ff.

> ### Wie jemand aussieht oder schaut
>
> - *blinzelt verschlafen*
> - *starrt mit weit aufgerissenen Augen*
> - *schaut weg, so als wollte er ...*
> - *strahlt übers ganze Gesicht*
> - *...*

> ### Wie jemand spricht
>
> - *murmelt leise*
> - *schreit mit schriller Stimme*
> - *brüllt wie ein Löwe*
> - *...*

2 An Bewegungen, am Blick, am Gesichtsausdruck, an der Art des Sprechens kann man häufig erkennen, was jemand denkt oder fühlt. Nenne Beispiele.

Er sieht ganz niedergeschlagen aus. Bestimmt ist er ...
Sie plappert auf ihre Freundinnen ein. Vielleicht ...

Wähle deine Worte ganz bewusst:

sieht niedergeschlagen aus: traurig, deprimiert, entmutigt, bedrückt ...
sieht aus wie ein begossener Pudel ...

Mit dem Bleistift unterwegs

1 Auch außerhalb der Schule kannst du vieles entdecken und beobachten, was du vorher nicht so genau wahrgenommen hast. Hier findest du einige Anregungen. Was willst du machen?

Menschen in bestimmten Situationen beobachten
- Ein alter Mann steht an der Kreuzung.
- Eine Frau mit schwerer Einkaufstasche besteigt den Bus.
- Ein kleines Mädchen klettert auf eine Rutsche.

Was du sehen kannst:
wie jemand dasitzt, sich bewegt, wie jemand schaut, wie sich das Gesicht verändert ...

Was du hören kannst:
was und wie jemand spricht, Geräusche

Was du dir vorstellen kannst:
was jemand denkt oder fühlt

Tiere bei einer bestimmten Tätigkeit beobachten
- Eine Katze am Fressnapf
- Eine Schildkröte setzt sich in Bewegung
- Eine Fliege am Frühstückstisch

Was du sehen kannst:
wie sie sich fortbewegen, innehalten, wie sie schauen, aussehen

Was du hören kannst:
welche Laute, Geräusche sie machen

Was du vermutest:
z.B.: Der Hund knurrt mich an: „Bleib von meinem Knochen weg."

Naturbeobachtungen
- Nebel zieht auf.
- Es beginnt zu schneien.
- Es stürmt.

Was du sehen kannst:
wie sich die Situation verändert, z.B.:
Es beginnt zu regnen – ganz langsam fallen einzelne Tropfen ... immer dichter, es wird dunkler ...

Was du hören kannst:
Prasseln

Was du fühlst und denkst:
...

2 Wähle einen geeigneten Standort und schreibe deine Beobachtungen stichwortartig auf.

3 Es gibt viele Möglichkeiten, deine Beobachtungen von Menschen, Tieren oder Ereignissen in der Natur aufzuschreiben.

Wähle A oder B:

A: Für diejenigen, die ihre Notizen in einem erzählenden Text verwenden wollen

B: Für diejenigen, die ihre Notizen in einem Gedicht verwenden wollen

A Stelle dir noch einmal die Situation genau vor. Wenn du willst, kannst du dabei kurz die Augen schließen. Beginne dann zu schreiben.

B

1. Schreibe deine Notizen einzeln auf Papierstreifen.

Wolkenfetzen am Himmel

es zieht sich zu

es donnert und kracht

bedrohlich

es rumpelt

immer dunkler

es blitzt taghell

2. Verteile die Papierstreifen auf deinem Tisch. Probiere aus, welche Anordnung dir am besten gefällt. Du kannst dabei deine Notizen auch verändern: trennen, neu zusammensetzen, einige weglassen oder Neues hinzufügen. Wenn du mit deinem Gedicht zufrieden bist, schreibe es ab.

Himmel

zieht sich zu

immer dunkler

es rumpelt

...

Wolkenfetzen

es blitzt taghell

4 Stellt das, was ihr geschrieben habt, in der Klasse vor.

Die Katze am Fressnapf
Die graue Tigerkatze sitzt ein gutes Stück von ihrem gefüllten Fressnapf entfernt. Sie sitzt ganz ruhig und sieht gelangweilt aus. Man könnte glauben, dass sie sich nicht für den Napf interessiert. Sie dreht den Kopf, kneift die Augen zusammen, blinzelt und erhebt sich langsam
...

>KLICK<

SCHREIBEN

Was Dichter beobachten und schreiben

1 Auch große Dichter machen es nicht anders. Auch sie beobachten ihre Umwelt und versuchen, ihre Gedanken und Gefühle in Worte zu fassen. Manchmal gelingt das besonders gut. Lies selbst.

Georg Britting
Fröhlicher Regen

Wie der Regen tropft,
An die Scheiben klopft,
Jeder Strauch ist nass bezopft.

Wie der Regen springt!
5 In den Blättern singt
Eine Silberuhr.
Durch das Gras hin läuft,
Wie eine Schneckenspur,
Ein Streifen weiß beträuft.
10 Das stürmische Wasser schießt
In die Regentonne,
Dass die überfließt,
Und in breitem Schwall
Auf den Weg bekiest
15 Stürzt Fall um Fall.

Und der Regenriese,
Der Blauhimmelhasser,
Silbertropfenprasser,
Niesend fasst er in der Bäume Mähnen,
20 Lustvoll schnaubend in dem herrlich vielen Wasser.

Und er lacht mit fröhlich weißen Zähnen
Und mit kugelrunden, nassen Freudentränen.

2 Britting erfindet neue Wörter. Suche und erkläre sie.
Er stellt auch ungewöhnliche Vergleiche an.
Womit vergleicht er zum Beispiel die Baumkronen?

Friedrich Güll
Nebel

Ein Vorhang aus Luft
und Duft
gewoben,

und wie der Wind
5 geschwind
zerstoben

Georg Trakl
Im Winter

Der Acker leuchtet weiß und kalt.
Der Himmel ist einsam und ungeheuer.
Dohlen kreisen über dem Weiher
Und Jäger steigen nieder vom Wald.

5 Ein Schweigen in schwarzen Wipfeln wohnt.
Ein Feuerschein huscht aus den Hütten.
Bisweilen schellt sehr fern ein Schlitten
Und langsam steigt der graue Mond.

Ein Wild verblutet sanft am Rain
10 Und Raben plätschern in blutigen Gossen.
Das Rohr bebet gelb und aufgeschlossen.
Frost, Rauch, ein Schritt im leeren Hain.

>KLICK<

„Das Rohr bebet gelb (Z. 11). Das Verb passt hier eigentlich überhaupt nicht. Warum verbindet es Trakl gerade mit der Farbe Gelb. Sucht im Internet nach der Bedeutung der Farbe Gelb. Wie könnt ihr überprüfen, ob die Aussagen im Internet korrekt sind?

3 Diese beiden Gedichte schildern ebenfalls Gefühls-lagen. Vergleiche die beiden Gedichte miteinander:
- Wie wird die Natur beschrieben?
- Welche Stimmung hatten die Dichter?
- Welche Bilder werden verwendet?

Wie geht denn das?

TIPP!

Um einem anderen einen Vorgang zu beschreiben, muss man diesen Schritt für Schritt erklären und Unbekanntes genau benennen.

1 Könnt ihr auch etwas Besonderes, was andere vielleicht nicht können? Es kann ein Trick sein, ein Experiment, eine besondere Fertigkeit oder Geschicklichkeit. Sprecht darüber.

2 Versucht, ohne große Vorbereitung zu erklären, was ihr Besonderes könnt, ohne es vorzumachen oder zu zeigen. Was ist daran schwierig?

Das wird nie ein Spiegelei!

Es gibt auch Dinge, die wohl alle von euch können, wie z. B.
ein Spiegelei braten. Aber könnt ihr diesen Vorgang auch so
genau beschreiben, dass ihn jeder ausführen kann? Macht
dazu ein Experiment: Ein Mitschüler von euch macht genau
das, was ihr sagt, wie ein Roboter, der jede Anweisung befolgt.

1 Überlegt, welche Vorbereitungen ihr treffen müsst:
Zutaten: …
Benötigte Geräte: …

Und noch eine kleine Hilfe:
Zum Beschreiben eines Vorgangs braucht man Fachausdrücke, um etwas ganz genau und eindeutig benennen zu
können. Welche sind das? Ergänzt die oberen Begriffe.

2 Und nun kann es losgehen!

1. Du nimmst eine Pfanne.

2. Nun gibst du das Ei in die Pfanne.

Immer wenn du merkst, dass dein „Roboter-Koch" etwas
falsch macht, musst du korrigieren.

Vorgänge beschreiben

1 Schreibe nun auf, welche eindeutigen Anweisungen du dem „Roboter" geben musst, damit auch wirklich ein Spiegelei gebraten wird.
Wie willst du die Anweisungen formulieren:

Du nimmst …, Nimm …, Man nimmt …?

2 Überarbeitet eure Texte:

Dann nimmt man eine kleine Pfanne.
Dann stellt man sie auf eine passende Herdplatte.
Dann schaltet man den Herd an …

Durch welche Wörter könnt ihr „dann" ersetzen? Sammelt sie und schreibt sie auf.

3 In welcher Zeitform habt ihr eure Anleitungen geschrieben? Warum wohl?

Du stellst eine mittelgroße Pfanne auf eine passende Herdplatte. Dann erhitzt du die Butter …

4 Versucht jetzt (bevor ihr weiterlest), selber zu formulieren, was für eine Vorgangsbeschreibung wichtig ist.

TIPP

Manchmal klingt es auch gut, wenn man die Verben, die den Vorgang beschreiben, aneinander reiht, z. B.:

Jetzt nimmt man eine kleine Pfanne, stellt sie auf eine passende Herdplatte und …

Abwechslung erreicht man auch, wenn man die Sätze umstellt, z. B.:

Man nimmt nun eine kleine Pfanne. Diese stellt man auf eine passende Herdplatte …

ARBEITSTECHNIK

Einen Vorgang beschreiben

1. Bezeichne genau, welche Gegenstände oder Zutaten gebraucht werden.
2. Beschreibe treffend, welche Tätigkeiten ausgeführt werden müssen.
3. Beachte die Reihenfolge genau.
4. Achte auf unterschiedliche Satzanfänge *(Zuerst …; Als Erstes …; Anschließend …; Als Nächstes …; Dann …; Danach …; Jetzt …; Nun …; Schließlich …; Zum Schluss …; Als Letztes …)*.
5. Verwende das Präsens.

Selber experimentieren!

Brausepulver-
Rakete

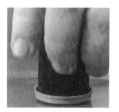

Wie viel Kraft in Brause-pulver steckt, kann man sehr eindrucksvoll erleben, wenn man eine Filmdose von einem Kleinbildfilm (am besten sind die schwar-zen) zu einem Drittel mit Wasser füllt und dann einen gehäuften Teelöffel Brausepulver dazugibt.

Dann muss es ganz schnell gehen. Den Deckel gut, wirklich gut zumachen, die Filmdose umdrehen und auf den Tisch stellen. Dann muss man ein wenig warten.

Und gerade dann, wenn man denkt, es klappt nicht … geht die Brause-rakete los.

Damit eure Materialien und Bücher nicht beschmutzt werden, solltet ihr eure Tische ganz leer räumen. Noch besser ist, wenn ihr den Versuch gleich im Freien ausprobiert.

Deckel
Filmdose
1 Teel. Brause-pulver
+ $\frac{1}{3}$ Wasser
= Raketenantrieb

Christoph Biemann

1 Eure Tricks, Kniffe, Experimente und Geschicklich-keiten, die ihr am Anfang des Kapitels erklärt habt, könnt ihr auch wie im Beispiel beschreiben: schriftlich und mit Fotos oder Zeichnungen versehen. Beachtet dabei die Hinweise zur Arbeitstechnik auf Seite 58.

2 Macht den Test: Lest einem Partner eure Beschreibung vor. Weiß er genau, was er tun muss? Kann euer Partner es nachmachen oder es sich genau vorstellen? Korrigiert, wo etwas unklar war.

>KLICK<

TIPP!

Ihr könnt auch im Internet nach Experimenten suchen, z. B. unter http://www.kidsweb.de/experi/experinh.htm

Berichte aus dem Schnee

Hurra, endlich waren wir da!

Der Hüttenwirt und seine Familie empfingen uns sehr freundlich.

Aktiv, Passiv
S. 63, 123, 161, 235

Die Schüler wurden in einzelne Schikurse eingeteilt.

Die Bergwacht ist jederzeit vor Ort und leistet im Notfall erste Hilfe.

1 Habt ihr schon einmal an einer Schifreizeit teilgenommen? Erzählt davon.

2 Welche Informationen könnt ihr den Bildern und Bildunterschriften entnehmen?

3 Was ist der Unterschied zwischen den folgenden beiden Sätzen?
Die Schüler wurden in einzelne Schikurse eingeteilt. Der Schilehrer teilte die Schüler in die einzelnen Schikurse ein.

4 Kannst du eine kleine Skizze anfertigen, wie sich durch die Verwendung von Aktiv und Passiv ein Satz verändert? Verwende zur Veranschaulichung einen Beispielsatz.

Berichte für andere

1 Neben begeisterten Schülern gibt es aber auch
kritische Stimmen zum Schilaufen. Lies zunächst einen
Ausschnitt aus einem Elternbrief an den Schulleiter.

```
Sehr geehrter Herr Wehnert,
...
Wir sind der Auffassung, dass unsere Kinder in Zukunft
nicht mehr auf eine Schifreizeit fahren sollten. Zu
solchen Unternehmungen gibt es später noch genügend Zeit.
In der Schule aber müssen andere Dinge im Vordergrund
stehen: Deutsch, Mathematik, Englisch usw. sind doch viel
wichtiger. Gerade haben wir durch die PISA-Studie mit
Erschrecken feststellen müssen, dass die Kinder in
Deutschland weder richtig lesen, noch rechnen können.
...
```

2 Die Schulleitung verlangt von den Teilnehmern einen
Bericht über die letzte Fahrt. Überlegt, was sie wissen
muss, um die Fahrt auch im nächsten Jahr genehmigen
zu können.

> *Wer nahm an der Fahrt teil?*
> *Wie viele ...?*
> *Wohin ...?*
> *Womit ...?*
> *Wie lange ...?*
> *Wie teuer ...?*
> *Was wurde unternommen?*
> *Was wurde dabei gelernt?*
> *Welche besonderen Vorkommnisse ...?*
> *...*

3 Überlege dir, warum man in einem Bericht möglichst
viele Informationen aufnehmen, nebenstehende Aussagen aber eher nicht verwenden sollte.

So viel Schnee habe ich noch nie gesehen!

Schilaufen ist eine irre Sache!

4 Hier sind Ausschnitte aus Briefen, Telefongesprächen und Erzählungen der Teilnehmer. Entscheidet bei jeder einzelnen Information, ob sie für den Bericht an die Schulleitung in Frage kommt, wichtig oder hilfreich ist. Welche Informationen könnt ihr auch weglassen bzw. sollten erst gar nicht verwendet werden?

1
Wir fuhren am 30.01.2004 um 20.00 Uhr mit dem Bus los. Wir hatten eine Mordsgaudi.

2
Wir waren ganz schön lange unterwegs! Wir fuhren fast 3 Stunden mit dem Bus bis Steibis/Oberallgäu und dann noch 20 Minuten mit der Seilbahn.

3
Hallo Oma, wir sind gut angekommen.

5
Jetzt mussten wir durch den tiefen Schnee zum Berggasthof „Hochbühl" stapfen. Das war ganz schön mühsam. Aber der Blick über die Alpenkette und den Bergwald entschädigte für diese Mühe.

4
Der Hüttenwirt erwartete uns an der Bergstation, um unser Gepäck zur Hütte zu transportieren. Er hatte seinen Hund mitgebracht, der wild um uns herum jagte.

6
Endlich angekommen! Wir haben unsere Zimmer bezogen; jedes Zimmer hat zwischen vier und zehn Betten. Es ist überall unheimlich gemütlich. Mir ist jetzt schon klar, dass man viel Rücksicht aufeinander nehmen muss.

7
„Nach dem Mittagessen, was glaubst du, was ich für einen Hunger hatte, wurden uns Schischuhe und die Schier angepasst. Jeder von uns bekam ein passendes Paar."

8
Am Samstag kamen die Schilehrer. Unsere Lehrer hatten uns bereits in Schikurse eingeteilt. Viele waren sehr nervös, ob sie sich auch nicht zu ungeschickt anstellen würden. Wir hatten an jedem Tag Schiunterricht; dadurch haben alle das Schilaufen gut erlernt.

9
Neben dem Schiunterricht erzählten uns die Schilehrer viel über das Leben in den Bergen und die Besonderheiten der Bergwelt. Endlich mal Unterricht, der richtig Spaß macht!

10
Das hätte ich mir vorher so nicht vorgestellt: Nach einem tollen Hüttenabend nahmen wir am Freitag, dem 06.02., traurig Abschied von der Hütte, in der Gewissheit, im nächsten Jahr natürlich wieder dabei zu sein. Meine Eltern könnten sich nicht leisten, mit der Familie hier Urlaub zu machen.

Den Bericht schreiben

5 Begründet, warum einige Sätze aus den Texten auf Seite 62 nicht in einen Bericht passen.

6 Schreibe die für die Schulleitung wichtigen Informationen aus den Texten auf Seite 62 heraus.
Lasse weg, was nicht in einen Bericht gehört:
- Persönliche Eindrücke und Gefühle
- Meinungen und Vermutungen
- Überflüssige Kleinigkeiten
- Persönliche Ausschmückungen
- Wörtliche Rede

7 Überlegt, wie der Bericht aufgebaut sein muss.
In welcher Zeitform werden Berichte geschrieben?

- Überschrift?
- Einleitung?
- Reihenfolge?
- ...

Vom ... bis ... zum
... führten wir ...

8 Schreibe jetzt den Bericht an die Schulleitung. Beachte dabei die folgenden Hinweise.

Bericht
S. 41, 241

ARBEITSTECHNIK

Einen Bericht schreiben

1. Schreibe den Bericht kurz, genau und sachlich.
2. Verwende hin und wieder auch passive Formulierungen. Sie wirken sachlich.
3. Gib Antworten auf folgende Fragen:
   - Was? – das Geschehen in der richtigen Reihenfolge,
   - Wo? – Ort des Geschehens,
   - Wer? – beteiligte Personen,
   - Wann? – der genaue Zeitpunkt des Geschehens,
   - Warum? – Grund und Folge des Geschehens.
4. Schreibe im Präteritum.

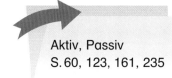

Aktiv, Passiv
S. 60, 123, 161, 235

Berichte im Ernstfall

1 Während der Schifreizeit ist ein Unfall passiert.
Ein Schüler hat sich bei einem Sturz am rechten Knie
verletzt – Bänderdehnung – und musste im Krankenhaus
untersucht werden.
In der Schule muss nach der Fahrt eine Unfallanzeige
ausgefüllt werden. Seht euch das Formular an.

Unfallanzeige für Kinder in Kindergärten, Schüler, Studierende

1. Name und Anschrift der Einrichtung (Kindergarten, Schule, Hochschule):
XXXXXXXXX XXXXXXXXXX
Klasse:
XXX

2. Familienname und Vorname des Verletzten: geboren am:
XXXXXXX XXXXXXX XX.XX.XXXX
Geschlecht
■ ■
männl. weibl.
Staatsangehörigkeit
XX

3. Anschrift des Verletzten (Postleitzahl, Wohnort, Straße):
XXXXXXXXX XXXXXXXXXX
ledig
■ ■
Ja Nein
Kinder
■ ■
Ja Nein

4. Name und Anschrift des gesetzlichen Vertreters:
XXXXXXXXX   XXXXXXXXX

5. Krankenkasse des Verletzten:
XXXXXXXXX

6. Wochentag: Datum: Jahr: Uhrzeit des Unfalls:
XX   XX   XX   XX
Tätigkeit am Unfalltag:
Beginn: X   Uhr   Ende: X   Uhr

7. Verletzte Körperteile:
XXXXXXXXX

8. Art der Verletzungen:
XXXXXXXXX

9. Zuerst behandelnder Arzt:
XXXXXXXXX
Jetzt behandelnder Arzt oder Zahnarzt:
XXXXXXXXX

10. Krankenhaus, in das der Verletzte aufgenommen wurde:
XXXXXXXXX

11. Unfallstelle(bei Wegunfällen genaue Ortsangabe):
XXXXXXXXX

12. Zeugen des Unfalls:
XXXXXXXXX XXXXXXXXX

13. Unfallhergang:
XXXXXXXXX XXXXXXXXX XXXXXXXXX XXXXXXXXX
XXXXXXXXX XXXXXXXXX XXXXXXXXX XXXXXXXXX
XXXXXXXXX XXXXXXXXX XXXXXXXXX XXXXXXXXX

(wenn erforderlich, auf gesondertem Blatt fortfahren)

2 Besprecht, was in Zeile 1 bis 12 eingetragen werden müsste. Denkt euch eventuell selbst einige Angaben aus.

3 Versuche, den Unfallhergang (Zeile 13) zu beschreiben. Folgende Aspekte sind dabei wichtig:
- Wo ist der Sturz passiert (welches Gelände)?
- Wann ist das geschehen (am Anfang/während des Tages)?
- Was hat den Sturz ausgelöst, wie hat er stattgefunden (Zusammenstoß usw.)?
- Was ist dabei passiert (Verletzung)?
- Wann und durch wen wurde der Verletzte zuerst versorgt (Lehrer, Bergwacht usw.)?
- Wie wurde der Verletzte abtransportiert (Hubschrauber usw.)?
- Waren eine Aufsichtsperson bzw. Zeugen dabei (Lehrer, Schüler usw.)?

4 Lest euch gegenseitig eure Texte vor. Wer von euch hat auch Formulierungen im Passiv verwendet.

+5 Häufig wird behauptet, dass das Schilaufen die Sportart mit den meisten Sportunfällen sei.
Was erfahrt ihr dazu aus dem folgenden Text?

> ... Fast ein Drittel aller Sportunfälle ereignet sich beim Fußballspielen. Auf Platz zwei der Verletzungsliste steht das Schilaufen, gefolgt von Handball
> 5 und Tennis, dann folgen Unfälle beim Inlineskating.
> „Die Verletzungsrate ist bei diesem Trendsport (Inlineskating) nach den bisher verfügbaren Statistiken gar
> 10 nicht mal so hoch ... Sie ist ähnlich der bei den Ballsportarten, wie Basketball und Volleyball. Gefährdet sind allerdings besonders Anfänger." Das erklärte Dr. Karl-Heinz Kristen beim
> 15 14. Kongress für Sportorthopädie und Traumatologie in München. Ein großes Problem beim Inlineskating ist, dass die Schutzausrüstung (Helm, Protektor am Handgelenk, am Ellenbogen und am Knie) noch von zu 20 wenigen getragen wird.
> Freizeitsportler sind besonders verletzungsgefährdet. Etwa jede sechste Fußverletzung tritt am Wochenende durch Sport auf. 25
> Beim Schulsport verletzen sich Schülerinnen und Schüler am häufigsten durch Ballspiele. Jede fünfte Verletzung ereignet sich beim Basketball ...

6 Schreibe deine Meinung dazu auf, ob eine Schülerschifreizeit abgelehnt werden sollte, weil es zu Verletzungen kommen könnte.

TIPP!

Ihr findet denselben Vordruck „Unfallanzeige" auch im Internet. Wenn ihr ihn ausdruckt, könnt ihr das Ausfüllen üben.

TIPP!

Denke an die PMI-Methode von Seite 15.

Wenn Mädchen Fußball spielen ...

Lieblingssportarten? Eine Klassenumfrage

Darauf müsst ihr achten:

– Unterschied zwischen Mädchen und Jungen, der Fragebogen bleibt anonym.

– Je mehr ihr abfragt, desto schwieriger ist die Auswertung.

1 Führt eine Fragebogenaktion in eurer Klasse durch. Ziel ist es, festzustellen, ob Mädchen und Jungen in eurer Klasse unterschiedliche Lieblingssportarten haben. So könnte ein Fragebogen aussehen:

Lieblingssportarten? – Ein Fragebogen
- *Mädchen* ■ *Junge*
- *Sport interessiert mich nicht.*
- *Sport interessiert mich und meine Lieblingssportarten sind*

1 ....**?**........... 2 ....**?**...........
3 ....**?**........... 4 ....**?**...........

2 Überlegt, wie ihr die Fragebogen auswerten wollt. Sinnvoll ist es, die Antworten in einer Tabelle geordnet zu sammeln.

	Mädchen	Jungen
Sport interessiert mich nicht	IIII	I
Radrennen	II	III
Schispringen	IIIII	
Basketball	II	IIIII
Tischtennis	I	III

3 Besprecht die Ergebnisse eurer Fragebogenaktion. Könnt ihr bei bestimmten Sportarten deutliche Unterschiede feststellen? Überlegt, woran das liegen könnte.

4 Warum gefallen euch bestimmte Sportarten besonders gut?

Ein Interview mit Birgit Prinz

1 Lies den Auszug aus einem Interview mit der Fußballnationalspielerin Birgit Prinz, die als „Beste Spielerin der WM 2003" ausgezeichnet wurde.

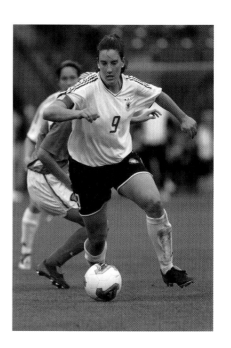

Interviewer: In welchem Alter haben Sie angefangen Fußball zu spielen?

Birgit Prinz: So genau kann ich das nicht festlegen. Ich habe schon vor meiner Schulzeit immer mit den
5 Jungen zusammen Fußball gespielt. Schon in der Grundschule galt ich als „torgefährlich". Aber das eine kann ich genau sagen: Im Alter von acht Jahren meldeten mich meine Eltern in einem Fußballverein an.

Interviewer: Gab es denn damals schon Mädchen-
10 mannschaften?

Birgit Prinz: Nein, ich war das einzige Mädchen in einer Jungenmannschaft.

Interviewer: Seit wann spielen Sie in der Damenmannschaft des FSV Frankfurt?

15 *Birgit Prinz:* Wenn ich mich richtig erinnere, seit dem 15. Lebensjahr.

Interviewer: Wie haben Sie damals Ihre sportlichen Verpflichtungen mit der schulischen Ausbildung vereinbart?

Birgit Prinz: Ich erinnere mich noch genau, mein
20 Schulleiter hat mich mit Befreiungen großzügig unterstützt. Er hat das ja zum ersten Mal bei einem Mädchen erlebt. Allerdings war für mich klar: Der Schulabschluss ging auf jeden Fall vor!

2 Warum ist die Sportkarriere von Birgit Prinz so ungewöhnlich?

3 Könnt ihr euch vorstellen, warum der Schulabschluss für Birgit Prinz so wichtig war? Was vermutet ihr? Tauscht euch darüber aus.

Info-Punkt

Bei Fragen können unterschieden werden:

– Entscheidungsfragen (Ja-/Nein-Fragen)

– Ergänzungsfragen (W-Fragen).

4 Das Interview mit Birgit Prinz geht weiter. Vergleicht die unterschiedlichen Frageformen der beiden Teile.

1. Teil

Interviewer: Haben sie mit einem solchen Empfang in Frankfurt gerechnet?

Birgit Prinz: Nein.

Interviewer: Waren Sie aufgeregt, als sie auf dem Balkon
5 des Frankfurter Römers standen?

Birgit Prinz: Nein.

Interviewer: Und haben Sie Glückwünsche von den Männern der deutschen Nationalmannschaft bekommen?

10 *Birgit Prinz:* Nein.

Interviewer: Aber Rudi Völler hat gratuliert?

Birgit Prinz: Ja

2. Teil

Interviewer: Welche Gefühle hatten Sie beim Anblick der großen Menschenmenge?

Birgit Prinz: Es war unglaublich, ein unerwarteter, aber angemessener Lohn nach unserem Titelgewinn.

5 *Interviewer:* Eine Zeitschrift hat nach der WM behauptet, Fußball spielende Frauen würden sich wie Bauarbeiter, wie Fußballer bewegen! Was sagen Sie dazu?

Birgit Prinz: Was soll ich dazu sagen? Wie sollen wir denn laufen, sollen wir die Beinchen schwingen?

5 Warum erfährt man im ersten Teil des Interviews so wenig über Birgit Prinz?

+6 Was würde euch noch interessieren? Überlegt euch weitere Fragen, auf die Birgit Prinz ausführlich antworten könnte.

+7 Wählt euch eine andere Sportlerin aus (z.B. Regina Hallmich, Franziska von Almsick, Heike Drechsler) und notiert Fragen, die ihr an sie stellen würdet.

Männer-Sport – Frauen-Sport

1 Bildet Gruppen und sucht einen Interviewpartner an eurer Schule, der eine (außergewöhnliche) Sportart betreibt, zum Beispiel Mädchen, die boxen, oder Jungen, die tanzen.

2 Besprecht vor eurem Interview noch einmal die Punkte, die ihr dabei beachten müsst. Berücksichtigt die Hinweise zur Arbeitstechnik.
Fragt so, dass ihr möglichst ausführliche Informationen bekommt. Vergesst nicht, euch zu Beginn des Interviews vorzustellen:

> *Ich heiße Julia und bin Schülerin der Klasse 7a. Wir möchten herausfinden ...*

> *Kannst du uns erzählen, wie du auf die Idee gekommen bist, Eishockey zu spielen?*

3 Führt eure Interviews durch und wertet sie aus.

4 Berichtet in der Klasse über eure Interviews: Wie habt ihr eure Gesprächspartner gefunden? Welche Antworten waren besonders interessant, welche besonders ungewöhnlich. Wie erfolgreich waren eure Interviewpartner in ihrer Sportart? ...

ARBEITSTECHNIK

Ein Interview vorbereiten

1. Lege fest, welche Personen befragt werden sollen.
2. Kläre ab, was im Zusammenhang mit deinem Thema interessant sein könnte, und notiere, was du deine Interviewpartner fragen willst.
3. Bereite die Fragen vor:
   – Formuliere Entscheidungsfragen, wenn du eindeutige Antworten benötigst, zum Beispiel, wenn du schnell auswerten und auszählen willst.
   – Formuliere Ergänzungsfragen oder fordere durch eine Behauptung eine Stellungnahme heraus, wenn du mehr erfahren willst.
4. Überlege, ob du die Antworten mit einem Kassettenrekorder aufnehmen und anschließend aufschreiben willst oder ob du die Antworten während des Interviews mitschreiben willst.

Ja ... Nein ... Weiß nicht

1 Seht euch den folgenden Bogen für eine Umfrage an. Wie unterscheiden sich Umfrage und Interview in der Fragetechnik? Kann euch die Umfrage helfen, weitere Informationen zum Thema „Frauen-Sport – Männer-Sport" zu bekommen?

Umfrage zum Thema „Frauen-Sport"

Würdest du sagen, dass die nachfolgenden Aussagen richtig sind? Kreuze jeweils „Ja" oder „Nein" oder „Weiß nicht" an.

1. Man muss akzeptieren, wenn Frauen boxen. Auch sie haben das Recht diesen Sport auszuüben. ■ Ja ■ Nein ■ Weiß nicht

2. Frauen sind an Kraft und Ausdauerleistung Männern unterlegen. Es ist deshalb normal, wenn bestimmte Sportarten von Frauen nicht gewählt werden. ■ Ja ■ Nein ■ Weiß nicht

3. Gerade weil Frauen über weniger Kraft verfügen als Männer, sollten sie Kampf- und Kraftsportarten ausüben. ■ Ja ■ Nein ■ Weiß nicht

4. Weil Frauen sich eleganter und mit mehr Grazie bewegen, ist es vernünftig, wenn sie zum Beispiel Tanzen und nicht Bodybuilding betreiben. ■ Ja ■ Nein ■ Weiß nicht

5. Mädchen werden von Jungen in bestimmten Sportarten an den Rand gedrängt, sie sollten deshalb getrennten Sportunterricht haben. ■ Ja ■ Nein ■ Weiß nicht

---

2 Was würdet ihr ankreuzen? Diskutiert darüber.

3 Erarbeitet gemeinsam einen Fragebogen zum Thema „Männer in ungewöhnlichen Sportarten".
Verwendet dazu das Beispiel auf Seite 70 und verändert es entsprechend, z. B.:

– *Man muss im Sinne der Gleichberechtigung akzeptieren, wenn Männer beim Damenfußball eine ähnliche Rolle spielen wie die Cheerleadergruppen beim Männerfußball ...*
– *Männer verfügen nicht über so viel Eleganz und Grazie ...*

Denkt daran, dass die Aussagen nicht unbedingt eure Meinung wiedergeben müssen.
Mit beiden Fragebögen könnt ihr eine Umfrage zum Thema „Frauen-Sport – Männer-Sport" in eurer Schule starten.

TIPP!

Um euch auf diese Problematik einzustimmen, solltet ihr euch den Film „Billy Elliot" gemeinsam ansehen.
Er schildert, wie ein Junge (statt zu boxen) mit den Mädchen des Heimatortes Ballett tanzt.

ARBEITSTECHNIK

Eine Umfrage vorbereiten

1. Kläre, welche Daten nötig sind, z. B. Alter, Geschlecht, Schulbildung (Klasse), Geschwister.
2. Formuliere die Fragen so, dass nur eindeutige Antworten möglich sind.
3. Denke beim Zusammenstellen der Fragen an die Auswertung.

4 Sprecht über die Unterschiede von Umfrage und Interview und überlegt, wann es sinnvoll ist, ein Interview durchzuführen und wann eine Umfrage besser geeignet ist.

5 Sprecht darüber, ob sich eure Meinung über Frauensportarten geändert hat?

+6 Überlegt, ob ihr noch andere Möglichkeiten habt, eure Mitschüler auf dieses Thema aufmerksam zu machen. Zum Beispiel könntet ihr die Ergebnisse eurer Interviews und Umfragen in der Schule veröffentlichen: Denkt an Handzettel oder an Info-Plakate ...
Oder wie wäre es mit einer Aktion der Mädchen, eine AG für Basketball, Fußball, für Judo oder Wasserball an der Schule zu gründen?

Alt – Enter – Esc – Strg

In diesem Kapitel schreibt ihr Texte am PC, speichert sie ab, verändert das Layout, erstellt Tabellen und vieles mehr. Dabei habt ihr die Möglichkeit, frei nach einem individuellen Plan zu arbeiten. Wie das geht, erfahrt ihr auf der nächsten Seite.

1 Besprecht, wann ihr am Computer arbeitet und was ihr mit einem Textverarbeitungsprogramm alles machen könnt.

2 Sucht im Internet nach Homepages von Schulen und Klassen. Vergleicht sie anhand der Gesichtspunkte, die am Rand stehen.

3 Vielleicht gibt es an eurer Schule bereits eine Schul-Homepage. Fragt nach, ob ihr da Beiträge hineinstellen könnt. Überlegt euch dann, welche Informationen ihr weitergeben wollt und wie ihr das anstellen könnt.

- Übersichtlichkeit
- Wie ist die Homepage aufgebaut?
- Informationen auf der Homepage
- Gibt es weiterführende Links?
- Gibt es Möglichkeiten, sich auszutauschen (z. B. eine E-Mail-Adresse)?

4 Gebt euren Informationstexten eine übersichtliche Ordnung. Überlegt, in welchen Ordnern ihr Texte mit folgenden Inhalten ablegen könntet:

> Geburtstagsliste der Klasse – Der Witz der Woche – Termine für Klassenarbeiten und Überprüfungen – Das neueste Klassenfoto – Aktuelle Tabelle der Fußballbundesliga – Filmtipps – Besondere Aktionen in der Schule – Nachrichten aus der Region – Sportangebote – Cartoon

Öffnen	
Suchen in:	📁 Projekt-Homepage

📁 Aktuelles
📁 Freizeittipps und Freizeitangebote
📁 Humor
📁 Wichtige Termine

Verlauf

Eigene Dateien

Freies Arbeiten nach einem Plan

Arbeite selbstständig und frage nur, wenn es nötig ist.

Störe die anderen nicht bei ihrer Arbeit.

Beende erst eine Aufgabe, bevor du mit einer neuen beginnst.

Speichere alle Aufgaben unter einem vorher festgelegten Namen ab, damit du sie wiederfindest.

Drucke die fertigen Blätter aus und lege sie in den Kontroll-Ablagekasten.

Hier bestimmst du selbst,
- welche Informationen du weitergeben willst,
- mit welchem Arbeitsblatt du beginnst,
- in welchem Tempo du vorgehst,
- welche Wahlaufgaben du aussuchst,
- ob du mit anderen zusammen oder alleine arbeitest,
- ob du nur in der Schule oder auch zu Hause arbeitest.

1 Trefft folgende **Vorbereitungen:**
1. Bearbeitungszeitraum festlegen
2. Festen PC-Platz bestimmen
3. Unterverzeichnis mit deinem Namen erstellen
4. Kontroll-Ablagekasten einrichten

2 Stelle deinen **Arbeitsplan** für die Arbeit am PC auf.

Gehe dabei so vor:
1. Eines der drei Arbeitsblätter (jeweils 2 Seiten) auswählen:

1A/B	Kleine Texte schreiben, speichern, laden und ausdrucken
2A/B	Texte formatieren und überarbeiten
3A/B	Verschiedene Gestaltungsmöglichkeiten nutzen (Layout)

2. Die Aufgaben auf dem ausgewählten Arbeitsblatt bearbeiten.
3. Alle Seiten ausdrucken und in den Kontroll-Ablagekasten legen.
4. Eine der Zusatzaufgaben auf Seite 81 bearbeiten.

3 **Auswertung**

Präsentiere die Ergebnisse deiner Arbeit in der Klasse:
- Nenne das Arbeitsblatt, das du bearbeitet hast.
- Beschreibe kurz, wie du vorgegangen bist und was bei der Arbeit beachtet werden musste.
- Stelle die gestalteten Textseiten vor und beantworte dazu Fragen deiner Mitschüler.

Arbeitsblatt 1A

Kleine Texte schreiben, speichern, ausdrucken

1 Schalte den Computer ein und starte das Textverarbeitungsprogramm.

2 Schreibe den folgenden Text ab. Achte darauf, dass du am Zeilenende einfach weiterschreibst und nicht auf die ⬅(Enter)-Taste drückst.
Beobachte, was mit dem Text passiert.

> Das **Schreiben** am **Computer** macht **Spaß,** wenn man weiß, wie es funktioniert. Die Arbeit, eigene Texte zu erfinden, kann der Computer einem zwar nicht abnehmen, aber mit Hilfe eines *Textverarbeitungsprogramms* kann man Texte übersichtlich und ordentlich schreiben.
> Man kann auch **die Schriftart** und die Schriftgröße verändern und man kann bestimmte Textstellen **farbig** hervorheben.

Wenn ihr euch verschrieben habt, könnt ihr so vorgehen:

– Setzt den Cursor hinter den Buchstaben oder das Satzzeichen, das ihr verändern wollt.

– Drückt die ⬅(Backspace)-Taste.

– Schreibt jetzt den richtigen Buchstaben oder das richtige Satzzeichen.

– Versucht auch, im Überschreibmodus Einfg Fehler zu korrigieren.

3 Speichere den Text ab:
- Öffne in der Menüleiste **„Datei"**.
- Wähle dort den Unterpunkt **„Speichern unter"**.
- Lege einen Ordner mit deinem Namen an.
- Erstelle einen Unterordner mit dem Namen „Arbeitsblatt 1A".
- Gib deinem Text einen Dateinamen, unter dem du ihn wiederfindest.

4 Beende das Programm, starte es wieder neu und öffne die Datei mit dem Text, den du geschrieben und abgespeichert hast.

5 Drucke den Text aus und lege ihn – mit deinem Namen versehen – in den Kontroll-Ablagekasten.

SCHREIBEN

Kleine Texte schreiben, speichern, ausdrucken

6 Schreibe den folgenden Text ab oder verfasse selbst einen Text und bearbeite ihn: Drücke nach jedem Satz zweimal die ⟨←(Enter)⟩-**Taste**. Was passiert? Kannst du jetzt erklären, wie Leerzeilen entstehen?

> Geographiestunde! Der Lehrer will von Lisa wissen: „Na, Lisa, wo liegt Köln?"
> Lisa ist Fußballfan und daher sehr gut informiert. „Herr Lehrer, das wissen
> Sie nicht? Auf dem letzten Tabellenplatz natürlich!"

7 Schreibe folgenden Satz ab und füge dann Wörter ein.

> Das Schreiben am Computer macht Spaß, wenn man weiß, wie es funktioniert.

Setze den Curser dafür an die Stelle, an der ein Wort eingefügt werden soll. Schreibe dann das Wort, z.B.:

> Das Schreiben am Computer macht Spaß, wenn man endlich weiß, wie es funktioniert.

Achtung: Mit der **Taste** ⟨Einfg⟩ kannst du wählen, ob ein Wort überschrieben oder ein neues eingefügt werden soll. Probiere es aus.

8 Schreibe jetzt einen eigenen Text.
Wähle dazu in der Menüleiste **Datei** den Unterpunkt **Neu...**
Jetzt wird eine neue Seite geöffnet. Schreibe auf, was du davon hältst, eine eigene Homepage aufzubauen.

9 Entscheide, wie und wo du deinen Text abspeicherst.

10 Drucke den neuen Text aus. Wähle dazu in der Menüleiste **Datei** den Unterpunkt **Drucken...**
Lege das Blatt – mit deinem Namen versehen – in den Kontroll-Ablagekasten.

Arbeitsblatt 2A

Texte formatieren und überarbeiten

1 Hier ist ein kleiner Text zum Üben. Schreibe ihn ab und speichere ihn.

> Die Klasse 7c informiert
> Wir haben uns entschlossen, eine eigene Homepage aufzubauen. Dazu brauchen wir auch eure Ideen und Anregungen. Wir stellen vor allem Schülertexte ins Netz, die uns gefallen: Witze, Rätsel und Informationen. Wir wollen über vier verschiedene Gebiete schreiben: Sport, Musik, Schule und Sonstiges. Neben der Pinnwand befindet sich ein Briefkasten, in den ihr eure Beiträge einwerfen könnt.
> Wir hoffen, dass euch die Idee gefällt und dass ihr uns viele Briefe schreibt. Wir freuen uns besonders über eure E-Mails. Unsere Adresse lautet:
> abds_klasse7c@web.de
> Lisa Schwanengel, Klassensprecherin der Klasse 7c

2 Füge zwischen Überschrift und Text zwei Leerzeilen ein, ebenso zwischen Text und Unterschrift.

3 Schreibe die Überschrift mindestens 20 Punkt groß und fett. Markiere dazu die erste Zeile mit Hilfe der Maus:

- Fahre mit dem Cursor an den Anfang der Textstelle.
- Halte die linke Maustaste gedrückt.
- Fahre mit gedrückter Maustaste bis ans Ende der Textstelle.
- Klicke jetzt in der Menüleiste die gewünschte Schriftgröße und Schriftstärke an.

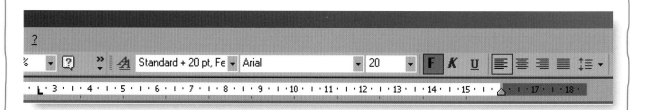

Texte formatieren und überarbeiten

4 Hebe bestimmte Wörter im Text (Arbeitsblatt 2A) durch Fettdruck hervor.

5 Gliedere den Text in Absätze.

6 Formatiere jeden Absatz anders:
Blocksatz – linksbündig – zentriert – rechtsbündig:
- Markiere den Absatz.
- Wähle in der Menüleiste **Format** und dort den Unterpunkt **Absatz**.
- Wähle dann die **Ausrichtung** des Textes:
  links, zentriert, rechts, Block.

7 Speichere den Text unter einem Dateinamen, drucke ihn aus und lege das Blatt – mit deinem Namen versehen – in den Kontroll-Ablagekasten.

8 Schreibe eine Namensliste deiner Klasse. Ordne jeder Zeile eine andere Schrift zu. Drucke die Seite aus und beurteile, welche Schrift man am besten lesen kann. Du kannst die Seite dazu an die Wand hängen.

9 Entscheide dich für eine Schrift. Schreibe in dieser Schrift eine kurze Information, z. B. über euer Vorhaben eine Homepage einzurichten:

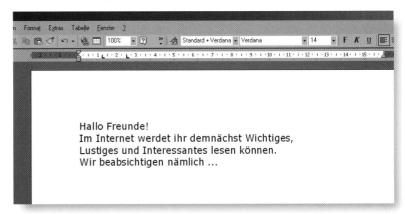

Formatieren kann man auch mit Mausklick auf das entsprechende Symbol in der Symbolleiste.

BERND SANDER
Thorsten Schneider
Selina Magar
Birika Güglü
Andrea Müller

Arbeitsblatt 3A

Möglichkeiten der Gestaltung nutzen (Layout)

1 Gestalte die Überschrift für ein Info-Blatt deiner Klasse:
- Denke dir eine Überschrift aus und schreibe sie auf.
- Markiere die Wörter, die du hervorheben willst, wähle **Schriftart** sowie **Schriftgrad** und klicke **Fett** an.
- Markiere die gesamte Überschrift.
- Rahme die Überschrift ein. Öffne dazu in der Menüleiste **Format** das Untermenü **Rahmen**.
- Bestimme eine **Linienart** für den Rahmen.
- Speichere die eingerahmte Überschrift ab.

Info-Blätter, die du immer wieder verwenden willst, kannst du nach deinen Ideen gestalten, abspeichern und jeweils aktualisieren.

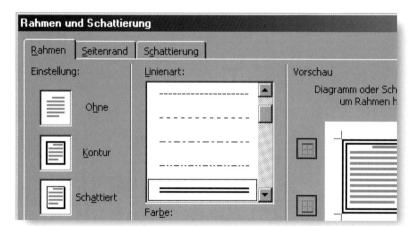

Info – Info – Info – Info – Info – **Klasse 7c** – Info – Info – Info – Info – Info

2 Füge eine Grafik auf dem Info-Blatt ein:
- Wähle in der Menüleiste **Einfügen** den Unterpunkt **Grafik**.
- Wähle eine Grafikdatei im Verzeichnis **Clipart** aus und klicke auf **OK**.

3 Speichere das Info-Blatt unter einem Dateinamen, drucke es aus und lege das Blatt – mit deinem Namen versehen – in den Kontroll-Ablagekasten.

Möglichkeiten der Gestaltung nutzen (Layout)

4 Gestalte eine Witz-Seite für die Wandzeitung. Überlege, wie ein solches Blatt aussehen könnte.
Entscheide, ob du ein Symbol **(Sonderzeichen)** oder eine Grafik **(Clipart)** einfügen willst.
Versuche nun, mit dem Textverarbeitungsprogramm eine Witz-Seite zu entwerfen. Nimm dafür deinen Lieblingswitz. Schreibe den Text so groß, dass man ihn gut lesen kann. Mache dazu Probeausdrucke.

Witz der Woche

Lehrer: „Kinder, kommt weg vom offenen Fenster. Wenn einer rausfällt, will es nachher wieder keiner gewesen sein."

5 Wenn du einen größeren Text ausdruckst, solltest du ihn ähnlich wie in einer Zeitung zweispaltig formatieren. Versuche es an diesem Übungstext:
- Schreibe den Text zunächst ab.
- Markiere den Text.
- Wähle in der Menüleiste **Format** den Unterpunkt **Spalten**.
- Bestimme, wie viele Spalten du haben willst.

Ein Lehrer aus Norddeutschland zieht nach Bayern. Weil er die Namen nicht kennt, fragt er einen Jungen: „Wie heißt du denn?" – „Sepp", antwortet er. – „Das heißt nicht Sepp, sondern Joseph", sagt der Lehrer. Dann fragt er einen anderen Jungen, wie er heiße.

Der Junge antwortet: „Ich heiße Hannes." – „Das heißt nicht Hannes, sondern Johannes!" Dann fragt der Lehrer noch ein drittes Kind nach seinem Namen. Es antwortet: „Eigentlich heiße ich Kurt. Aber wie ich Sie kenne, heiße ich bestimmt Joghurt."

Zusatzaufgaben

1 Ergebnistabelle

Lege für ein Sport-Informationsblatt eine Ergebnistabelle an, die du wöchentlich aktualisieren kannst.
Wähle in der Menüleiste **Tabelle** den Unterpunkt **einfügen...** und klicke an, wie viele Spalten und Zeilen sie haben soll. Fülle die Tabelle aus, z. B.:

Du kannst die Standard-Tabstopps nutzen, um schnell immer die richtige Position für die Zahlen zu finden.

Handballverein	Spiele	Torverhältnis	Punktestand
1. Wallau-M.	7	200 : 164	11 : 3
2. THW Kiel	8	191 : 166	11 : 5
3. Flensburg-H.	7	164 : 147	10 : 4

2 Aktuelle Nachrichten

Informiere dich über aktuelle Tagesereignisse. Schaue in die Zeitung oder sieh dir die Nachrichten im Fernsehen an. Schreibe die Nachrichten, die dir am wichtigsten erscheinen, auf, z. B.:

> Die Schulzeit soll verkürzt werden. In dieser Absicht sind sich die Kultusminister einig. Wie und wo jedoch Schulzeit eingespart werden soll, ist noch strittig.

3 Wochentipps

Gestalte eine Seite mit Musik-, Fernseh- und Kinotipps oder mit Tipps zu Veranstaltungen deiner Schule, die du wöchentlich aktualisieren kannst. Füge passende Grafiken ein.

4 Sprüche der Woche

Sammle Gedichte, Sprüche, Gedanken oder kurze Texte und gestalte sie mit Hilfe des Textverarbeitungsprogramms für eine Wandzeitung oder deine Homepage, z. B.:

> Nichts in der Welt wirkt so ansteckend wie Gelächter und gute Laune.
>
> *(Charles Dickens)*

Zeit für Gedichte

Rainer Maria Rilke

Herbsttag

Herr: es ist Zeit. Der Sommer war sehr groß.
Leg deinen Schatten auf die Sonnenuhren,
und auf die Fluren lass die Winde los.

Befiehl den letzten Früchten voll zu sein;
5 Gib ihnen noch zwei südlichere Tage,
dränge sie zur Vollendung hin, und jage
die letzte Süße in den schweren Wein.

Wer jetzt kein Haus hat, baut sich keines mehr.
Wer jetzt allein ist, wird es lange bleiben,
10 wird wachen, lesen, lange Briefe schreiben
und wird in den Alleen hin und her
unruhig wandern, wenn die Blätter treiben.

1 Schildert den Inhalt des Gedichts. Besprecht Strophe für Strophe. Beschreibt die Stimmung. Wodurch wird diese Stimmung erzielt?

2 Versuche, die zweite und dritte Strophe des Gedichts so zu sprechen, dass man die letzten Herbsttage vor Einbruch des Winters „miterleben" kann.

3 Überlege, wo hebt sich bei deinem Vortrag die Stimme, wo senkt sie sich? Gibt es vielleicht noch andere Möglichkeiten, wie man das Gedicht betonen könnte.

4 Lerne die drei Strophen des Gedichts auswendig.
Teste, wie du am besten einen Text auswendig lernen
kannst:

Über das Ohr:

Lies dir das Gedicht mehrmals laut vor oder lasse es
dir vorlesen. Achte auf den Reim und den Rhythmus.

Über das Auge:

Zeichne zu jeder Strophe ein Bild. Versuche, beim
Aufsagen des Gedichtes die Bilder als Gedankenstütze
zu verwenden.

Mit der Schreibhand:

Schreibe das Gedicht ab. Was du schreibst, prägt sich oft
fester in dein Gedächtnis ein.

Mit dem ganzen Körper:

Gehe während des Lernens auf und ab.

5 Trage das Gedicht vor und berichte deinen
Mitschülern über deine Erfahrungen beim Auswendig-
lernen.

Gedichtvortrag
S. 89 Aufg. 7 bis 9;
S. 242

ARBEITSTECHNIK

Ein Gedicht auswendig lernen

1. Lerne das Gedicht strophenweise.
2. Wiederhole die bereits gelernten Strophen immer wieder.
3. Mache zwischen den Lernphasen Pausen, damit das
   Gelernte im Gedächtnis verankert wird.
4. Lies das Gedicht noch einmal vor dem Schlafengehen
   oder sage es in Gedanken auswendig auf.
5. Wiederhole den Text in immer größer werdenden Zeitabständen an mehreren Tagen, bis du ihn nicht mehr vergisst.

Heinrich Heine

Die Lore-Ley

Ich weiß nicht, was soll es bedeuten,
Dass ich so traurig bin;
Ein Märchen aus alten Zeiten,
Das kommt mir nicht aus dem Sinn.

5 Die Luft ist kühl und es dunkelt,
Und ruhig fließt der Rhein;
Der Gipfel des Berges funkelt
Im Abendsonnenschein.

Die schönste Jungfrau sitzet
10 Dort oben wunderbar;
Ihr goldnes Geschmeide blitzet,
Sie kämmt ihr goldenes Haar.

Sie kämmt es mit goldenem Kamme
Und singt ein Lied dabei;
15 Das hat eine wundersame,
Gewaltige Melodei.

Den Schiffer im kleinen Schiffe
Ergreift es mit wildem Weh;
Er schaut nicht die Felsenriffe,
20 Er schaut nur hinauf in die Höh.

Ich glaube, die Wellen verschlingen
Am Ende Schiffer und Kahn;
Und das hat mit ihrem Singen
Die Lore-Ley getan.

1 Informiere dich im Lexikon über die Sagengestalt der Loreley und finde heraus, wo der Loreley-Felsen liegt.

2 Schreibe in Stichworten den Inhalt von jeder Strophe auf, z. B.:

Lore-Ley kämmt ihr goldenes Haar.
Jemand erinnert sich an altes Märchen.
Schiff versinkt im Rhein.

3 Ein solches Gedicht nennt man auch „Erzählgedicht". Erkläre den Begriff.

4 Wer ist die Lore-Ley? Was wird über sie erzählt?

5 Die erste und die letzte Strophe beginnen mit dem Wort „Ich". Wer spricht da?

6 Untersuche die Reime des Gedichtes. Wie passen sie zueinander? Bestimme das Reimschema.

7 Bildet Gruppen und lernt das Gedicht auswendig. Teilt euch die Strophen auf.

8 Übt den Vortrag des Gedichtes. Macht Pausen und tragt betont vor. Achtet auch auf das Sprechtempo.

Info-Punkt

Gedichte können nach einem bestimmten Reimschema (Endreim) aufgebaut sein, z. B.:

Paarreim = a a
Kreuzreim = a b a b
Umarmender Reim = a b b a

1+
GRUPPENARBEIT

Friedrich von Schiller
Der Handschuh

Vor seinem Löwengarten,
Das Kampfspiel zu erwarten,
Saß König Franz,
Und um ihn die Großen der Krone,
5 Und rings auf hohem Balkone
Die Damen in schönem Kranz.

Und wie er winkt mit dem Finger,
Auftut sich der weite Zwinger,
Und hinein mit bedächtigem Schritt
10 Ein Löwe tritt
Und sieht sich stumm
Ringsum
Mit langem Gähnen
Und schüttelt die Mähnen
15 Und streckt die Glieder
Und legt sich nieder.

Und der König winkt wieder,
Da öffnet sich behend
Ein zweites Tor,
20 Daraus rennt
Mit wildem Sprunge
Ein Tiger hervor.

Wie der den Löwen erschaut,
Brüllt er laut,
25 Schlägt mit dem Schweif
Einen furchtbaren Reif
Und recket die Zunge,
Und im Kreise scheu
Umgeht er den Leu,
30 Grimmig schnurrend,
Drauf streckt er sich murrend
Zur Seite nieder.

Und der König winkt wieder,
Da speit das doppelt geöffnete Haus
35 Zwei Leoparden auf einmal aus,
Die stürzen mit mutiger Kampfbegier
Auf das Tigertier;
Das packt sie mit seinen grimmigen Tatzen,
Und der Leu mit Gebrüll
40 Richtet sich auf, da wirds still;
Und herum im Kreis,
Von Mordsucht heiß,
Lagern sich die greulichen Katzen.

Da fällt von des Altans* Rand
45 Ein Handschuh von schöner Hand
Zwischen den Tiger und den Leun
Mitten hinein.

Und zu Ritter Delorges, spottenderweis,
Wendet sich Fräulein Kunigund:
50 „Herr Ritter, ist Eure Lieb so heiß,
Wie Ihr mirs schwört zu jeder Stund,
Ei, so hebt mir den Handschuh auf!"

Und der Ritter, in schnellem Lauf,
Steigt hinab in den furchtbaren Zwinger
55 Mit festem Schritte,
Und aus der Ungeheuer Mitte
Nimmt er den Handschuh mit keckem Finger.
Und mit Erstaunen und mit Grauen
Sehns die Ritter und Edelfrauen,
60 Und gelassen bringt er den Handschuh zurück.

Da schallt ihm sein Lob aus jedem Munde,
Aber mit zärtlichem Liebesblick –
Er verheißt ihm sein nahes Glück –
Empfängt ihn Fräulein Kunigunde.
65 Und er wirft ihr den Handschuh ins Gesicht:
„Den Dank, Dame, begehr ich nicht!"
Und verlässt sie zur selben Stunde.

* **Altan, der:** balkonartiger
Vorbau

1 Worum geht es in dem Gedicht „Der Handschuh"? Beschreibe den Ort der Handlung. Welche Personen sind beteiligt?

2 Gib den Inhalt des Gedichtes in der richtigen Reihenfolge wieder. Verwende dazu die folgenden Sätze.

Nacheinander betreten ein Löwe, ein Tiger und zwei Leoparden die Arena.
König Franz veranstaltet ein Kampfspiel mit Raubkatzen.
Fräulein Kunigunde hat mit Absicht ihren Handschuh fallen lassen.
Sie fordert Ritter Delorges auf, den Handschuh als Beweis für seine Liebe zu holen.
Da fällt ein Handschuh vom Balkon zwischen die Raubkatzen.
Delorges tut dies auch, steigt in die Arena und kommt unverletzt mit dem Handschuh zurück.

---

3 Sprecht über das Verhalten von Fräulein Kunigunde und Ritter Delorges.

4 Stellt euch vor, Fräulein Kunigunde schreibt einen Brief an Ritter Delorges. Ritter Delorges antwortet ihr. Bildet Paare und schreibt diese Briefe. Lest sie euch vor.

5 Versucht, dieses Gedicht ausdrucksstark vorzutragen. Teilt es dazu auf. Tragt euren Teil auswendig vor.
- Die Szene mit Kunigunde und Delorges könnt ihr als Rollenspiel gestalten. Als Requisit könnt ihr dabei einen Handschuh verwenden.
- Der Teil, in dem nach und nach die Raubkatzen die Arena betreten, kann z. B. strophenweise von verschiedenen Schülern vorgetragen werden.

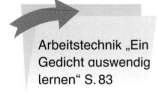

Arbeitstechnik „Ein Gedicht auswendig lernen" S. 83

6 Testet und kontrolliert euch: Einer sagt eine Zeile oder einen Zeilenanfang, der andere ergänzt.

Und mit Erstaunen und mit Grauen

Und er wirft ihr

Sehns die Ritter und Edelfrauen

den Handschuh ins Gesicht

Gedichte erschließen und auswendig lernen

7 Übe den Gedichtvortrag vor dem Spiegel. Schaue dich dabei an und kontrolliere deine Haltung. Stehe entspannt und selbstbewusst. Was machst du mit den Händen?

8 Trage deinen Text einem anderen vor.
Achte auf angemessenes Sprechtempo, mache Pausen an den passenden Stellen. Versuche, die Spannung wiederzugeben. Das kannst du z. B. erreichen, wenn du an passender Stelle laut oder leise, schnell oder langsam sprichst.

9 Trage das Gedicht als Ganzes vor, vielleicht auch auf einem Elternabend.

GRUPPENARBEIT

- Stelle dich vor die Zuhörer und warte ab, bis es ganz ruhig geworden ist.
- Schaue während des Vortrags die Zuhörer an.
- Bleibe danach noch etwas stehen und genieße den Applaus.

+10 Gestaltet den folgenden Text über Balladen als Plakat und hängt dieses in der Klasse aus.

Ballade

„Der Handschuh" ist eine Ballade. So nennt man Gedichte, die eine Geschichte erzählen und die dramatische Elemente aufweisen.

„Ballade" stammt von dem italienischen „ballata" ab und bedeutete ursprünglich „Tanzlied".

Bereits im Mittelalter wurden vor allem im Mittelmeerraum Balladen gedichtet. In Deutschland entstanden die ersten Balladen Ende des 18. Jahrhunderts.

Bekannte deutsche Balladendichter sind Goethe, Schiller, Heine und Fontane.

Heute spielen Balladen in der Pop-Musik eine große Rolle.

Gedichte erschließen und auswendig lernen

Was ist passiert?

1 Bei dem Text „Mit einem schwarzen Wagen" von Heinz Piontek handelt es sich um eine **Kurzgeschichte.** Gestaltet den folgenden Text über die Kurzgeschichte als Plakat und hängt ihn in eurem Klassenzimmer auf.

Kurzgeschichte

Die Kurzgeschichte entwickelte sich in Deutschland vor allem im 20. Jahrhundert aus der amerikanischen „short-story". In der Kurzgeschichte wird immer nur ein sehr kurzer Ausschnitt dargestellt, der das Leben der Personen in der Geschichte stark prägt. Ohne Einleitung und Schluss beginnt die Kurzgeschichte gleich mitten im Geschehen und regt zum Nachdenken an. Ein wichtiger Vertreter der Gattung „Kurzgeschichte" war Ernest Hemingway.

Heinz Piontek

Mit einem schwarzen Wagen

Als die Gestalt einer Frau, vom Licht der Scheinwerfer aus dem Undurchsichtigen gefischt, plötzlich vor dem rechten Kotflügel seines Wagens auftauchte, riss Taubner das Steuer herum und bremste gleichzeitig. Das Auto hüpfte und legte sich auf die Seite wie ein gerammtes Boot. Einen Augenblick später kippte es in die Normallage zurück,

5 die vier Reifen rutschten noch ein Stück über den geschmierten Asphalt. Taubner hing krampfhaft über dem Steuer, blind für Sekundenzehntel, etwas Ungeheures erwartend. Jetzt stand der Wagen. Der Fahrer warf sich herum und äugte durch das Türglas, durch die Scheibe über dem Rücksitz hinaus auf die verregnete Straße. Der Schreck hatte ihn den leichten Schleier der Dunkelheit von den Augen gerissen. Bestürzt

10 schwenkte sein Blick über die schlecht erleuchtete Fahrbahn, die vor Nässe dampfte. Gott sei Dank, dachte der Mann, nichts … nichts passiert! Es konnte ja gar nichts passieren, ich hab noch im letzten Moment richtig reagiert. Absolut richtig. Er startete

überstürzt. Der Wagen schoss mit einem Sprung vor, sauste über die holprigen Vor-
stadtstraßen, durchjagte mit kaum gedrosseltem Tempo mehrere Kurven und dräng-
te sich dann in das Gewühl der flimmernden City. Es war kurz nach sieben Uhr. Um
sieben hatte er daheim sein wollen. Bei seinem letzten Kunden war er etwas aufgehal-
ten worden, aber es hatte sich gelohnt. Noch nie war Taubners Umsatz so hoch
gewesen wie an diesem Tag. Nach dem Abschluss der Geschäfte hat
sein Partner eine Flasche Gin* auf den Tisch gestellt und ein paar
saftige Zahlmeister-Abenteuer zum Besten gegeben. Famoser Mann.
In Frankreich hatten sie ein halbes Jahr lang der gleichen Division**
angehört. Famose Division**.

* **Gin:** Wacholderbranntwein
** **Division:** militärischer Ausdruck für eine größere Truppeneinheit

    Taubner wohnte in einem Neubaublock. Keine hundert Schritte vor seiner Haustür
stand eine Garage, in der er sich eine Box gemietet hatte. Dorthin fuhr er nun, stellte
seinen Wagen ein; doch bevor er die nach Kalk und Benzin riechende Zelle verließ,
umschritt er das schwarze Fahrzeug und betrachtete es so eingehend, als sähe er es
zum ersten Mal. An der Decke hing eine Glühbirne unter einem Emailleschirm, das
schwache Licht sprühte auf den Lack der Karosserie und blitzte in den Scheiben.
    Auf einmal hatte es Taubner nicht mehr eilig, nach Hause zu kommen, wo seine Frau
mit dem Abendessen auf ihn wartete.
    Hastig verschloss er die Garage. „Guten Abend, Herr Taubner." Er überhörte den
Gruß und lief, die neuen Häuser im Rücken, durch den Regen, die Straße zurück, aus
der er gekommen war. In kurzen Abständen spähte er hinter sich. Niemand folgte
ihm. Flink warf er sein Taschentuch in die Gosse. Er fühlte sich etwas erleichtert. Sein
Bewusstsein sank in ein nervöses Grübeln ab.
    Taubner war ein massiver, mittelgroßer Mann mit einem Anflug von Grau an den
Schläfen. Als Reisevertreter einer traditionsbewussten Textilfirma war er vielleicht etwas zu flott gekleidet, aber die Leitung des Geschäftshauses sah ihm seine Schwäche
für forsche Krawatten und saloppe Anzüge nach, denn er war tüchtig und gewissen-
haft und beliebt bei den Kunden. Seine Frau – er hatte spät geheiratet – hielt ihn für
klug, gütig und charakterfest, manchmal für etwas herrschsüchtig. „Unsere Ehe ist
glücklich", sagte sie auch zu denen, die es nicht hören wollten. „Hubert ist ein idealer
Gatte." Und einmal hatte ihr jemand ironisch entgegnet: „Jede Frau bekommt den
Mann, den sie verdient."
    Taubner öffnete die Tür eines Lokals, das sich in einer verschwiegenen Seitenstraße
befand. Er hatte es noch nie betreten, er war kein Freund bürgerlicher Kneipen. Jetzt
aber schien es ihm gut genug für einen Besuch. Der runde Raum war mannshoch
getäfelt, nur wenige Gäste saßen an den mit Glasscheiben belegten Tischen. Ein Kellner half Taubner unlustig aus dem Mantel. Der neue Gast ließ sich auf einem Platz
nieder, von dem aus er das Lokal überblicken konnte. Dann bestellte er einen Cognac
und gleich danach den zweiten. Sein bleiches Gesicht, belebte sich rasch, das Flattern
der Lider ließ nach, über die Augen zog sich eine Haut aus hartem, kaltem Glanz.
Taubner trank weiter und starrte auf den Eingang. Er dachte: Soll doch kommen, wer

mag! Ich brauche niemanden zu fürchten. Und dann dachte er: Es konnte nichts schief
55 gehen, ich reagierte absolut richtig. Und wie schnell ich reagierte! Ist eine Freude, sich
daran zu erinnern.

Mit einem Schlage suchte ihn ein Gefühl beklemmender Einsamkeit heim. Er war
allein auf der Welt. Allein mit einem Entsetzen, das ihn kalten Schweiß aus den Poren
trieb. Hätten ihn die Lebenden verraten? Sollten die Toten seine Genossen werden?
60 Sollte er unter der Erde nach ihnen suchen? Schwankend fuhr er auf. Der Fenstertisch
war besetzt; er steuerte auf ihn zu, rückte sich einen Stuhl zurecht, ohne um Erlaubnis zu bitten. Den Mann, dem er nun gegenübersaß, musterte ihn feindselig, das
Mädchen neugierig, später belustigt.

„Entschuldigen Sie", sagte Taubner, und man hörte, dass ihm das Sprechen schwer fiel,
65 „ich weiß, ich störe Sie, aber es gibt Momente im Leben … Taubner", sagte er, „ein
anständiger Name, immer schon hoch anständig gewesen." Er erhielt keine Antwort.
Der Kellner brachte das Glas hinter ihm her und zog die rechte Braue missbilligend in
die Höhe. „Sie halten mich für betrunken, und wahrscheinlich bin ich's auch", fuhr
Taubner fort, „doch wenn ich hinterm Steuer sitze, verstehen Sie, dann reagiere ich
70 richtig und – wie der Blitz. Tatsache. Ich könnte ihnen einen Fall erzählen, der sich wie
ein Unfall anhören würde, wenn ich nicht wie der Blitz … verstehen Sie? Ich säße jetzt
nicht hier."

„Das mag alles interessant sein", sagte Taubners Tischnachbar ärgerlich, „aber nicht
für uns!"
75 „Meine Frau weiß, dass ich ein sicherer Fahrer bin. Andere wissen es auch, nur die
Polizei weiß es nicht." „Die Polizei?", wiederholte das Mädchen mit einem halben
Lächeln. „Ja, die Polizei", fing Tauber von neuem an, „alles weiß sie, und was sie nicht
weiß, bekommt sie heraus. Bloß von meinem sicheren Fahren hat sie keine Ahnung."
„Vermutlich wird sie es noch erfahren", sagte das Mädchen und lachte laut.
80 Dann endete ihr Gespräch. Taubner horchte angstvoll auf die Stimmen, die in seinem
Kopf durcheinander redeten. Er hörte beschwichtigende Argumente und unwiderleg-
liche Anklagen, es zischelte, dröhnte und hämmerte, dann wurde es jählings still. Das
Rumoren war so monoton geworden, dass es seine Aufmerksamkeit nicht mehr reizte.
Wie lange währte das lähmende Schweigen? Plötzlich pendelte sein Körper gegen eine
85 Holzfläche. Ein Hindernis – es nahm seine erschlafften Sinne in Anspruch. Er spähte
und tastete. Die Wohnungstür, natürlich die Wohnungstür. Immer gab es zuletzt noch
eine Tür, die man öffnen musste. Umständlich schloss er sie auf, fand den Lichtschal-
ter nicht und stand eine Weile unschlüssig in der Diele. Im Wohnzimmer sprach
jemand leise und abgerissen; es klang wie ein Schluchzen. Sie weint, dachte er und
90 fühlte Glück und Verdruss in sich aufsteigen; gut ist es, aber es regt mich auf! Dann
räusperte er sich und fasste nach der Klinke. Zwei uniformierte Männer und ein
Zivilist* im schwarzen Lodenmantel standen neben den Sesseln und blick-
ten ihm kühl und wachsam entgegen. Taubner hielt an. Er zog seinen Hut
wie ein Bittsteller. „Hubert."

* **Zivilist:** Bürger;
nicht-uniformierte
Person

⁹⁵ „Ja, ich war es", sagte er. Und da war das Zimmer weiß, und es roch nach Benzin und Kalk, der rechte Kotflügel war verbeult, Blut, winzige Perlen auf dem zerschrammten Lack, er polierte sie mit dem Taschentuch fort…

Die drei Männer näherten sich ihm, und zwei begannen ¹⁰⁰ gleichzeitig auf ihn einzureden.

„Was in aller Welt soll man nur tun", sagte Taubner.

Niemand verstand ihn. Der Zivilist sagte: „Machen Sie es uns bitte nicht schwer, Herr Taubner."

1 Gib stichpunktartig für jeden Sinnabschnitt den Inhalt wieder.

2 Wieso kommt es zum Unfall?

3 Charakterisiere den Fahrer Taubner:
- Wie wird Taubner von seiner Frau charakterisiert?
- Wieso befällt Taubner plötzlich „ein Gefühl beklemmender Einsamkeit"?

4 Was ist die Folge von Taubners Gespräch mit dem Mädchen und dem Mann?

5 Lest den folgenden Gesetzestext und diskutiert, welche Strafe für Taubner angemessen wäre.

§ 142 StGB: Fahrerflucht:

Wer sich nach einem Verkehrsunfall der Feststellung seiner Person, seines Fahrzeuges oder der Art seiner Beteiligung an dem Unfall durch Flucht entzieht …, wird mit Freiheitsstrafe bis zu 2 Jahren und mit einer Geldstrafe oder mit einer dieser beiden Strafen bestraft. In besonders schweren Fällen ist die Strafe Freiheitsstrafe nicht unter sechs Monaten.

6 Formuliere aus der Kurzgeschichte eine kurze Zeitungsmeldung. Verwende die W-Fragen, dann hast du alle wichtigen Informationen, die du für eine Meldung benötigst.

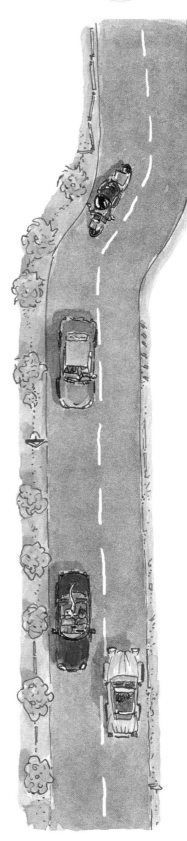

Christine Nöstlinger

Spiegel lügen nicht

Bei der Kreuzung, bei der Straßenbahnhaltestelle, ist eine Passage. *Spiegel-Krachmann Luster Lampen und Spiegel für den modernen Geschmack.* Anika geht in die Passage. Ganz nach hinten. Vorne stehen die Leute, die auf die Straßenbahn warten. Anika starrt in den Spiegel, Marke *Kristall Extra*
5 *Modell Desiree.* Der Spiegel muss schief hängen, denn Anika schaut unheimlich dünn aus. Anika schaut sich an. Die schäbigen Ringellocken beiderseits des Mittelscheitels stehen wie ein Riesenschnurrbart ab. Die übrigen Haare hat der Wind zu zackigen Strähnen geklebt. Zwischen den Strähnen schauen Anikas Ohren hervor. Die Ohren sind groß und an den
10 Rändern vom Wind rot gefärbt. Anikas Hose ist um zwei fingerbreit zu kurz und um eine handbreit zu eng. Die Absätze der Schuhe sind schief getreten. An einem Absatz hängt der Lederüberzug weg. Anikas Jacke war voriges Jahr modern. Jetzt tragen nur mehr die letzten Menschen so was. Anika holt den halben Kamm aus der Jackentasche. Der Kamm bleibt im Schnurrbart
15 stecken. Der vierte Zahn bricht ab.

In einer Hosentasche sollten zwei Haarklammern sein. Weil die Hose um eine handbreit zu eng ist, ist es schwer, bis zum Grund der Hosentasche zu greifen. Anika findet nur eine Haarklammer. Eine Haarklammer nützt nichts. Verändert den Schnurrbart nur einseitig. Anika zieht sich einen Sei-
20 tenscheitel. Im Spiegel sieht Anika eine Frau, die hinter ihr steht. Die Frau beobachtet Anika und grinst dabei. Die Frau hat keinen Schnurrbart, die Frau hat einen guten Friseur.

Kurzgeschichten erschließen

Anika streckt dem Spiegel, der Frau, die Zunge heraus. Die Frau dreht sich um. Wahrscheinlich grinst sie jetzt noch blöder. Der Schnurrbart,
25 auf eine Seite zusammengeworfen, sträubt sich ratlos. Anika steckt ihn mit der Haarklammer am Kopf fest, kämmt Haare über die Klammer. Die Ohren mit den roten Rändern schauen schon wieder zwischen den Haaren hervor. Anika schüttelt den Kopf, schüttelt die Haare, damit die Ohren in Deckung gehen. Anika zerrt die Hose die Hüften abwärts, bis
30 zwischen den Schuhen und den Hosenbeinen kein Stückchen Socken mehr zu sehen ist.
Anika starrt Anika wütend an. Gestern Abend, im dreiteiligen Spiegelschrank betrachtet, war Anika hübsch. Ungeheuer hübsch sogar. Das war kein Irrtum. Sie hat genau hingesehen. Über zehn Minuten lang.
35 Sie hat die Haare zur Seite gebürstet, hochgesteckt, Mittelscheitel gekämmt, Haare ins Gesicht fallen lassen, immer war sie hübsch gewesen, ungeheuer hübsch. Kann man in zwanzig Stunden hässlich werden? Hat sich der dreiteilige Spiegelschrank geirrt?

1 Gib den Inhalt der Geschichte mit deinen eigenen Worten wieder.

2 In der Geschichte wird nur ein kurzer Moment aus dem Alltag Anikas geschildert. Was erfährst du? Kann man aufgrund der Schilderung etwas über Anikas Charaktereigenschaften aussagen? Vergleiche die Ergebnisse mit deinem Partner.

3 Überlege. Gab es bei dir auch schon einmal Tage, an denen du dein Spiegelbild nicht leiden konntest?

4 Denke zusammen mit deinem Partner darüber nach, wie viel Zeit die Geschichte in der Wirklichkeit einnehmen würde.

5 Wie wirken die verwendeten Sätze auf dich? Beschreibe die Stimmung der Geschichte.

6 Stelle dir vor, du stündest vor einem Zerrspiegel. Beschreibe dich, wie du darin aussiehst. Lies deine Beschreibung in der Klasse vor.

Über berühmte Leute

Bertolt Brecht: Die schlechte Zensur

Brecht, der schwach im Französischen war, und ein Freund, der schlechte Zensuren im Lateinischen hatte, konnten Ostern nur schwer versetzt werden, wenn sie nicht noch eine gute Klassenarbeit schrieben. Aber die lateinische Arbeit
5 des Einen fiel ebenso schlecht aus wie die französische des Anderen.
Darauf radierte der Freund mit einer Rasierklinge einige Fehler in der Lateinarbeit aus und meinte, der Professor habe sich wohl verzählt. Der aber hielt das Heft gegen das
10 Licht, entdeckte die radierten Stellen, und eine Ohrfeige tat das Übrige. Brecht, der nun wusste, so geht das nicht, nahm rote Tinte und strich sich noch einige Fehler mehr an. Dann ging er zum Professor und fragte ihn, was hier falsch sei. Der Lehrer musste bestürzt zugeben, dass diese Worte richtig
15 seien und er zuviel Fehler angestrichen habe. „Dann", sagte Brecht, „muss ich doch eine bessere Zensur haben." Der Professor änderte die Zensur und Brecht wurde versetzt.

Herbert Ihering

1 Lies die Anekdote. Was macht Bertolt Brecht anders als sein Freund?

2 Suche eine passende Überschrift für die Anekdote.

3 Lies die Anekdote noch einmal und notiere dir Stichworte zum Inhalt.
Achte darauf, dass die Pointe* deutlich wird.
Erzähle die Anekdote mit Hilfe der Stichworte nach.

4 Versuche, mehr über den deutschen Dichter Bertolt Brecht zu erfahren.

* **Pointe, die:** witziger oder unerwarteter Schluss

Personenverzeichnis S. 255

Anekdoten lesen und erzählen

Christoph Kolumbus

Man erzählt, dass der in der italienischen Stadt Genua gebo-
rene Seefahrer Christoph Kolumbus bei den spanischen
Seefahrern viel Neid erregte, als er im Jahre 1492 im Auftrag des spanischen Königshauses Amerika entdeckte. Die
5 spanischen Seefahrer behaupteten: „Das hätten wir auch
gekonnt!"

Da sagte Kolumbus zu ihnen: „Sobald einer die Lösung einer
schwierigen Aufgabe vorgemacht hat, kommt diese vielen
einfach vor und sie behaupten, es sei keine Kunst gewesen.
10 Ich will euch aber eine Aufgabe stellen, die noch keiner
gelöst hat, damit ihr euer Können beweisen könnt."

Mit diesen Worten nahm er ein Ei und forderte seine Kritiker auf, dieses so auf die Spitze zu stellen, dass es stehen
bleibe.

15 Einer nach dem anderen versuchte, das Ei auf seine Spitze zu
stellen, aber es fiel immer wieder um, und sie wurden deshalb wütend und sagten: „Du verlangst Unmögliches von
uns!"

Da nahm Kolumbus das Ei und setzte es mit Schwung auf
20 die Tischplatte, so dass es an der Spitze leicht eingedrückt
wurde und auf der eingedrückten Schale stehen blieb. „Das
hätten wir auch gekonnt!", riefen da seine Kritiker wieder.

„Ja, das hättet ihr auch gekonnt", erwiderte Kolumbus.
„Aber ich hatte die Idee und habe es gemacht. Das ist der
25 Unterschied."

Herbert Lutz

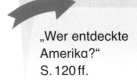

„Wer entdeckte
Amerika?"
S. 120 ff.

1 Lies die oben stehende Anekdote, suche eine Überschrift und erzähle mit Hilfe eines Stichwortzettels den
Inhalt der Anekdote.

2 Gestaltet ein Plakat über die Merkmale der Anekdote
für euer Klassenzimmer und weist die Merkmale der
Anekdote in den Texten über Brecht und Kolumbus nach.

+3 Erfinde eine Geschichte, die so endet: „Ja, das
hätte ich auch gekonnt." – „Aber ich habe es gemacht!"

> ### Anekdote
> Kleine Erzählung von
> einem bemerkenswer-
> ten Ereignis oder einer
> hervorstechenden
> Charaktereigenschaft
> von Menschen, oft von
> berühmten Persönlich-
> keiten.
> Anekdoten sind oft
> straff und ohne große
> Ausschmückungen
> erzählt und enden oft
> mit einer Pointe.

Wilhelm Busch und der Besenstiel

Theodor Fontane

Als der Dichter Theodor Fontane noch Apotheker im Bethanien-Krankenhaus war, hatte er sich ein möbliertes Zimmer gemietet. Am ersten Morgen sagte er nach dem Frühstück zu seiner Wirtin: „Frau Schulze, wenn das Kaffee war, hätte ich ab morgen gern Tee; wenn es aber Tee war, möchte ich ab morgen früh bitte Kaffee."

Konrad Duden

Eine Dame stellte dem Hofrat Duden auf einer Gesellschaft eine Menge recht törichter Fragen. Als sie schließlich auch wissen wollte, ob die englische Sprache schwierig zu erlernen sei, antwortete der Germanist: „Nicht im Geringsten. Sie brauchen nur anstelle der deutschen Wörter die englischen zu verwenden."

Heinrich Heine

„Warum sind deine Witze so boshaft?", wurde Heinrich Heine gefragt. „Weil ich human bin", erwiderte der Dichter, „andere tragen einen Degen bei sich."

Konrad Adenauer

Nach einem Amerikaflug wurde Bundeskanzler Konrad Adenauer im Bonner Presseclub gefragt, ob er keine Angst habe, ein Flugzeug zu besteigen. Seine Antwort: „Im Gegenteil, meine Herren. Sie kennen doch die Redewendung: Es ist noch kein Meister vom Himmel gefallen."

Wilhelm Busch

Wilhelm Busch, der Verfasser der Bildgeschichten von Max und Moritz, wurde einmal für seine Technik und Genauigkeit beim Zeichnen gelobt: „Sie brauchen nur einen Strich zu machen und schon haben Sie ein lachendes Kind in ein weinendes verwandelt." „Was ist das schon für ein Kunststück?", antwortete Busch, „meiner Mutter gelang das früher sogar mit einem Besenstiel."

Franz Beckenbauer

In seiner aktiven Zeit wurde Franz Beckenbauer, einer der erfolgreichsten deutschen Fußballspieler überhaupt, vom Sportmoderator Harry Valerien einmal gefragt: „Herr Beckenbauer, Sie verdienen im Monat viermal soviel wie der Bundeskanzler. Worauf führen Sie das zurück?" Franz Beckenbauer ließ sich auf keine Grundsatzdiskussion ein, lächelte schelmisch und erwiderte: „Nun ja, der Bundeskanzler spielt eben nicht so gut Fußball wie ich!"

Anekdoten lesen und erzählen

1 Lies diese Anekdoten. Wähle zwei aus, die dir am besten gefallen oder die du am liebsten erzählen magst. Informiere dich über die Personen, von denen sie handeln.

Autorenverzeichnis
S. 250, 251
Personenverzeichnis
S. 255

2 Erzählt euch die Anekdoten gegenseitig. Beachtet dabei die unteren Hinweise zum Erzählen einer Geschichte mit Pointe.

1+1
PARTNERARBEIT

ARBEITSTECHNIK

Eine Geschichte mit Pointe nacherzählen

1. Notiere dir in Stichworten alles Wichtige in der richtigen Reihenfolge.
2. Erzähle die Geschichte zunächst mit Hilfe der Stichworte nach:
   - Füge nichts Neues hinzu.
   - Gib die Pointe ganz genau, aber nicht zu früh wieder.
   - Erzähle im Präteritum.
3. Versuche, es jetzt aus dem Gedächtnis zu erzählen.
4. Unterstütze deine Erzählung mit Gestik und Mimik und verändere deine Stimme, wenn es nötig ist.

3 Erzählt die Anekdoten vor der Klasse.
Sprecht anschließend darüber, was euch an den Vorträgen besonders gefallen hat und was die Erzähler noch verbessern können.

4 Sicher gibt es in deiner Umgebung auch besondere Ereignisse oder Erlebnisse, die man zur Unterhaltung anderer als Anekdoten erzählen kann.
   Überlege, welche Vorfälle, Begebenheiten, Erlebnisse mit Pointen du kennst. Frage bei deinen Eltern, Großeltern, Freunden und Bekannten nach.
   Untersuche die Klatsch-Geschichten über Prominente in bekannten Zeitschriften. Prüfe, ob sie sich zum Erzählen von Anekdoten in der Klasse eignen.
   Trage diese Anekdoten in der Klasse vor.

Denksport

Köpfchen, Köpfchen!

1 **Zahlen und Figuren**
Sieh dir die Figuren 5 Sekunden lang an und decke sie
dann ab. Addiere die Zahlen und schreibe die Summe auf.
In welchen Figuren stehen welche Ziffern?

2 **Elf Drachen**
Zwei Drachen sind völlig gleich. Welche sind es?

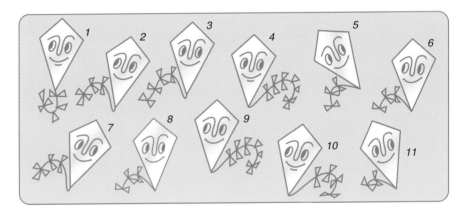

+3 **Ein Terrier, eine Bulldogge und ein Pudel**
Florian, Michael und Alex sind Freunde. Jeder der drei
Jungen besitzt einen Hund. Keiner führt aber hier seinen
Hund. Der Junge rechts ist Alex. Der Terrier gehört
Florian. Wem gehört der Pudel?

Texte detailliert lesen und verstehen

Geheimschrift

Erich Ballinger

Der berühmte Detektiv Auguste Dupins hatte einmal von einem Kollegen ein Blatt Papier mit einer geheimen Botschaft erhalten, die dieser bei einer Hausdurchsuchung gefunden hatte.

Er begann zu überlegen, zu probieren und zu kombinieren. Bald hatte er die Lösung gefunden und konnte die Botschaft enträtseln.

Dabei ging Dupins von folgenden Grundsätzen aus:

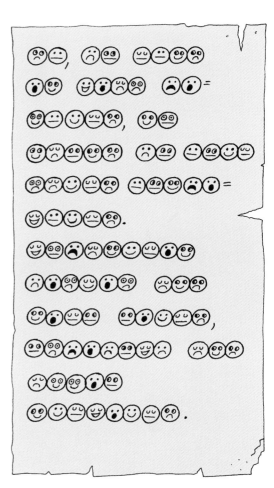

1. Es gibt keine Geheimschrift, die nicht zu entziffern ist.
2. Jedes Zeichen steht für einen Buchstaben. Gleiche Zeichen sind daher gleiche Buchstaben.
3. Die Zeichen zwischen zwei Abständen bilden ein Wort.
4. Die Botschaft ist in deutscher Sprache abgefasst.
5. Der häufigste Buchstabe in deutschen Texten ist das E. An zweiter Stelle folgt S, dann H und schließlich T. (Mit dieser Tatsache konnte er nach Abzählung der Zeichen bereits die Buchstaben E, S, H, T einsetzen.)
6. Man sollte zuerst bei kurzen Wörtern oder bei Wörtern, in denen der Großteil der Buchstaben vorhanden ist, zu rätseln beginnen!
7. Jeden neu gefundenen Buchstaben setzt man im gesamten Text ein!
8. Geduld, Geduld, Geduld, Geduld, Geduld, Geduld!

1 Versuche, den Text zu entschlüsseln.
Überlege, welche Grundsätze Dupins dir dabei helfen können.

+2 Schreibe selbst eine geheime Botschaft.

Kommissar Kniepel *(nach Detlef Kersten)*

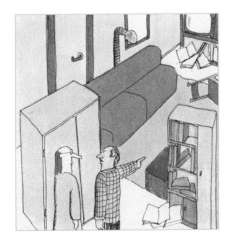

Herr Nußbaum hatte vergangene Nacht unliebsamen Besuch. Ein Einbrecher hat ihm seine wertvolle Briefmarkensammlung gestohlen.
„In diesem Schrank hatte ich meine Sammlung
5 aufbewahrt. Der Dieb hat ihn wohl mit einem Dietrich geöffnet", sagt Herr Nußbaum.

„Der Täter ist durch dieses Fenster eingedrungen, seh'n Sie nur, er hat meine schönen Blumen zertrampelt. Aber vielleicht schauen wir uns die Sache
10 noch einmal von innen an, Herr Kommissar. Sicherlich finden Sie dort mehr Spuren!"

Noch jemand ist an der Aufklärung des Falles interessiert: Der Detektiv der Kulanz-Versicherungsgesellschaft (unterm Bett), die die Brief-
15 markensammlung mit 25 000 EUR versichert hat. Bei einer so hohen Summe stellen Versicherungen eigene Nachforschungen an. Für Detektiv Brause ist der Fall klar!

„So, Herr Nußbaum, bitte unterschreiben Sie
20 hier; bald werden Sie das Geld für die gestohlenen
Briefmarken bekommen."

„Sachte, sachte, Herr Brause. Haben Sie nicht
gemerkt, dass Nußbaum sich selber ‚bestohlen'
hat, um die Versicherungs-Prämie zu kassieren?"

1 Lies den Text aufmerksam und schaue dir die Bilder
genau an. Beachte die Hinweise (Arbeitstechnik) zum
genauen Lesen und Verstehen eines Textes.

2 Was ließ Kniepel an der Echtheit des Einbruchs zweifeln?
Gib die Geschichte mit eigenen Worten wieder.

ARBEITSTECHNIK

Einen Text genau lesen und verstehen

1. Immer, wenn du beim Lesen zu einer wichtigen Information kommst, stellst du dazu eine kurze **W**-Frage:

   Wer tut etwas?
   Wann ereignet es sich?
   Wo passiert es?
   Was geschieht?
   Warum kommt es dazu?

2. Beantworte die Frage, notiere die Antwort in Stichworten und lies weiter bis zur nächsten Information.

3. Wenn zu dem Text Bilder oder Grafiken gehören, prüfe, ob diese weitere Informationen enthalten.

4. Versuche, deine Notizen beim Aufschreiben zu ordnen, z. B. bei einer Kriminalgeschichte:

   – Ausgangssituation und Tat,
   – Spuren und Hinweise (Verdächtige),
   – Ermittlungen und Lösung.

5. Fasse den Text nach dem Lesen anhand deiner Notizen mit eigenen Worten zusammen.

Delle im Blech *(nach Franz S. Sklenitzka)*

1 Es ist nicht viel los im Supermarkt, an diesem Nachmittag – trotzdem: an der Kasse heißt es warten.

Vor Tamara steht ein dunkelhaariger junger Mann und vor dem Mann eine junge Mutter mit Kleinkind. Vor der Kasse ist ein Stand
5 mit Süßigkeiten in Augenhöhe.

Das Kleinkind im Einkaufswagen brüllt und strampelt mit den Beinen, weil es eine Packung Schokoröllchen will und sich die Mutter weigert, die Röllchen zu kaufen.

Der Mann vor Tamara häuft inzwischen Bananen, Tomaten, Äpfel,
10 eine Paprikaschote, Kiwis, Birnen, Pfirsiche, eine Mangofrucht und eine riesengroße Ananas auf das Förderband. Obendrauf legt er einen Becher Eiscreme. Der macht wohl eine Vitaminkur, denkt sie.

Da dreht sich der junge Mann kurz nach ihr um.

„So einen ungezogenen Balg sollte man besser zu Hause lassen", sagt
15 er halblaut, deutet mit dem Kinn auf das brüllende Kind und lächelt Tamara flüchtig zu. Tamara weiß nicht, was sie antworten soll.
Dafür entdeckt sie das flotte Bärtchen auf der Oberlippe des Obstkäufers. Schaut aus wie dieser Fernseh-Moderator, denkt Tamara.

2 Auf dem Parkplatz vor dem Supermarkt sieht Tamara den jungen
20 Mann wieder. Aus einiger Entfernung beobachtet sie, wie er einen Karton im Kofferraum eines weißen Cabrios verstaut. Den leeren Einkaufswagen schubst er in Richtung Sammelstelle. Dann setzt er sich in sein Auto und beginnt genüsslich die Eiscreme zu löffeln.

Tamara schichtet inzwischen ihren Einkauf in den Korb auf dem
25 Gepäckträger des Fahrrads. Puh! Gar nicht einfach alles in einem Fahrradkorb so unterzubringen, dass die Ladung nicht gleich beim ersten Bremsmanöver im Straßengraben landet …

Da setzt sich plötzlich einer der Einkaufswagen in Bewegung, beginnt, von der Sammelstelle her, den abschüssigen Parkplatz hin-
30 abzurollen, wird langsam schneller. Er steuert genau auf eine Gruppe parkender Autos zu. Tamara sieht es. Die junge Mutter mit dem Kleinkind sieht es, aber sie kann ihren Jungen nicht allein lassen.
Tamara überlegt für Sekunden. Dann rennt sie los. Auf die Gefahr hin, dass ihr beladenes Rad umstürzt, dass die Milchflaschen zu
35 Bruch gehen, dass die Melone auf dem Boden zerplatzt, läuft sie dem leeren Einkaufswagen nach.

❸ Das heißt, ganz leer ist er nicht. Der schmale Kassenzettel klemmt zwischen den Gitterstäben.

Tamara kommt um eine Sekunde zu spät. Der Einkaufswagen knallt gegen
40 ein Auto. Das weiße Cabrio hat den Ausreißer zum Stehen gebracht.

Wutentbrannt stürzt der Lenker aus seinem Wagen und beugt sich mit zornrotem Gesicht über den hinteren Kotflügel: Der Wagen hat eine Delle im schneeweißen Blech.

Als Tamara mitfühlend den Schaden begutachten will, brüllt sie der
45 schnauzbärtige Cabriofahrer an:

„Du bist wohl total verrückt! Kannst du nicht besser auf deinen Einkaufswagen aufpassen? Das wird dich teuer zu stehen kommen!" Im ersten Augenblick ist Tamara sprachlos vor Verblüffung. Dann fasst sie sich ein Herz.

„Hören Sie", sagt sie, außer Atem vom Laufen und vor Aufregung. „Das …
50 das war nicht mein Einkaufswagen. Das war Ihrer!"

❹ „Auch noch frech werden, du Früchtchen! Da hört sich doch alles auf!", schäumt der Schnurrbärtige und stemmt die Arme in die Hüften. „So billig kommst du mir nicht davon!"

„Es war Ihr Einkaufswagen", sagt Tamara leise, aber fest. „Ich kann es be-
55 weisen. Hier!"

Der junge Mann stutzt, wird noch eine Spur röter. Dann steigt er wortlos in sein Cabrio, knallt die Tür zu und fährt mit quietschenden Reifen weg.

Kopfschüttelnd kehrt Tamara zu ihrem Fahrrad zurück. So kann man sich täuschen, denkt sie. Dabei hat er wirklich nett ausgesehen, zuvor an der
60 Kasse.

1 Lies den Text: Beantworte die folgenden Fragen:
- Welche Personen kommen vor? Unterscheide nach wichtigen und unwichtigen Personen.
- An welchen Orten spielt die Kriminalgeschichte? Beschreibe sie möglichst genau.

2 Diese Kriminalgeschichte besteht aus vier Abschnitten. Jeder Abschnitt hat eine für den Verlauf der Geschichte wichtige Aufgabe. Ordne zu.

- Hinweise und Spuren
- Die Tat, das kriminelle Ereignis
- Darstellung der Lösung
- Schilderung der Ausgangssituation

3 Wie konnte Tamara beweisen, dass es nicht ihr Einkaufswagen war, der den Blechschaden verursachte?

Kassenraub

„Das Geld ist verschwunden, ich habe überall nachgesehen", sagte der Kassierer zu Inspektor Smith.

„Haben Sie jemanden in Verdacht?"

„Offen gesagt, ich bin ratlos", antwortete der Kassierer. „Ich zählte gera-
5 de Geld nach. Plötzlich wurde es im Zimmer dunkel, die Lampe war ausgegangen. Ich stellte einen Stuhl auf den Tisch, kletterte hinauf und fasste an die Lampe. Bei der Berührung mit der heißen Röhre zuckte ich zurück und stürzte herab. Einige Zeit muss ich ohne Besinnung gewesen sein, und als ich zu mir gekommen war, sah ich diese Unordnung. Das
10 Geld war verschwunden. Per Telefon informierte ich den Werkschutz über das Vorkommnis. Das ist eigentlich alles, was ich Ihnen zu berichten habe."

„Ich beschuldige Sie, das Geld gestohlen zu haben. Alles, was Sie hier erzählt haben, ist völlige Erfindung, weil …"

+1 Lies den Text aufmerksam. Worum geht es darin?

+2 Überlege, woran Kommissar Smith erkannte,
dass die Schilderung des Kassierers eine Erfindung ist.

Selbst einen Krimi schreiben

1 Schreibt selbst eine Kriminalgeschichte. Die folgenden Angaben können, müssen aber nicht darin vorkommen.

Hohe Belohnung für junge Detektive
Hinweise von Jugendlichen führten zur Ergreifung der Täter.

Ausgangssituation und Tat

- Ein Zeltlager am Fuße der Burgruine …
- Jungen und Mädchen veranstalten ein Suchspiel in der Nacht.
- Eine Gruppe beobachtet zwei verdächtige Personen.
- Am nächsten Tag steht in der Zeitung, dass ein Supermarkt überfallen wurde.
- Die Jugendlichen beschließen, Detektiv zu spielen und kehren in den Wald zurück.

Hinweise und Spuren

- Ein Täter hinkt deutlich.
- Geld in einem Mehlsack
- Eine Zigarettenkippe
- Teile einer Karnevalsmaske
- Bild in der Zeitung

Ermittlungen und Lösung

- Die Spuren führen zu Verdächtigen.
- Welche Spur führt zum Täter?
- Die Jugendlichen informieren die Polizei.
- Die Polizei nimmt die Täter fest.

2 Stelle deine Kriminalgeschichte in der Klasse vor.

Am liebsten lese ich ...

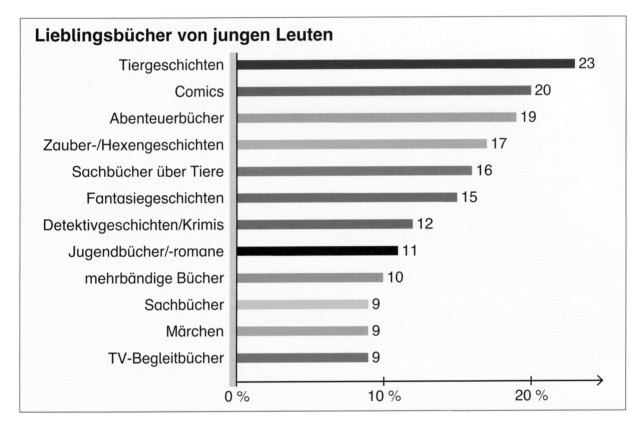

Lieblingsbücher von jungen Leuten

Kategorie	%
Tiergeschichten	23
Comics	20
Abenteuerbücher	19
Zauber-/Hexengeschichten	17
Sachbücher über Tiere	16
Fantasiegeschichten	15
Detektivgeschichten/Krimis	12
Jugendbücher/-romane	11
mehrbändige Bücher	10
Sachbücher	9
Märchen	9
TV-Begleitbücher	9

Ob einem ein Buch gefällt, kann man erst wissen, wenn man es durchgelesen hat.

1 Was für Bücher mögen junge Leute?
Erklärt, wie solch eine Umfrage entsteht. Was denkt ihr über das Ergebnis? Welche Vorlieben habt ihr?

2 Wie geht ihr vor, wenn ihr euch ein Buch aussucht? Was hilft euch dabei?

Ich sehe mir das Umschlagbild an. Dann weiß ich schon, ob das Buch gut ist.

Zum Beispiel die Bücher von Paul Maar, die haben mir alle gut gefallen.

Hinten drauf, da steht meist ein Klappentext. Den lese ich, dann weiß ich Bescheid.

Wenn mir ein Buch gefallen hat, schaue ich, ob es in derselben Reihe noch mehr Bücher gibt.

Ich fang erst mal an zu lesen. Nach ein paar Seiten merke ich, ob es gut oder langweilig ist.

Tintenherz

1 Dem Umschlag und dem Klappentext eines Buches kann man oft schon wichtige Informationen über den Inhalt entnehmen. Lies den Klappentext. Was vermutest du, worum es in diesem Buch geht?

> *Die Dunkelheit war blass vom Regen und der Fremde war kaum mehr als ein Schatten. Nur sein Gesicht leuchtete zu Meggie herüber.*
>
> *Wer ist Staubfinger, der Fremde, wirklich? Und wer ist Capricorn, wer Zauberzunge? Antworten findet Meggie in einem alten ligurischen* Bergdorf – und in einem Buch.*

* **Ligurien:** norditalienische Region

2 Tinte ist nicht gerade eine Flüssigkeit, die man mit dem Herzen in Verbindung bringt. Was könnte ein „Tintenherz" sein?

3 Lies den Auszug aus dem Inhaltsverzeichnis des Buches „Tintenherz" von Cornelia Funke. Um was für ein Buch handelt es sich vermutlich?

Inhalt

Die zwölfjährige Meggie ist die Hauptfigur des Buches. Sie lebt allein bei ihrem Vater Mortimer, den sie Mo nennt, einem Buchbinder. Mo, Meggie und ihre Tante Elinor wurden von dem brutalen Verbrecher Capricorn verschleppt und eingesperrt. Da erzählt Mo seiner Tochter, was neun Jahre zuvor geschehen ist.

Cornelia Funke

Damals *(Auszug)*

„Du warst gerade drei Jahre alt, Meggie", begann Mo. „Ich erinnere mich noch, wie wir deinen Geburtstag gefeiert haben. Ich hatte dir ein Bilderbuch geschenkt. Das mit der Seeschlange, die Zahnschmerzen hat und sich um den Leuchtturm wickelt …"

5 Meggie nickte. Es lag immer noch in ihrer Kiste und hatte schon zweimal ein neues Kleid bekommen. „Wir?", fragte sie.

„Ich und deine Mutter." Mo zupfte sich etwas Stroh von der Hose. „Ich konnte schon damals an keinem Buchladen vorbeigehen. Das Haus, in dem wir wohnten, war sehr klein – die Schuhschachtel nannten wir es, das

10 Mäusehaus, wir gaben ihm viele Namen –, doch ich hatte an diesem Tag schon wieder eine ganze Kiste voll Bücher in einem Antiquariat gekauft. Elinor" – er warf ihr einen Blick zu und lächelte – „hätte ihre Freude an einigen gehabt. Capricorns Buch war auch dabei."

„Es gehörte ihm?", Meggie sah Mo erstaunt an, doch der schüttelte den Kopf.

15 „Nein, das nicht, aber … eins nach dem anderen. Deine Mutter seufzte, als sie die neuen Bücher sah, und fragte, wo wir die nun wieder lassen sollten, doch dann hat sie sie natürlich mit ausgepackt. Ich las ihr damals abends immer etwas vor."

„Du hast vorgelesen?"

20 „Ja. Jeden Abend. Deiner Mutter gefiel es. An diesem Abend suchte sie sich Tintenherz aus. Sie mochte schon immer abenteuerliche Geschichten, Geschichten voller Glanz und Finsternis. Sie konnte dir alle Namen von König Artus' Rittern aufzählen und sie wusste alles über Beowulf und Grendel, über alte Götter und über nicht ganz so alte Helden. Piratenge-

25 schichten mochte sie auch, aber am liebsten war es ihr doch, wenn wenigstens ein Ritter, ein Drache oder eine Fee vorkamen. Sie war übrigens immer auf der Seite der Drachen. Von denen schien es in Tintenherz keinen einzigen zu geben, aber dafür Glanz und Finsternis im Überfluss und Feen und Kobolde … Kobolde mochte deine Mutter auch sehr: Brownies, Bucca

30 Boos, Fenoderees, die Folletti mit ihren Schmetterlingsflügeln, sie kannte sie alle. Also gaben wir dir einen Stapel Bilderbücher, machten es uns auf dem Teppich neben dir bequem und ich fing an zu lesen.

Meggie lehnte den Kopf gegen Mos Schulter und starrte die nackte Wand an. Sie sah sich selbst auf dem schmutzigen Weiß, so wie sie sich von alten
35 Fotos kannte: klein, mit speckigen Beinen, die Haare weißblond (sie waren dunkler geworden seither), wie sie mit kurzen Fingern in großen Bilderbüchern blätterte. Wenn Mo erzählte, geschah das immer: Meggie sah Bilder, lebendige Bilder.

„Die Geschichte gefiel uns", fuhr ihr Vater fort. „Sie war spannend, gut ge-
40 schrieben und bevölkert mit den seltsamsten Wesen. [...] Draußen war es längst dunkel, ich erinnere mich, als wäre es gestern gewesen, es war Herbst, und es zog durch die Fenster. Wir hatten ein Feuer gemacht – die Schuhschachtel hatte keine Zentralheizung, aber einen Ofen in jedem Zimmer – und ich begann mit dem siebten Kapitel. Da passierte es …"
45 Mo schwieg. Er blickte vor sich hin, als hätte er sich in den eigenen Gedanken verirrt.

„Was?", flüsterte Meggie. „Was passierte, Mo?"

Ihr Vater sah sie an. „Sie kamen heraus", sagte er. „Plötzlich standen sie da, in der Tür zum Flur, als wären sie von draußen hereingekommen. Es knisterte,
50 als sie sich zu uns umdrehten – so, als entfaltete jemand ein Stück Papier. Ich hatte ihre Namen noch auf den Lippen: Basta, Staubfinger, Capricorn."[...]

1 „Wenn Mo erzählte, geschah das immer: Meggie sah Bilder, lebendige Bilder." Erklärt diese Textstelle (Z. 37/38).
Geht es euch manchmal auch so wie Meggie, wenn jemand erzählt oder vorliest? Sprecht darüber.

2 Sieh dir die Illustration am Rand an. Sie ist auf dem Titelblatt des Buches abgebildet. Kannst du dir denken, was da geschieht?

3 Wie könnte die Geschichte weitergehen?
Denke dir eine Fortsetzung aus und erzähle.

4 Lies das Buch „Tintenherz" und führe dazu ein Lesetagebuch.

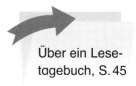

Über ein Lesetagebuch, S. 45

In diesem Buch geht es um …

1 Lies die Klappentexte und die Auszüge aus den Büchern „Silberflügel" und „Blume im Wind" (Seite 114). Erarbeitet in zwei Gruppen, worum es jeweils geht. Notiert Stichworte dazu und stellt die Bücher in Partnerarbeit vor.

Arbeitstechnik „Ein Buch vorstellen" S. 243; „Ein Kurzreferat vorbereiten" S. 128

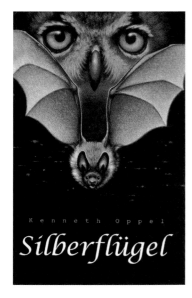

Sie nennen ihn „Schatten" und er gilt als der Schwächste unter den jungen Fledermäusen der Silberflügel-Kolonie. Doch er wird es allen zeigen: Er wagt den verbotenen Blick in die Sonne und bricht das uralte Gesetz, wonach das erste Tageslicht den Eulen gehört. Er besteht große Abenteuer, als er auf dem Flug nach Süden weit aufs Meer hinausgetrieben wird. Und er besiegt seine Angst, als er begreift, dass nicht nur sein, sondern das Leben aller Silberflügel bedroht ist. Nein, „Schatten" ist kein Schwächling – vielleicht ist er sogar der Erste, der hinter das Geheimnis der ewigen Feindschaft zwischen Eulen und Silberflügeln kommt.

Kenneth Oppel

Schatten *(Auszug)*

Schatten, der Fledermausjunge, schwebte über die Böschung des Baches, als er hörte, wie der Käfer seine Flügel ausprobierte. Daraufhin holte er kräftiger mit den Schwingen aus und wurde immer schneller, je näher er dem summenden Geräusch kam. Er selbst war vor dem Nachthimmel kaum zu erkennen, nur die Silberstreifen in seinem dichten schwarzen Fell
5 schimmerten im Mondlicht.

Der Käfer hatte sich jetzt in die Luft erhoben, seine Flügel und die Deckschalen surrten. Noch immer konnte Schatten ihn nicht mit den Augen erkennen, aber er „sah" ihn mit den Ohren. Das Insekt wurde von seinem „Klang-Sehen" erfasst, summte und glühte in seiner Wahrnehmung wie ein Schattenriss auf Quecksilber. Die Luft pfiff in seinen weit ausgestell-
10 ten Ohren, als er sich auf die Beute hinabstürzte. Er bremste scharf, schaufelte den Käfer mit der Schwanzhaut nach vorn, schleuderte ihn in seinen linken Flügel und von dort geradewegs ins offene Maul. Er drehte nach oben ab, knackte die harte Schale mit den Zähnen, genoss das köstliche Fleisch des Käfers, das ihm in die Kehle spritzte. Er machte ein paar kräftige Kaubewegungen und schluckte ihn ganz hinunter. Vorzüglich! Käfer waren bei wei-
15 tem die beste Speise im Wald. Auch Mehlwürmer und Zuckmücken waren nicht schlecht. Moskitos schmeckten dagegen wirklich nicht besonders – wie dünne Gaze, manchmal ein wenig stachelig, – aber dafür waren sie auch leichter zu fangen als alles andere.

Schon über sechshundert hatte er an diesem Abend gefressen, ungefähr jedenfalls, er hatte zu zählen aufgehört. Sie waren so langsam und unbeholfen, dass man nur das Maul auf-
20 sperren und ab und an schlucken musste.
Er warf ein Netz aus Tönen aus, um Insekten zu orten. Eigentlich war er schon fast satt, aber er wusste, er sollte noch mehr essen. Seine Mutter hatte ihm in den vergangenen zehn Näch-ten immer wieder gesagt, er müsse Fett ansetzen, es werde bald Winter. Schatten zog eine Grimasse, während er einen Mehlwurm von einem Blatt schnappte und hinunterschluckte.
25 Als ob er jemals fett werden könnte! Aber er wusste, dass ihm eine lange Reise in den Süden zu ihrem Überwinterungsplatz Hibernaculum bevorstand, wo die ganze Kolonie die kalte Jahreszeit verbringen würde.

2 Schatten geht nachts auf Insektenjagd. Erklärt, wie Fledermäuse dabei ihre Beute finden.

3 Fledermäuse sind besondere Tiere. Schreibt in Stich-worten auf, was man in dem Textausschnitt über ihre Lebensweise erfährt.

+4 Kenneth Oppel, der Autor von „Silberflügel", hat sich vor dem Schreiben sehr ausführlich über Fleder-mäuse informiert. Was berichtet er von ihnen?

Aus dem Nachwort des Autors

Einer meiner Freunde ist ein richtiger Fledermausfan. Er weiß eine ganze Menge über diese Tiere und er baut sogar Fledermauskästen für sie, kleine hölzerne Häuschen, die man hoch oben an Bäumen anbringt. Ich nehme an, ein wenig von seiner Begeisterung hat auf mich abgefärbt, denn ich begann einiges über Fledermäuse zu lesen. [...]
5 Ich war tief beeindruckt davon, was für bemerkenswerte Eigenschaften Fledermäuse haben: Sie sehen nur in Schwarz und Weiß (können aber ganz gut sehen – trotz der verbreiteten Ansicht, sie seien blind) und benutzen Töne genauso wie das Sehen, um sich in der Welt zurechtzufinden. Sie wandern wie Zugvögel und niemand weiß wirklich, wie sie auf Strecken von tausend Meilen ihren Weg finden können. [...]
10 All dies schien mir überaus reichhaltiges Material zu sein, um daraus eine neue Fantasiewelt zu schaffen mit einer eigenen Mythologie, Technologie und Magie. [...] Über viele Tiere ist schon geschrieben worden und die meisten von ihnen sind mehr oder weniger schnuckelig: Pferde, Mäuse, Kaninchen, Schweine und sogar Spinnen. Aber würden junge Leser in der Lage sein, sich mit Fledermäusen zu identifizieren?

+5 Was bedeuten diese Wörter, die in den Texten von Seite 112 und 113 vorkommen: „Klang-Sehen", Gaze, Hibernaculum, Fledermauskasten, Zugvögel, Mythologie, sich identifizieren?

1 Das ist der Klappentext des Buches „Blume im Wind". Tauscht euch darüber aus, wann und wo die Handlung spielt.

> *Tief in den Wäldern Nordamerikas lebt Mary mit ihren Eltern in einer Blockhütte. Sie liebt das Leben am Fluss und die Einsamkeit der Wildnis. Doch in diesem Sommer verändert sich alles. Mary betrachtet sich und ihre Eltern auf einmal mit anderen Augen, verschüttete Erinnerungen an ein fremdes Leben werden wach.*
> *Stück für Stück entdeckt Mary ihre Vergangenheit wieder und damit auch ihren eigentlichen Namen – Blume im Wind …*

2 Die Hauptfigur hat zwei Namen. Wie könnte es dazu gekommen sein?

Annelies Tock (Auszug)
[…] „Eine gute Ernte", sagte meine Mutter zufrieden.
Sie hatte sich ein Tuch um den Kopf gebunden. Ich nicht, ich hatte es gern, wenn mir die Sonne ins Gesicht schien.
„Diesen Winter müssen wir keinen Hunger leiden", sagte ich.
5 Meine Mutter sah mich befremdet an.
„Warum sagst du sowas, Mary? Selbst wenn die Ernte kleiner ausfallen würde, müsstest du keinen Hunger leiden."
Reif und duftend lagen die Maiskolben in meinen Händen. Im Winter backte meine Mutter Plätzchen daraus, mit Rosinen und weißem Zucker.
10 „He Mary, hast du je Hunger gelitten?", fragte sie fast ein bisschen böse.
„Nein", sagte ich. „Nein, ich hatte nie Hunger."
Wenn ich mit meinem Vater von einer Wanderung durch den Schnee hungrig nach Hause kam, dann war das ein sehr angenehmes Gefühl, weil es in unserem Haus immer etwas zu essen gab. Und doch … doch gab es auch
15 Winter, in denen der Hunger wie eine Ratte an den Eingeweiden nagte. Das wusste ich. Ich wusste es aus einem Lied, einem sehr alten Lied …
Aber meine Mutter singt nie, dachte ich verwundert.
„Ist das heiß", sagte sie.
Ihre blasse Haut war von der Sonne verbrannt. […]

20 [...] „Louis wird sich freuen, wenn er aus der Stadt zurückkommt", sagte sie. Das wunderbare Wort blieb zitternd über dem Maisfeld hängen. Ich hob den Kopf, um dem Wind zu lauschen. Hörte ich die Stadt darin?

„Weißt du, Mary, ich kann mir genau vorstellen, wie er jetzt durch die Straßen läuft, um was Schönes für uns zu kaufen."

25 Meine Mutter konnte einfach Mais pflücken und mit den Gedanken in der Stadt verweilen. Sie brauchte den Wind nicht dafür.

„Erzähl mir von der Stadt", sagte ich.

„Da stehen ganz viele Häuser nebeneinander. Häuser aus Holz, aber auch welche aus Stein. Da wohnen Bankiers und Schneider. Der Hufschmied hat

30 seine Werkstatt dort und es gibt Gasthäuser, wo man sich einfach hinsetzen und etwas Leckeres bestellen kann."

Bankiers, Schneider ... Hufschmied und Gasthäuser ..., murmelte ich leise vor mich hin.

„Und beim Schneider kann man sich ein seidenes Kleid machen lassen",

35 erzählte meine Mutter.

Ein seidenes Kleid musste etwas sehr Schönes sein, denn die Augen meiner Mutter leuchteten ganz kurz auf, aber dann sagte sie: „ Mit so einem Kleid kann man natürlich nicht arbeiten, das ist ja klar."

„Hattest du nie Angst vor Dieben und Mördern?"

40 „Ach, in der Stadt wohnen noch so viele andere Leute. Ehrliche Leute, die hart arbeiten."

„Warum wohnen wir nicht da?"

Knack! Ein Maiskolben zerbrach in ihren Händen.

„Deinem Vater gefällt es da nicht", sagte sie und presste die Lippen fest auf-

45 einander.

Ach, könnte ich doch das Blau vom Himmel pflücken, Arme voll Blau, und ein Kleid daraus machen, glänzend wie Seide.

Doch ich war nicht wie meine Mutter, die mit den Händen in einer Welt verweilen konnte und mit den Gedanken in einer anderen. Meine kleine

50 Welt war voller sich wiegender Maisstängel und zwitschernder Vögel. Ich konnte den Traum nicht festhalten, so gern ich es auch wollte. [...]

Jugendzeitschriften im Vergleich

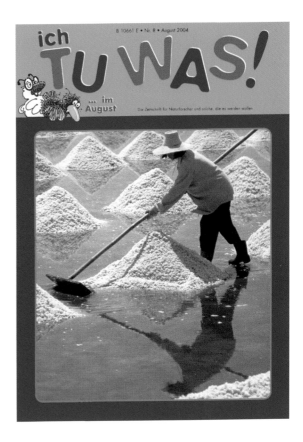

Jugendzeitschriften präsentieren sich in unterschiedlichster Art und Weise. Sie setzen verschiedenartige inhaltliche sowie thematische Schwerpunkte und unterscheiden sich zum Beispiel hinsichtlich Aufmachung, Titelseite, Bild-Text-Verhältnis oder dem Verhältnis zwischen Information und Unterhaltung.

Schaue dir die abgebildeten Titelseiten genau an und bearbeite die folgenden Arbeitsaufträge:

1 Nenne Unterschiede in der Aufmachung der Titelseiten.

2 Welche Titelseite spricht dich mehr an? Begründe deine Wahl.

3 Vergleiche diese beiden Inhaltsverzeichnisse bezüglich der Inhalte, der Themen, der Gliederung und der Übersichtlichkeit.

ich **TU WAS!**

... im August

Der August 2

Thema des Monats 3

Das Salz als Lebensretter
Ohne Salz müssten wir zusammenbrechen 4

Das Salz in der Suppe
Zu viel kann krank machen 5

Klärwerk im Körper
Unsere Nieren filtern täglich 1500 Liter Blut 6

Der Fisch im Salzmantel ...
... schmeckt bestimmt nicht „versalzen"! 7

Hunger auf Salz
Auch Tiere brauchen Salz 8

Warum Kochsalz Kochsalz heißt
Nicht, weil man es zum Kochen braucht! 9

Salz an der Angel
Kristalle kannst du selber züchten 10

Meer – Land und zurück
Steinsalz entstand vor 250 Millionen Jahren 11

Wie salzig ist das Meer?
Misch dir eine Kostprobe! 12

Salzkrebse zum Leben erwecken
Nach dem großen Regen 13

Mal „süß", mal salzig
Brackwasser-Lebewesen sind hart im Nehmen 14

Aalglatt in allen Lebenslagen
Wie der Flussaal sich anpasst 15

Steckbrief: Aale 16–17

Eine „schöne" Verwandtschaft
Von großer Klappe bis zu Elektroschockern 18

Aalfred in der Wanne
Ein Flussaal als Haustier 19

Der Mann im Salz
Im Mittelalter war Salz eine Kostbarkeit 20

Salz auf Rezept?
Heilen kann Salz nicht, aber lindern 21

Die Menschen satt machen
Auch Pflanzen brauchen Salze 22

Ackerland kaputt!
Falsche Bewässerung lässt viele Böden „versalzen" 23

Topfit in der Salzbrühe
Wie Pflanzen mit Salz leben 24

Tod am Straßenrand
Das Streusalz trägt die Schuld 25

Kartoffeln schlapp, Kresse k.o.!
Salz lässt Pflanzen vertrocknen 26

Salz und Brot macht Wangen rot
Das Salz in Sprichwörtern und Redewendungen 27

Wissenschaft aktuell 28–29

Eure Seite 30–31

Thema des Monats

Tier des Monats

Koch mit!

Bastle mit!

Hallo Umwelt

Nr. 36/2004 **Inhalt**

4 News: Heiße Facts & Gerüchte
6 Fotos: Star-Schnappschüsse
8 Felix & Josie: Unser erstes Mal!

BRAVA Musik

10 Usher: Seine Pläne, seine Liebe, sein Leben
12 Rammstein: Wie böse sind sie wirklich?
14 3rd Wish: Ihre geheimsten Wünsche . . .
15 Bintia: Die Soul-Diva freut sich auf ihr Baby
16 Linkin Park: Chester lästert fies ab!
18 Vanilla Ninja: Teste Deine Ninja-Power
20 Soundcheck: Neue CDs und DVDs
21 Songbook: Blue & Valezka
22 Charts: BRAVA-Charts, CDs, Klingeltöne
24 BRAVA SUPERSHOW: Sei bei der Party dabei

BRAVA Fun

26 Voll krass: Olympia der Stars
28 Comic: Sally & Fannie
30 Keine Panik! . . . Oder doch?
32 Fun & Win: Witze und Gewinnspiele

BRAVA Life

25 Starschnitt: Spucky in Lebensgröße, Teil 6
34 Psychotest: Bist Du wirklich verliebt?
35 Horoskop: Persönlicher Astro-Kalender
36 Cool Stuff: Trendige Armbanduhren
45 Hallo BRAVO: Alle Infos für euch!
46 Report: Ein Kinderheim für Fuchs & Co.
48 Foto-Roman: Ein echt schmutziger Job!
55 Impressum

BRAVA Love

56 Dr.-Sommer-Sprechstunde: Wir sind immer für dich da!
59 Bodycheck: Andrea, 18
60 Bodycheck: Frederik, 18

BRAVA Kino

62 Movie-Roman: „Die Kühe sind los"
64 „(T)Raumschiff": Die 25 besten Sprüche
66 Brad Pitt: Vom Landei zum Megastar!
68 Movie-News: Die Filme der Woche

BRAVA TV

70 „The Simple Life": Alle Facts zur 2. Staffel
72 Sexy Serienstars: Wo sie zu sehen sind!
74 TV- und Soap-News

76 Vorschau: Die nächste BRAVA
78 QuickChat: Ana Johnsson

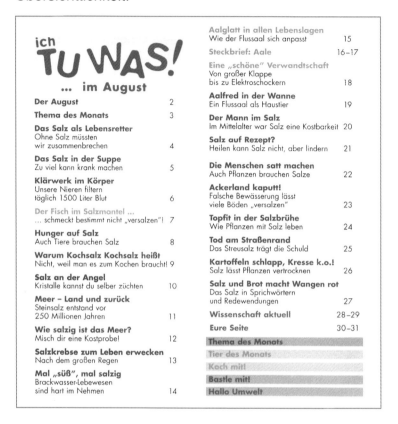

4 Welche Jugendlichen sind deiner Meinung nach die Zielgruppen dieser Zeitschriften?

5 Welche der hier angeführten Inhalte und Themen würden dich besonders, welche eher nicht interessieren?

6 Welche der beiden Zeitschriften würdest du lieber lesen? Nenne Gründe.

7 Welche Jugendzeitschriften werden in deiner Klasse gelesen? Bringt die Zeitschriften mit und vergleicht sie.

8 Erstelle eine Tabelle, die wiedergibt, wie du dir eine gute Jugendzeitschrift vorstellst. Vergleiche auch hier deine Ergebnisse mit anderen.

Vereint durch ein schweres Schicksal: Susanne (l.) und Melanie, hier mit Hofhund Benthe

Facts rund um die Verhütung!

Die erste Periode. Der erste Samenerguss. Die erste Liebe. Mit der „Geschlechtsreife" – was für ein Wort! – beginnt ein neues, aufregendes Leben. Unbekannte Gedanken, Gefühle, Gelüste. Alles nicht so einfach. Das fängt schon beim unsicheren Gefummel am BH oder Reißverschluss an. Und geht bis zur Frage, ob er/sie dich wirklich mag. Echt krass. Und dann das erste Mal! Wenn's endlich passiert, soll natürlich nichts passieren: Verhütung ist angesagt.

Auszug aus einer Anzeige der BZgA
(Bundeszentrale für gesundheitliche Aufklärung)

Ein traumhafter Spätsommertag. Es duftet nach Wald, Pferden und Freiheit. Melanie (16) hat ihr Pony „Malte" auf die Koppel geführt und streichelt nun zärtlich seine flauschige Mähne. Bevor sie in den Sattel steigt, flüstert sie dem Island-Norweger-Mix liebe Worte ins Ohr. Das Tier versteht und stupst Melanie sanft mit den Nüstern an den Arm. Sie schwingt sich auf Maltes Rücken, beugt sich nach vorn, schlingt die Arme um seinen Hals und kuschelt ausgiebig mit ihm. Malte schnaubt zufrieden, dreht dann im Schritt die erste Runde durchs Gelände – und Melanie liegt ganz entspannt auf seinem Rücken, ihre Augen leuchten vor Glück…

Eine Szene aus der heilen Welt eines Pferde-Romans? Von wegen! Melanie musste eine furchtbare Kindheit voller Vertrauensbrüche, Demütigungen und Gewalt durchmachen. „Ich hab neun Jahre im Heim verbracht", erzählt sie. „Zu Hause wurde ich immer nur beschimpft, geschlagen und sogar missbraucht – es war die Hölle!" Sie bricht ab. Noch heute fällt es Melanie schwer, über die schrecklichen Erlebnisse ihrer Kindheit zu sprechen. Ein Albtraum, der ihre Seele tief verletzt und zerfressen hat. Vertrauen, Liebe und Geborgenheit – das hat sie daheim nie erlebt. Melanie: „Wenn mir jemand zu nahe kam, kriegte ich die totale Panik!" Aus Angst und Verzweiflung fing Melanie sogar an, sich die Arme mit scharfen Gegenständen aufzuritzen.

Um Gefühle wie Vertrauen, Nähe und Körperkontakt wieder kennen zu lernen, begann Melanie, ebenso wie ihre Freundin Susanne (16), mit einer Pferde-Therapie. Der Umgang mit den Tieren und die Wärme ließen bei Melanie und Susanne ein neues Vertrauen zu sich und zum Leben heranreifen. Seit fünf Jahren nehmen die beiden einmal die Woche am „Therapeutischen Reitprojekt IRA" teil, das auf dem Gelände des „Evangelischen Johannesstifts" im Westen Berlins beheimatet ist. Therapeutin Andrea weiß genau, wie sehr Pferde traumatisierten Kindern helfen können. „Pferde können tatsächlich Wunder bewirken", sagt Andrea. „Manchmal dauert es Monate oder Jahre, aber es funktioniert. Wenn Kinder und Teenager im Johannesstift landen, kommen sie aus zerrütteten Familien, haben sexuellen Missbrauch und extreme Gewalt erlebt. Sie sind sehr kontaktscheu." Viele fügen sich am Körper Verletzungen zu, weil sie sich hassen. Deswegen kommt es bei der Pferde-Therapie gar nicht auf korrektes Reiten an. Andrea: „Wichtig ist, dass die Mädchen lernen, Nähe und Gefühle zuzulassen. Genau das geschieht in der Therapie mit Pferden. Sie merken, dass sie diese großen und kraftvollen Tiere einfach so streicheln und füttern können, ohne dass dabei etwas Schlimmes passiert." Das schafft Vertrauen – und wird auf menschliche Beziehungen in der Familie oder Clique übertragen!

Diese Erfahrung hat auch Susanne gemacht, die vor der Therapie voller Aggressionen war. „Ich bin bei jeder Kleinigkeit sofort ausgerastet", erinnert sie sich. „Doch Simon, mein Pferd, hat mir beigebracht, geduldig zu werden und bei Stress nicht gleich die Nerven zu verlieren. Heute sind wir die besten Freunde!" Wie tief Pferde Menschen berühren und verändern können, zeigt das Beispiel Melanie. Sie macht hier im Johannesstift nicht nur eine Therapie, sondern wird auch zur Pferdewirtin ausgebildet. Melanie: „Die Tiere haben mich geheilt – ich kann wieder singen, lachen und träumen!" In diesen Augenblicken vergisst sie ihre Narben auf den Armen – und die Wunden in ihrer Seele…

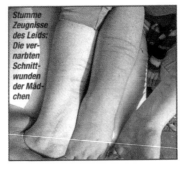

Stumme Zeugnisse des Leids: Die vernarbten Schnittwunden der Mädchen

Knuddeliger Vierbeiner sorgt für Mega-Chaos!

Braune Kulleraugen, samtweiche Pfötchen, flauschiges Fell – die zehnjährige Marietta (Maria Ehrich) wünscht sich nichts mehr als einen kleinen Hund zum Knuddeln. Kein Wunder, denn sie fühlt sich vernachlässigt. Mariettas Papa und Mama streiten ständig, ihr Bruder nervt. Und es kommt noch dicker: Als die Eltern alleine in den Urlaub fahren, wird Horror-Oma Gerda (Irm Hermann) als Babysitter engagiert! Doch kaum hat sie ihre Koffer abgestellt, passiert etwas Großartiges: Mit Hilfe eines magischen Steins verwandelt Marietta ihren Bruder in einen niedlichen Zwergschnauzer – endlich ist sie am Ziel ihrer Träume! Total happy freundet sich die Kleine mit ihrem neuen Haustier an. Doch der quirlige Kläffer namens Tobi hat nichts als Unsinn im wuscheligen Hundekopf. Als er dann auch noch zum Filmstar wird, ist das Chaos perfekt…

Ein tierisch süßes Abenteuer auf vier Beinen – da lachen sogar die Hühner!

Ab 0 – Kinostart: 11.11.

Action	Spannung	Herz	Humor
●●○	●○○	●●○	●●○

1 Lies dir die Texte auf Seite 118 durch. Notiere dir, welche Sach-Informationen du in den Texten findest.

2 Diskutiert darüber, ob euch die Texte gut informieren oder ob noch Fragen offen bleiben.

3 Schaut euch die Texte genauer an. Findet ihr Ausdrücke, die zur Jugendsprache zählen. Schreibt sie heraus und versucht, sie zu erklären.

4 Bildet Gruppen und verfasst eine kurze Nachricht zum Artikel über „Therapeutisches Reiten" für eine Tageszeitung. Welche Informationen müssen unbedingt enthalten sein? Gegebenenfalls könnt ihr Details noch erfinden oder im Internet recherchieren.

5 Besorgt euch zwei sich in den Inhalten grundsätzlich unterscheidende Jugendzeitschriften und klärt, welche Ziele sie verfolgen.

6 Was denkst du, warum lesen Jugendliche gerne „In-Magazine"?

7 Kannst du dir vorstellen, dass es auch Stimmen gegen „In-Magazine" für Jugendliche gibt? Die Bilder und Schlagzeilen auf dieser Seite können dir bei deinen Überlegungen helfen.

DAS IST TOP

Ponchos Die sind stylisch und wärmen!

Spieleabend mit deinen Freunden ist angesagt!

Anti-Statik-Sprays Nie mehr fliegende Haare beim Mütze abnehmen!

Step-Winterjacken sind kuschelig warm!

Werde zur GLAMOUR-QUEEN!

Eng & sexy

Wer entdeckte Amerika?

Die „Matthew" von John Cabot vor Neufundland

Nachbau des Flaggschiffes
„Santa Maria"
von Christoph Kolumbus im
Hafen von Lissabon

Knorr aus dem 9. Jh.,
gefunden in
Gokstad (Norwegen)

1 Was wisst ihr über die Entdeckung Amerikas?

2 Welche der genannten Entdecker kennt ihr, welche
nicht? Verschafft euch einen ersten Überblick mit Hilfe
von Nachschlagewerken.

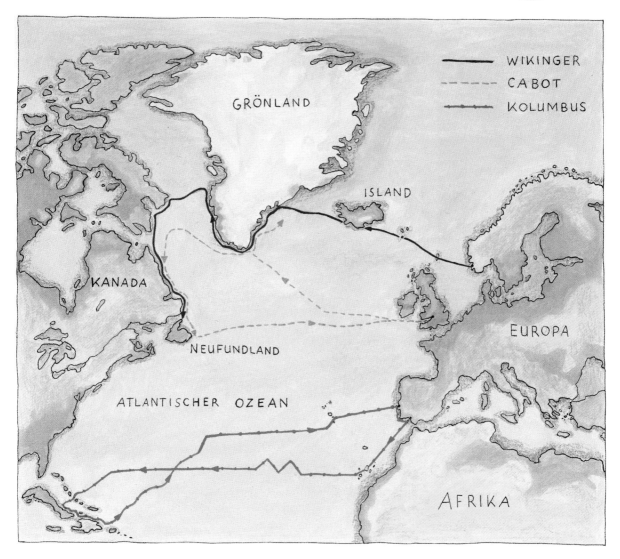

3 Seht euch die Karte an. Erklärt euch gegenseitig die Legende.*

* **Legende, die:** Zeichenerklärung auf Karten

4 Beschreibt die Wege der einzelnen Entdecker, z. B.:

Kolumbus startete 1492 in ...
Er erreichte ...
Für seinen Rückweg ...

Cabot ...

Die Wikinger ...

Anekdote
über Kolumbus
S. 97

Indien oder Amerika?

1 Sich rasch einen Überblick über den Textinhalt verschaffen

Lies nur die Überschrift und jeweils den ersten Satz jedes Textabschnittes. Notiere dann, ohne weiter in den Text zu schauen, was du vermutlich erfahren wirst.

2 Gründliches Lesen jedes Textabschnittes

Lies jetzt Abschnitt für Abschnitt gründlich. Schlage Begriffe nach, die du nicht kennst und nicht aus dem Zusammenhang erschließen kannst. Notiere zu jedem Abschnitt in wenigen Stichworten, worum es jeweils geht.

Christoph Kolumbus

❶ **Kolumbus, Christoph** [italienisch Cristoforo Colombo, spanisch Cristóbal Colón, 1451–1506], italienischer Seefahrer, der im Auftrag der spanischen Krone einen kürzeren Seeweg nach Indien erkunden sollte. Dabei
5 landete er irrtümlich in der Karibik und „entdeckte" damit Mittelamerika für die westliche Welt.

❷ Wer aber war dieser Christoph Kolumbus? Als wahrscheinlichster Geburtsort gilt Genua, auch sein Geburtsdatum ist nicht genau bekannt. Die Angaben schwan-
10 ken zwischen dem 25.05.1446 bis zum 31.10.1451. Sicher scheint, dass er der Sohn eines Tuchwebers war.

❸ Kolumbus muss sich schon früh für Entdeckungsreisen interessiert haben. Wahrscheinlich wurde er durch die antiken Karten des Ptolemäus angeregt. In der
15 griechischen Antike war man nämlich der Ansicht, dass die Erde eine Kugelgestalt besitzt. Im Mittelalter geriet dies allerdings in Vergessenheit.

4 Irgendwann kam Kolumbus der Gedanke, einen kurzen Weg nach Indien über den Atlantik zu suchen. Er
20 trug seinen Plan 1483 zunächst dem portugiesischen Hof vor, der ihn aber ablehnte.

5 Enttäuscht verließ er Portugal und reiste nach Spanien, um seine Gedanken dem spanischen Herrscherpaar vorzulegen. Doch erst 1492 erhielt Kolumbus endgül-
25 tig den Auftrag, seinen Plan durchzuführen. Er wurde zum Admiral und zum Vizekönig von den Gebieten ernannt, die er zu entdecken hoffte.

6 Am 3. August 1492 brach Kolumbus von dem kleinen Atlantikhafen Palos mit den Schiffen „Santa Maria",
30 „Pinta" und „Nina" auf. Am 69. Tag der Reise erblickte er tatsächlich Land. Es war nicht, wie er glaubte, Indien. Es waren Inseln, die zu einem unbekannten Kontinent gehörten: Amerika.

TIPP!

Im Text findest du zwei Formulierungen im Passiv. Suche die Sätze heraus und überlege dir, wie sie auf dich wirken. Wieso wird hier das Passiv verwendet?

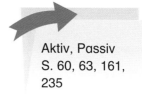

Aktiv, Passiv
S. 60, 63, 161, 235

3 Ordne die folgenden Überschriften den Textabschnitten zu.
- Enttäuschung in Portugal
- Vermutliche Herkunft
- Entdeckung eines unbekannten Kontinents
- Lebensdaten des Christoph Kolumbus
- Der Auftrag von 1492
- Erste Anregungen aus der griechischen Antike

4 Konntest du aus dem Text das erfahren, was du vermutet hast? Stand etwas anderes darin oder mehr als erwartet?

5 Forsche nach, warum der neue Kontinent „Amerika" genannt wurde. Nutze dazu Nachschlagewerke oder suche im Internet nach Informationen.

Wer war der Erste?

1 Sich rasch einen Überblick über den Textinhalt verschaffen

Gehe so vor, wie es auf Seite 122 in Aufgabe 1 beschrieben ist.

2 Gründliches Lesen jedes Textabschnittes

Gehe so vor, wie es auf Seite 122 in Aufgabe 2 beschrieben ist. Notiere, was du in den ersten drei Abschnitten zu den folgenden Themen erfährst:
1. Der Entdecker John Cabot
2. Ein bescheidener Mann
3. Die Herkunft John Cabots
Mache dir auch zum Inhalt der Abschnitte 4 bis 6 Notizen und formuliere selbst solche Themen.

John Cabot

❶ Wo immer von der Entdeckung Amerikas die Rede ist, kann man sicher sein, dass der Name Kolumbus fällt. Dieser Mann hat Amerika entdeckt, das steht unverrückbar fest. Aber Nordamerika entdeckte er erst auf seiner dritten Reise 1498. War Kolumbus also wirklich der
5 Entdecker?
In England gab es einen Zeitgenossen von Kolumbus, auch Seefahrer, mit Namen John Cabot, der mit der gleichen Berechtigung in Anspruch nehmen kann, Amerika entdeckt zu haben.

❷ Er war ein bescheidener Mann und machte nicht viel von sich reden,
10 so ist sein Name weitgehend unbekannt geblieben. Auch sein Sohn, der ebenfalls Seefahrer war, hat die Leistungen seines Vaters nicht über die Maßen herausgestellt. So schrieb er, im Gegensatz zum Sohn des Kolumbus, keine Biografie über das Leben seines Vaters.

❸ Sein richtiger Name war Giovanni Caboto. Auch seine Geburtsdaten
15 sind nicht genau bekannt. Man vermutet, dass er um das Jahr 1455 in Genua geboren wurde.

4 Er war davon überzeugt, dass der kürzeste Weg zu den Gewürzinseln nach Westen über den großen Ozean führen würde. Das war ihm auf seinen vielen Reisen klar geworden. Auch ihm wurde die königliche
20 Zustimmung für eine solche Entdeckungsreise verweigert und so siedelte er im Jahre 1495 nach England über. Er ließ sich in Bristol nieder und nannte sich von da an John Cabot.

5 Von dem englischen König Heinrich VII. erhielt er die Erlaubnis zu reisen. Cabot suchte den Weg nach Indien allerdings nördlicher als
25 Kolumbus. Die erste Reise fand im Jahre 1496 statt und war nicht von Erfolg gekrönt. Cabot ließ sich aber nicht entmutigen und rüstete sein Schiff, die „Matthew" ein zweites Mal aus. Das Schiff verließ Bristol am 2. Mai 1497. Nach 35 Tagen auf See erblickte man Land. Es war der 14. Juni 1497 und John Cabot glaubte, das Land des „Großen Khan"
30 vor sich zu haben. In Wirklichkeit aber hatte er das amerikanische Festland gesichtet.

6 An mehreren Orten wird heute behauptet, dass sie von Cabot als Erste gesichtet worden seien. Wo er allerdings zuerst Land gesehen und betreten hat, kann man nicht mit letzter Sicherheit sagen. Fest steht:
35 Irgendwo in Neufundland zwischen Kap Bauld im Norden und der Halbinsel Maine im Süden ist Cabot gelandet. Er war sich sicher, das asiatische Festland erreicht zu haben und trat mit dieser Gewissheit die Heimreise an.

3 Gib das Wesentliche des Textes über John Cabot mit Hilfe deiner Notizen wieder.

4 Vergleiche die beiden Amerika-Entdecker. Was haben sie gemeinsam, wie unterscheiden sie sich voneinander? Lege eine Tabelle an:

	Kolumbus	Cabot
Geburtsdaten	Vermutlich 1451	...
Herkunft	...	...
Ziele	...	...
Auswanderung	...	...
Reiseroute	...	...
„Entdeckung"	...	...

Der Wikinger Leif Eriksson

1 Verschaffe dir rasch einen Überblick über den Textinhalt. Lese nur die Überschrift und jeweils den ersten Satz jedes Textabschnittes. Notiere dann, ohne weiter in den Text zu schauen, was du vermutlich erfahren wirst.

2 Lies jetzt Abschnitt für Abschnitt gründlich. Mache dir am Ende jedes Abschnittes zu den wichtigsten Gedanken Notizen. Gib jedem Abschnitt eine Überschrift.

500 Jahre vor Cabot und Kolumbus

Wie man aus verschiedenen Quellen erfahren kann, hat sich ungefähr im Jahre 1000 Folgendes abgespielt:

1 Erik der Rote, ein rothaariger Isländer, hatte im Streit zwei seiner Nachbarn erschlagen. Von der Volksversammlung, dem Thing, wurde er dazu verurteilt, das Land für drei Jahre zu verlassen.

2 Mit wenigen Gefolgsleuten brach Erik zu jener sagenhaften Insel auf, die
5 vor Jahren ein im Sturm weit nach Westen verschlagener Seefahrer gesichtet hatte. Im Jahre 982 erreichten Erik und seine Mannschaft diese Insel, die sie Grönland nannten. In einer geschützten Bucht an der Westküste gingen sie an Land, errichteten Häuser und legten Felder an. Nach Ablauf seiner Verbannungszeit kehrte Erik nach Island zurück, fest entschlossen, andere
10 Bewohner zu überzeugen, sich mit ihm auf Grönland niederzulassen.

3 Tatsächlich gelang ihm dies und im Frühjahr 986 stachen 25 hoch beladene Schiffe in See. Mehr als 1300 Kilometer mussten sie über das offene Meer segeln. Die Männer, Frauen und Kinder an Bord hatten eisige Kälte und schwere Stürme zu überstehen. Nur 14 Schiffe erreichten Grönland.

4 15 Kurz nachdem Eriks Flotte Island verlassen hatte, traf dort ein junger Mann aus Norwegen, Bjarne Herjulfsson, ein, um seinen Vater zu suchen. Als Bjarne hörte, dieser sei mit Erik nach Grönland aufgebrochen, fuhr er sofort hinterher. Doch nach drei Tagen geriet sein Schiff in dichten Nebel und wurde weit abgetrieben. Nach mehreren Tagen sichteten die Seefahrer endlich
20 Land. Doch konnte es nicht Grönland sein, denn es war flach und bewaldet. Noch dreimal änderte Bjarne den Kurs, bis sie endlich glücklich das felsige, baumlose Grönland erreichten und die Siedlung der Isländer fanden.

5 Erik der Rote hörte den Bericht über diese Irrfahrt und wollte jenes unbekannte Land im Südwesten erkunden. Deshalb schickte er seinen Sohn Leif auf die Reise. Es muss
25 um das Jahr 1000 gewesen sein, als dieser zusammen mit etwa 35 Mann die Expedition wagte. Sein Kurs war vermutlich West. Er überquerte die heutige Labradorsee und kam an die von dem Wikinger damals beschriebene Küste.

Es war das heutige Kanada. Nach Süden segelnd suchte er einen geeigneten Platz zur Überwinterung. Dieser Ort soll die Nordspitze Neufundlands gewesen sein. Ausgra-
6 30 bungen im Jahr 1960/61 bestätigten dies. Man fand Überreste einer Siedlung, die eindeutig von den Wikingern stammten. Man kann die Entdeckung Amerikas durch den Wikinger Leif Eriksson 500 Jahre vor Cabot und Kolumbus als erwiesen betrachten.

3 Erzähle einem Partner den Inhalt des gesamten Textes über Leif Eriksson. Halte dich dabei an deine Notizen zu den einzelnen Abschnitten.

+4 Wen würdest du als Entdecker Amerikas bezeichnen? Begründe deine Meinung.
Verwende auch noch andere Informationsquellen: Geschichtsbücher, Lexika, Internet …

ARBEITSTECHNIK

Einen Sachtext lesen und verstehen

Vor dem Lesen

Informiere dich anhand der Überschrift und evtl. vorhandener Diagramme und Bilder über das Thema.

Überblickslesen

Verschaffe dir einen Überblick über den Textinhalt:

– Erfasse den Aufbau des Textes (Gliederung in Abschnitte, Zwischenüberschriften, Hervorhebungen …).

– Lies die einzelnen Abschnitte kurz an und überlege, was du vermutlich aus dem Text erfahren wirst.

Genaues abschnittsweises Lesen

Lies nun Abschnitt für Abschnitt genau, schlage Unbekanntes nach. Beantworte nach jedem Abschnitt für dich die Frage, was in dem Abschnitt steht. Notiere das Wichtigste.

Nach dem Lesen

Denke über den gesamten Text nach: Was hast du erfahren? Was siehst du jetzt anders?

Info-Punkt

Vor den „Entdeckern" haben auch schon Menschen in Amerika gewohnt. Die ersten Amerikaner hatten, wie Untersuchungen zeigten, auffallende Gemeinsamkeiten mit den Mongolen. Man vermutet, dass die Vorfahren der Indianer vor rund 12 000 bis 15 000 Jahren aus Asien in das heutige Alaska eingewandert waren.

Ein Kurzreferat halten

1 In diesem Kapitel hast du aus verschiedenen Sachtexten Informationen über die Entdeckung Amerikas entnommen. Welche Möglichkeiten kennst du, Informationen
an eine Gruppe von Zuhörern weiterzugeben?

2 Besprich, wie du dich am besten auf ein Kurzreferat
vorbereitest. Welche Arbeitsschritte sind notwendig?

ARBEITSTECHNIK

Ein Kurzreferat vorbereiten

1. Suche ein für die Zuhörer interessantes Thema aus.
2. Sammle Informationen zum Thema: Lies Texte und mache
   dir Notizen. Trage Anschauungsmaterial zusammen.
3. Erarbeite eine kurze Gliederung (Einleitung, Schlüsselwörter zu den Hauptgedanken …) und ordne die gesammelten
   Informationen zu.
4. Fertige einen Sprechzettel an (Thema, Einleitungssatz,
   Gliederung in Stichworten, wichtige Fakten …).
5. Übe, dein Kurzreferat vorzutragen.

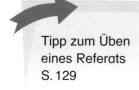

Tipp zum Üben
eines Referats
S. 129

+3 Hier findest du Informationen für ein Kurzreferat
zum Thema „Die Schiffe der Wikinger".
Ordne sie den Spiegelstrichen auf dem vorbereiteten
Sprechzettel auf Seite 129 zu.

- *der Drakar: Flaggschiff der Wikinger*
- *die Karvi: kleiner als ein Kriegsschiff*
- *das Langschiff: für Raubüberfälle
  und Handel*
- *der Knorr: ideales Handelsschiff*
- *7,50 m breit, 48 m lang,*
- *30 m lang, 6 m breit*

- *Hilfsfahrzeug, manchmal Luxusyacht der
  Könige*
- *15 Tonnen Fracht, nur 16,50 m lang*
- *200 Jahre Vorherrschaft auf den Meeren*
- *Handelsplätze an Flussmündungen/Ostsee*
- *Reisen bis ans Schwarze Meer und nach
  Konstantinopel*

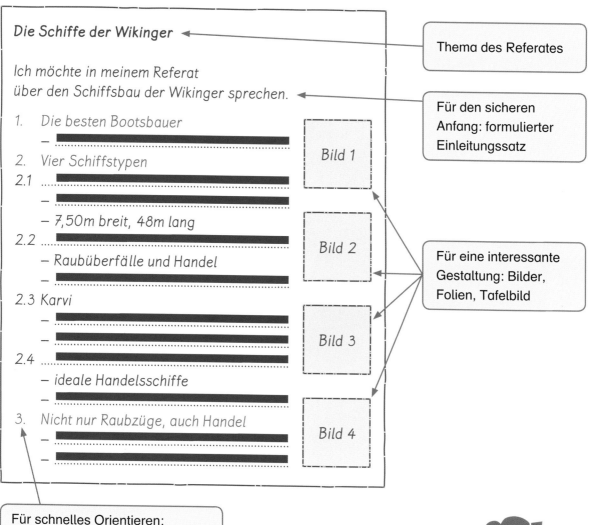

Die Schiffe der Wikinger ◄ ———— → Thema des Referates

Ich möchte in meinem Referat
über den Schiffsbau der Wikinger sprechen. ◄ ———— → Für den sicheren Anfang: formulierter Einleitungssatz

1. Die besten Bootsbauer
 —

2. Vier Schiffstypen
2.1 ....
 —
 — *7,50m breit, 48m lang*
2.2 ....
 — *Raubüberfälle und Handel*
2.3 Karvi
 —
 —
2.4 ....
 — *ideale Handelsschiffe*
 —
3. Nicht nur Raubzüge, auch Handel
 —
 —

Bild 1
Bild 2
Bild 3
Bild 4

→ Für eine interessante Gestaltung: Bilder, Folien, Tafelbild

→ Für schnelles Orientieren: übersichtliche Nummerierung, Markierungen

+4 Übertrage den vollständigen Sprechzettel auf ein Blatt. Gestalte ihn übersichtlich, verwende unterschiedliche Farben. Du kannst dazu den Computer nutzen.

5 Bereite dich darauf vor, vor deiner Klasse ein Kurzreferat zu halten. Hier sind einige Vorschläge für Themen, zu denen du in deinem **Auer Deutschbuch 7** Informationen findest:
 • **Straßenkinder in Kolumbien** (Seite 136–141)
 • **Rauchen – eine gefährliche Sucht** (Seiten 132–135)
 • **Schuldenfalle Handy** (Seiten 130–131)
Du kannst aber auch ein eigenes Thema wählen.

TIPP!

Am besten übst du dein Kurzreferat mit einem Partner oder vor dem Spiegel zu Hause.

Denke daran:
 • Warten, bis alle leise und zum Zuhören bereit sind!
 • Langsam, laut und deutlich sprechen!
 • Sprechpausen einlegen!
 • Wichtiges betonen!
 • Die Zuschauer ansehen!

Sachtexte erschließen; Informationen in einem Kurzreferat weitergeben

Schuldenfalle Handy

1 Etwa 180 000 Jugendliche mussten im vergangenen Jahr Kredite aufnehmen, um die hohen Handyrechnungen bezahlen zu können. Der Grund sind weniger die Telefongespräche, sondern die Zusatzdienste (SMS, Premium-SMS, MMS, Internet usw.). Der folgende Informationstext „Kostenfalle Klingeltöne" gibt dir einen Einblick:

Kostenfalle Klingeltöne

Mit der Premium SMS kann man Klingeltöne oder Logos aufs Handy laden, man kann sich aber auch für ein Quiz anmelden oder ein Voting abgeben. Doch die Premium SMS kostet nicht wie die normale SMS 19 Cent, sondern in einigen Fällen sogar bis zu 3,99 Euro.
Erkennen kann man eine Premium SMS an der 4- oder 5-stelligen Nummer.

5 Klingeltöne müssen meist über die Nummern 0190 bzw. 0900 abgerufen werden. Für den aktuellen Charthit kann dann schon mal ein Minutenpreis von über 2,50 Euro fällig werden. Doch nicht immer sind diese teuren Telefonnummern gleich zu erkennen, oft werden sie beispielsweise mit Trennstrichen notiert: 01-90- oder die Vorwahl für Deutschland wird vorangestellt: 00491-90. Vorsicht ist auch geboten, wenn man Name und Adresse angeben soll. Dann kommt vielleicht eine Rechnung ins Haus,

10 die Pauschalpreise für ein 30-Tage-Abo berechnet. Teuer wird es auch, wenn eine Rückfrage folgt, zum Beispiel zu dem Handytyp. Die Antwort-SMS kostet dann noch einmal genauso viel, wie der Klingelton.

2 Auch die Bundeszentrale des Verbraucherverbandes macht sich Gedanken zur Kostenfalle Handy:

Kostenfalle Handy

Immer mehr Kinder und Jugendliche haben ein Handy, einen Internetanschluss oder auch beides. Experten berichten, dass schon 7 % der Kinder zwischen 6 und 9 Jahren ein eigenes Handy besitzen und bei den 10 bis 12-Jährigen haben bereits fast 30 % ein Mobiltelefon.

Kinder und Jugendliche werden massiv mit „giga-günstigen" Angeboten umworben, z. B. für Mobil-
5 funkverträge oder für das Herunterladen von Spielen, Logos oder Klingeltönen und den aktuellen Hits. Kinder und Jugendliche sind die wichtigste Zielgruppe unzähliger Mobilfunkdienstleistungen.

Der aggressiven Werbung für kostenaufwändige Dienste können Teenager kaum entgehen. Grund- und Telefongebühren, das Versenden von SMS und die Nutzung von Sonderdiensten verschlingen jedoch oft mehr Geld als monatlich zur Verfügung steht. Für viele beginnt mit der Anschaffung des
10 Handys der Weg in die Schuldenfalle. Oft müssen dann die Eltern für die Schulden ihrer nicht voll- jährigen Kinder geradestehen.

Besondere Kostenfallen lauern insbesondere dort, wo das Herunterladen von Hits, Logos, Klingel- tönen, Spielen usw. auf das Handy mehrere Minuten dauert und den in der Werbung angegebenen Minutenpreis, sofern eine Preisinformation überhaupt erfolgt, bei weitem übersteigt.
15 Gelockt wird auch mit „Flirt"-Hotlines, oder „Chat"-Hotlines mit dem Ziel, die jungen Leute zum dauer- haften, kostenträchtigen Austausch von SMS zu verführen und anzuhalten.

Mittlerweile wird nach amerikanischem Vorbild auch verstärkt für R-Gespräche geworben, bei denen nicht der Anrufer, sondern der Empfänger die Gesprächskosten trägt. Für den Angerufenen wird daraus jedoch schnell ein teures Vergnügen, da die Kosten solcher Gespräche über 1,00 Euro pro Ver-
20 bindungsminute betragen können.

3 Tragt nun die Informationen zum Thema Kostenfalle Handy zusammen und erstellt eine Übersicht (z. B. Mind-Map).

4 Entwerft einen Beschwerdebrief an die Mobilfunkanbieter – überlegt euch, was ihr an- sprechen wollt (z. B. mehr Transparenz bezüglich der Kosten für Zusatzdienste usw.).

5 Diskutiert über das nachfolgende Kleingedruckte und überschlagt einmal die ungefähren Kosten. Habt ihr die Kostenfalle entdeckt?

Für 1,– Euro *
Und 50 SMS gratis!
Bestellen Sie einfach und bequem mit dem Telefon –
rufen Sie an: 01804-54.. .. **
** 0,12 €/Min aus dem dt. Festnetz
* Das Angebot gilt nur in Verbindung mit dem Abschluss eines Private-Mobil-Vertrages mit einer Mindestlauf- zeit von 24 Monaten. Einmaliger Bereitstellungspreis 24,95 €, monatlicher Grundpreis 9,92 €. Der Preis für die Inlandsverbindung ist abhängig vom Tarif, Netz und Tageszeit und kann von 0,09 € bis 0,49 € betragen. Die Abrechnung erfolgt im Minutentakt. Die Preise für MMS-Dienste betragen zwischen 0,39 € und 0,99 €. SMS-Versand beträgt 0,19 € pro SMS. Mailbox pro Abruf 0,19 €.

Rauchen? – Nein danke!

Warnhinweise auf Zigarettenpackungen

Auf der Vorderseite einer jeden Zigarettenpackung muss einer der drei folgenden Warnhinweise aufgedruckt sein:

- Rauchen ist tödlich.
- Rauchen kann tödlich sein.
5 - Rauchen fügt Ihnen und den Menschen in Ihrer Umgebung erheblichen Schaden zu.

Auf der Vorderseite muss der Warnhinweis 30 Prozent der Gesamtfläche einnehmen, auf der Rückseite sind es sogar 40 Prozent.

Auf der Rückseite der Packung muss einer der 14 Warnhinweise aufgedruckt sein:

- Raucher sterben früher.
10 - Rauchen führt zur Verstopfung von Arterien und verursacht Herzinfarkte und
Schlaganfälle.
- Rauchen verursacht tödlichen Lungenkrebs.
- Rauchen in der Schwangerschaft schadet Ihrem Kind.
- Schützen Sie Kinder – lassen Sie sie nicht Ihren Tabakrauch einatmen!
15 - Ihr Arzt oder Apotheker kann Ihnen helfen, das Rauchen aufzugeben.
- Rauchen macht sehr schnell abhängig: Fangen Sie nicht erst an!
- Wer das Rauchen aufgibt, verringert das Risiko tödlicher Herz- und Lungen-
erkrankungen.
- Rauchen kann zu einem langsamen und schmerzhaften Tod führen.
20 - Hier finden Sie Hilfe, wenn Sie das Rauchen aufgeben möchten: Telefonnum-
mer / Postanschrift / Internetadresse / Befragen Sie Ihren Arzt oder Apotheker.
- Rauchen kann zu Durchblutungsstörungen führen und verursacht Impotenz.
- Rauchen lässt Ihre Haut altern.
- Rauchen kann die Spermatozoen schädigen und schränkt die Fruchtbarkeit ein.
25 - Rauch enthält Benzol, Nitrosamine, Formaldehyd und Blausäure.

1 Lies die Warnhinweise. Schlage die Fremdwörter nach.

2 Notiere, welche möglichen Schäden hier genannt werden.

Informationen sammeln, verarbeiten

Je früher, desto schlimmer!

1. Je früher das **Einstiegsalter** in den Nikotinkonsum liegt, desto schwer wiegender sind die gesundheitlichen Schädigungen und desto wahrscheinlicher ist die Entstehung einer Abhängigkeit.

5 2. Rauchende Schüler unternehmen bereits kurze Zeit nach ihrem Einstieg in den Tabakkonsum erste **Ausstiegsversuche**. Es gibt also bei Schülern durchaus eine Motivation zur Verhaltensänderung.

3. Nikotin ist meist auch für andere Substanzen eine
10 Einstiegsdroge; fast alle Schüler, die übermäßig Alkohol und illegale Drogen konsumieren, haben zuvor mit dem Rauchen begonnen.

3 Lies die Informationen über das Rauchen abschnittsweise. Beantworte die Fragen:

- Was erfährst du im ersten Abschnitt über die Rolle des Einstiegsalters beim Rauchen?
- Welche Informationen erhältst du im zweiten Abschnitt?
- Wie lautet das Schlüsselwort im dritten Abschnitt? Fasse den Inhalt dieses Abschnitts mit eigenen Worten zusammen.

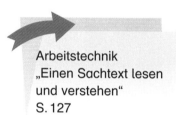

Arbeitstechnik
„Einen Sachtext lesen und verstehen"
S. 127

Informationen sammeln, verarbeiten

„Krebs hab ich erst später"

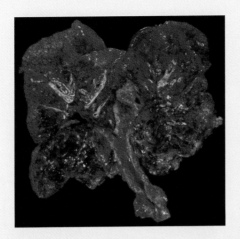

Wer glaubt, die Folgen des Rauchens würden sich erst nach Jahrzehnten der Abhängigkeit bemerkbar machen, der irrt:

5 Das Rauchen steht bei Kindern und Jugendlichen im direkten Zusammenhang mit einer erhöhten Anfälligkeit und einem stärkeren Ausmaß an Atemwegs- 10 erkrankungen, eingeschränkter Lungenfunktion und vermindertem Wachstum der Lunge, häufigerem Auftreten von Lungenreizsymptomen (Husten, Auswurf) sowie einer erhöhten Wahrscheinlichkeit des Auftretens von Kurzatmigkeit, verminderter körperlicher 15 Belastbarkeit und eingeschränkter Ausdauer.

1 Lies dir die Informationen durch.
Welche Auswirkungen hat das Rauchen schon bei Jugendlichen?

2 Vereinfache den folgenden Satz. Gib den Inhalt in kurzen Sätzen wieder:

Bei der letzten EU-weit durchgeführten Umfrage gaben 36 Prozent der Jugendlichen, und zwar 38, 8 Prozent der männlichen und 34, 9 Prozent der weiblichen Befragten an, regelmäßig Zigaretten zu rauchen.

Gesundheitliche Risiken

Die wichtigsten Schadstoffe im Tabakrauch sind: Nikotin, spezielle Kohlenwasserstoffe und Kohlenmonoxid.

Nikotin ist ein starkes pflanzliches Gift, das die Herztätigkeit beschleunigt, die Blutgefäße verengt und damit den Blutdruck erhöht. Es begünstigt Ablagerungen an den
5 Gefäßwänden und kann daher zur dauerhaften Verengung der Blutgefäße führen. Dadurch werden Teile des Organismus schlechter mit Sauerstoff versorgt.

Wenn Tabak abkühlt, schlagen sich spezielle Kohlenwasserstoffe als Kondensat nieder („Tabakteer"). Die Teerstoffe lagern sich an den Wänden der Luftröhre, der Bronchien und im Inneren der Lungenbläschen ab.

10 Kohlenmonoxid, ein farb- und geruchloses Gas, gelangt durch die Wände der Lungenbläschen ins Blut und bewirkt, dass der Organismus nicht ausreichend mit Sauerstoff versorgt wird.

Das Zusammenwirken der genannten Schadstoffe bedeutet für den Raucher ein deutlich erhöhtes Risiko, folgende Krankheiten zu bekommen:

15 • Krebserkrankungen, insbesondere der Lunge, des Kehlkopfes, der Mundhöhle und der Speiseröhre

• Verengung der Herzkranzgefäße und dadurch erhöhtes Herzinfarktrisiko

• Durchblutungsstörungen in den Beinen („Raucherbeine")

• Beeinträchtigung der Atemleistung („Raucherhusten")

20 • Zerfall der Lungenbläschen

• Entzündungen und Geschwüre an Magen und Zwölffingerdarm.

1 Lies den Text und beantworte folgende Fragen:
- Welche sind die wichtigsten Schadstoffe im Tabakrauch?
- Welche Auswirkungen hat Nikotin?
- Was versteht man unter „Tabakteer"?
- Was bewirkt Kohlenmonoxid im Organismus?
- Was versteht man unter „Raucherbeinen"?
- Was versteht man unter „Raucherhusten"?
- Für welche Krankheiten sind Raucher besonders „anfällig"?

2 Um wie viel höher ist das Risiko von Rauchern, bestimmte Krankheiten zu bekommen? Formuliere so:

Das Herzinfarktrisiko ist bei Rauchern 15-mal höher als bei Nichtrauchern.

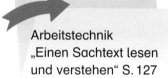

Arbeitstechnik
„Einen Sachtext lesen und verstehen" S. 127

Rauchen als Risikofaktor für folgende Krankheiten

Speiseröhrenkrebs (3,4x)

Mundhöhlenkrebs (4,1x)

Kehlkopfkrebs (5,4x)

Lungenblähung (6,1x)

Bronchitis (6,1x)

Lungenkrebs (10,8x)

Herzinfarkt (15x)

| 0 | 5 | 10 | 15 |

Kinder der Straße

Blick auf Medellín

Hernán in seiner Behausung

Die 14-jährige Enrica

Informationen aus Sachtexten entnehmen

1 Beschreibt, was auf den einzelnen Fotos zu sehen ist.

2 Kinder und Jugendliche, die auf sich gestellt sind und ständig auf der Straße leben, müssen sehr selbstständig sein. Welche Alltagsprobleme haben sie zu lösen?

3 Eins der abgebildeten Kinder wird hier genauer vorgestellt. Lies selbst.

Arbeitstechnik „Einen Sachtext lesen und verstehen" S. 127

Medellín [sprich: Medeljín] ist eine Großstadt in Südamerika. In Lexika und Atlanten findet ihr Informationen zur Lage, zum Klima und zu den Lebensumständen der Menschen dort.

Hartwig Weber/Sor Sara Sierra Jaramillo

Narben auf meiner Haut *(Auszug)*

Hernán

Jeden Tag so gegen 12 Uhr kann man Hernán an einer bestimmten Stelle der Uferböschung des Rio Medellín im Zentrum der Stadt treffen, wo eine Betonröhre ein kleines Rinnsal von fast sauberem Wasser, das von den
5 Bergen herunterkommt, in den Fluss leitet. Dort wäscht er sich, seinen Hund und einmal in der Woche auch seine Jeans, das Hemd und die Socken, die dann auf den von der Sonne gewärmten Steinen getrocknet werden. Hernán ist 15 Jahre alt, ein freundlicher, liebenswürdiger
10 Junge, der gerne lacht. Den Hund hat er aus dem Fluss gefischt, nachdem ihn seine vorherigen Besitzer dort ertränken wollten. Nun folgt ihm das Tier auf Schritt und Tritt. Eine Leine braucht er selbst im dichtesten Verkehrsgewühl nicht.
15 Um den Hals trägt Hernán einen kleinen Beutel mit seinen wenigen Habseligkeiten, darunter eine Zahnbürste und eine Tube mit Zahncreme. Täglich putzt er sich die Zähne. Deren Zustand ist ihm wichtiger als alles andere auf der Welt. Wenn er über seine Zähne spricht, drücken
20 seine Augen Befriedigung und Stolz aus. Sein Gebiss, sagt er, müsse stets in einem perfekten Zustand sein. Das gibt ihm ein Gefühl von Würde, ja Überlegenheit. Wenn er sich im Kreis seiner Freunde und Bekannten umschaut, findet er kaum einen, dessen Zähne mit den sei-
25 nen vergleichbar wären. Die meisten haben Lücken, faule oder ausgeschlagene Zähne. Einen Zahn zu verlieren, das wäre für Hernán eine fürchterliche Vorstellung. Diesen Gedanken teilen auch die meisten Straßenkinder.

Hernán mit seinem Hund

Solange alle Zähne vorhanden sind, ist nichts verlo-
30 ren. Gesunde Zähne bedeuten, die Chance zu haben, dem Leben auf der Straße eines Tages entrinnen zu können und von den anderen, den „normalen" Menschen, anerkannt zu werden. Eine Zahnlücke aber grenzt aus für immer und ewig. Wenn Hernán auch
35 nur einen Zahn verlieren würde, so wäre er ein für alle Mal als Straßenkind gebrandmarkt, und die weiteren Folgen lägen auf der Hand. Dann bräuchte er auf sein äußeres Erscheinungsbild keinen Wert mehr zu legen. Es wäre ihm gleichgültig. Er würde sich nicht mehr
40 regelmäßig waschen, die Haare kämmen, die Kleider flicken und sauber halten und würde zusehends die Farbe seiner Umgebung annehmen: Grau.

4 Kombiniere die passenden Teile zu Sätzen.

1. Hernán kommt täglich an eine bestimmte Stelle …
2. Dort mündet …
3. Der Junge wäscht dort seine Kleidung …
4. Er hat sich mit einem Hund angefreundet, …
5. Hernán achtet auf Sauberkeit …
6. Er hat Angst, …

a) ein kleiner Bach in den Fluss.
b) und putzt seine Zähne besonders gründlich.
c) am Ufer des Flusses „Rio Medellín".
d) den er aus dem Fluss gerettet hat.
e) einen Zahn zu verlieren.
f) und trocknet sie in der Sonne.

5 Hernán hat sich mit einem Hund angefreundet.
Was denkst du, warum er gern mit dem Tier zusammen ist?

6 Hernán legt viel Wert auf persönliche Hygiene.
Woran wird das deutlich?

7 Hernán hat besondere Angst vor einer Zahnlücke.
Worin liegt der Grund für seine Sorge?
Wäre eine Zahnlücke auch für dich ein Problem?

Obdachlos

Leben auf der Straße

Medellín ist eine Großstadt im Bergland von Kolumbien mit mehr als zwei Millionen Einwohnern. Für viele davon ist es sehr schwer, Arbeit, eine Wohnung und
5 Schutz zu finden. In vielen Stadtvierteln gibt es Kriminalität, Drogenhandel und gewaltsam ausgetragene Konflikte zwischen Banden. Besonders schwer ist es für die vielen Flüchtlinge vom Land, die
10 in den letzten Jahren in die Stadt gekommen sind. Sie mussten ihre Heimat verlassen, weil dort Krieg zwischen Guerillagruppen, Paramilitärs und der Armee herrscht. Sie haben ihre Äcker, ihre Häu-
15 ser und ihren Lebensunterhalt verloren, oft sind die Familien zerrissen. Viele leben den ganzen Tag auf der Straße und versuchen, durch Gelegenheitsarbeiten wie Schuheputzen und Autowaschen,
20 durch den Verkauf von Süßigkeiten, durch Bettelei und auch durch Diebstähle und Drogenhandel ihren Lebensunterhalt zu verdienen. Manche haben überhaupt keine Wohnung und schlafen
25 auch auf der Straße. In Medellín gibt es mindestens 6000 Menschen, denen es so geht. Darunter sind auch viele Kinder der Straße:

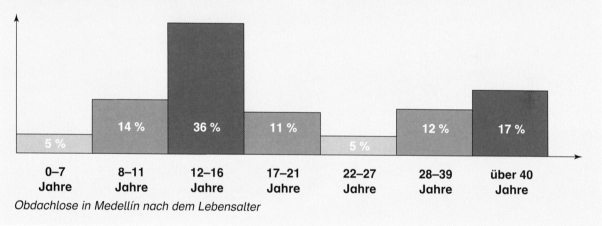

Obdachlose in Medellín nach dem Lebensalter

+1 Lies den Text und schlage unbekannte Wörter nach. Erkläre den Begriff „obdachlos".

+2 Schaue dir das Diagramm an. Sage, zu welchen Altersgruppen die obdachlosen Menschen in Medellín gehören. Vervollständige die nebenstehenden Sätze.

+3 Fünf Prozent der Obdachlosen sind jünger als acht Jahre. Rechne aus: Wie groß ist die Zahl dieser Kinder? Wie groß ist die Zahl der obdachlosen Menschen, die zu deiner Altersgruppe gehören?

Fünf Prozent der Obdachlosen sind jünger als acht Jahre.

... sind jünger als 17 Jahre.

... gehören zur Gruppe der 17- bis 21-Jährigen.

... sind älter als 22 Jahre.

Wer ist ein Straßenkind?

1 Erkläre den Begriff „Straßenkind".

2 Lies die Zwischenüberschriften des folgenden Textes: Welche Informationen kann man vermutlich in den jeweiligen Absätzen finden?

3 Lies den Text abschnittsweise und notiere dir nach jedem Abschnitt jeweils den Hauptgedanken in Stichworten.

Beatrix S. Hell (UNICEF; nach einem Vortrag)

Wer ist ein Straßenkind?

Straßenkinder gehören mehr und mehr zum Stadtbild der Großstädte. Sie leben und arbeiten auf Kreuzungen zwischen Autos, Lärm und Gestank – vor allem in den Ländern Südamerikas, Afrikas und Asiens, aber immer häufiger auch in Europa. Die meisten Straßenkinder sind zwischen acht und
5 15 Jahren alt. Aber sie werden immer jünger.

Geschätzte Zahlen

Nach Schätzungen leben und arbeiten bis zu 100 Millionen Kinder und Jugendliche auf der Straße. In der äthiopischen Hauptstadt Addis Abeba gibt es zum Beispiel etwa 10 000 Sraßenkinder. In Moskau leben nach einer
10 Studie der Internationalen Arbeitsorganisation 30 000 is 50 000 Jungen und Mädchen auf der Straße. Und auch in Deutschland gibt es viele Kinder und Jugendliche, die sich auf der Straße durchschlagen. Schätzungen schwanken hier zwischen 2 000 und 50 000 Straßenkindern.

„Straßenkinder" – ein umstrittener Begriff

15 Bei näherer Betrachtung zeigt sich, dass der Begriff „Straßenkinder" nicht so eindeutig ist, wie er auf den ersten Blick scheint. Es ist ein Sammelbegriff, hinter dem sich eine Vielfalt von Lebens- und Arbeitsbedingungen von Kindern und Jugendlichen verbirgt. Und schon stellen sich die nächsten Fragen: Ist das Mädchen, das tagsüber Getränke oder Obst auf der Straße verkauft,
20 ein Straßenkind? Oder ist es der Junge, der Schuhe putzt, um sein eigenes oder das Überleben seiner Familie zu sichern? Oder sind es jene Kinder, die sich mit Betteln, Stehlen und Prostitution alleine durchschlagen? UNICEF unterscheidet zwischen „Kindern auf der Straße" und „Kindern der Straße".

„Kinder auf der Straße"

25 „Kinder auf der Straße" sind diejenigen Kinder und Jugendlichen, die sich tagsüber auf der Straße aufhalten, dort oftmals auch arbeiten, um für sich oder
ihre Familien den Lebensunterhalt zu verdienen. Auf Marktplätzen und an
Straßenecken bieten sie ihre Dienstleistungen an: Sie putzen Schuhe, bewachen
Autos, verkaufen Zeitungen und sammeln Plastikbecher. Diese Kinder haben
30 ein Zuhause und übernachten mehr oder weniger regelmäßig bei ihren Eltern.

„Kinder der Straße"

Als „Kinder der Straße" bezeichnet UNICEF dagegen diejenigen Kinder, für
die die Straße zum vorwiegenden Lebensort geworden ist. Sie haben meist den
Kontakt zur Familie ganz verloren und schlagen sich alleine durch. Sie schlafen
35 in Parks, auf Bahnhöfen oder in Hauseingängen.

Übergänge

Die Wirklichkeit zeigt aber, dass diese beiden Gruppen nicht eindeutig voneinander abzugrenzen sind. Denn der Schritt auf die Straße erfolgt nicht von heute
auf morgen. Die Übergänge vom sporadischen zum ständigen Aufenthalt auf
40 der Straße sind fließend. Anders als bei uns müssen wir dabei bedenken, dass
vor allem für die ärmere Stadtbevölkerung in den Entwicklungsländern die
Straße ein ganz alltäglicher Lebensraum ist. Nehmen wir zum Beispiel Nige-
ria: Dort ist es üblich, dass Mädchen und Frauen im Straßenhandel tätig sind.
Schon von klein auf begleiten die Mädchen ihre Mütter und helfen ihnen beim
45 Verkauf von Waren am Straßenrand. Die Straße ist ein normaler Arbeitsplatz.
Hier bieten viele ihre Dienstleistungen feil, wie Botengänge, Lastentragen o. Ä.

Die Straße: Ein normaler Ort zum Leben und Arbeiten?

Mit dieser Feststellung soll nichts beschönigt werden. Sie soll nur verdeutlichen,
dass wir genau unterscheiden müssen zwischen Lebensbedingungen, die Kin-
50 dern schaden, und Arbeit, die zum normalen Lebensalltag in diesen Ländern
zählt. Es macht einen großen Unterschied, ob Kinder stundenweise Waren auf
der Straße verkaufen, um damit das Familieneinkommen aufzubessern, oder
ob sie mit Straßenhandel, Betteln, Prostitution oder Stehlen ganz alleine für
sich sorgen müssen.

4 UNICEF unterscheidet die Situation von „Kindern der
Straße" und „Kindern auf der Straße". Erläutere kurz mit
eigenen Worten beide Begriffe. Zu welcher Gruppe
gehört Hernán?

Wer ist der Täter?

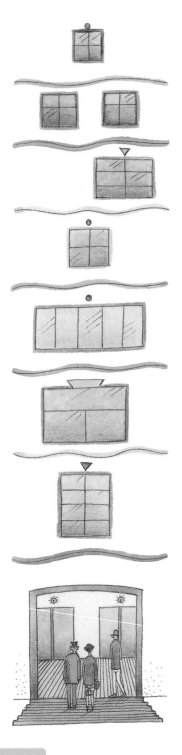

Erwin Moser
Die Diamantenbrosche im Aufzug

Das Kaufhaus Mazurovsky nahm fast einen ganzen Häuserblock ein. Er besaß sieben Stockwerke, und man konnte bei Mazurovsky schlichtweg alles kaufen. Von der Camping-Ausrüstung bis zur Krawattennadel, vom türkischen
5 Honig bis zum Nerz-Pelzmantel, vom Brautkleid bis zur Sonnenbrille, von der Ledersitzgarnitur bis zur Unterhose, vom Kugelschreiber bis zur Salami – alles! Mazurovsky war das größte Kaufhaus der Stadt. Rolltreppen brachten Tag für Tag die Käuferscharen in die sieben Stockwerke, und zusätz-
10 lich gab es noch zwei Aufzüge mit geräumigen Kabinen.

An dem Tag, an dem diese Geschichte passierte, betraten um ca. 15.00 Uhr folgende Personen den Aufzug Nummer 2: Ein beleibter Herr im dunklen Anzug, der eine dünne Zigarre rauchte; ein ungefähr zwanzigjähriges Mädchen mit
15 dunkler Hautfarbe – offensichtlich eine Ausländerin; ein glatzköpfiger Mann mit Aktentasche, der sehr nervös wirkte; ein junger Mann in Jeans und mit Brille, der fortwährend Kaugummi kaute; ein alter Herr mit grauem Schnurrbart, der sehr griesgrämig dreinschaute, und eine ältere Dame
20 mit einem sonderbaren, auffälligen, gelben Hut. Ihre Finger waren mit dicken Ringen geschmückt, und auf ihrer Bluse funkelte eine Diamantbrosche.

Die Aufzugstüren schlossen sich hinter dieser bunten Gesellschaft und der Aufzug setzte sich in Bewegung.
25 „Müssen Sie unbedingt hier drin rauchen?", fuhr der alte Herr mit dem Schnurrbart den dicken Mann an.

„Ja!", rief die Dame mit dem gelben Hut. „Rücksichtslos ist das! Rauchen gehört überhaupt verboten! Angezeigt gehören solche Luftverpester. Nicht genug, dass auf der Straße
30 die Luft total von den Autos vergiftet wird, muss man auch noch in Aufzügen diesen Dreck einatmen!"

„Entschuldigung …", murmelte der dicke Mann und trat eilig seine Zigarre auf dem Boden aus. Der junge Mann

mit der Brille grinste mitfühlend. Plötzlich blieb der Auf-
35 zug ruckartig stehen, und in der selben Sekunde ging das
Licht aus. Die Menschen in der Aufzugskabine waren einen
Augenblick lang stumm vor Verblüffung, doch dann ging
das Geschrei los:

„Ein Defekt! – Wir stecken fest – Wo ist der Notrufknopf?
40 – Au! Treten Sie mir nicht auf den Fuß, Sie Rowdy! – Licht!
Macht Licht! – Hat denn hier niemand ein Feuerzeug? Sie
da, Sie Raucher, wo sind Sie? Sie werden doch sicherlich
Feuer haben!"

Der dicke Mann knipste sein Feuerzeug an. „Ich bitte um
45 Ruhe, meine Herrschaften!", rief er. „Kein Grund zur Panik.
Ich bin der Hausdetektiv dieses Kaufhauses. Der Defekt
wird gleich behoben sein!"

Und wirklich, kaum hatte der dicke Mann das ausgesprochen, da ging die Deckenbeleuchtung wieder an, und der
50 Aufzug setzte sich in Bewegung.

„Sehen Sie!", rief der Detektiv lachend, „so schnell geht das
bei uns!"

Plötzlich stieß die ältere Dame mit dem komischen Hut
einen entsetzten Schrei aus: „Meine Brosche! Meine Brosche
55 ist weg! Jemand hat sie mir gestohlen!"

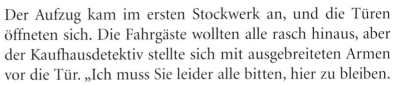

Der Aufzug kam im ersten Stockwerk an, und die Türen öffneten sich. Die Fahrgäste wollten alle rasch hinaus, aber der Kaufhausdetektiv stellte sich mit ausgebreiteten Armen vor die Tür. „Ich muss Sie leider alle bitten, hier zu bleiben. Sie haben gehört, der Dame ist hier die Brosche abhanden gekommen. Bitte sehen Sie auf dem Boden nach, vielleicht ist sie bloß hinuntergefallen.

Nun suchten alle den Boden der Aufzugskabine ab, aber die Brosche war nirgends zu finden. Währenddessen kam ein zweiter Detektiv herbeigelaufen, und unter viel Aufregung, Protest und Gezeter wurden die Fahrgäste des Aufzugs in einen besonderen Raum geführt, wo sie gebeten wurden, sich durchsuchen zu lassen. Da niemand in Verdacht kommen wollte, die Brosche gestohlen zu haben, ließen sich die Leute schließlich durchsuchen. Doch keiner von ihnen trug die Brosche bei sich.

Bevor der dicke Kaufhausdetektiv die Polizei rief, ging er noch einmal in den Aufzug und suchte sorgfältig alle Ecken nach dem verschwundenen Schmuckstück ab. Als er so vorgebeugt den Boden der Kabine betrachtete, fiel ihm plötzlich etwas Kaltes auf den Nacken. Es war die verschwundene Diamantbrosche! Verblüfft hob sie der Detektiv auf und schaute dann zur Decke der Kabine empor.

Doch da war nichts, absolut nichts, wo die Brosche hätte versteckt sein können. Die Decke war eine glatte Kunststoff-Fläche, und die Beleuchtung war fugenlos darin eingelassen. Es schien ganz so, als ob die Brosche aus dem Nichts auf den Detektiv heruntergefallen wäre. Doch der dicke Kaufhausdetektiv glaubte nicht an Gespenster, und nach einigem Überlegen und Kombinieren wusste er, wie die Brosche dort hinaufgekommen war und wer sie gestohlen hatte. Er suchte abermals den Boden ab und fand sofort das fehlende Beweisstück. – Na, wer war's?

Johann Peter Hebel

Die Tabakdose

In einer niederländischen Stadt in einem Wirtshaus waren
viele Leute beisammen, die einander einesteils kannten, zum
Teil auch nicht. Denn es war ein Markttag. Den Zundelfrieder kannte niemand. „Gebt mir auch noch ein Schöpplein",
5 sagte ein dicker, bürgerlich gekleideter Mann zu dem Wirt
und nahm eine Prise Tabak aus einer schweren, silbernen
Dose. Da sah der Zundelfrieder zu, wie ein windiger, gewür-
felter Gesell sich zu dem dicken Mann stellte, ein Gespräch
mit ihm anfing und ein paarmal wie von ungefähr nach der
10 Rocktasche schaute, in welche der Mann die Dose gesteckt
hatte. Was gilt's, dachte der Frieder, der führt auch etwas
im Schild? Anfänglich stand der Gesell. Hernach ließ er
ein Schöpplein kommen, setzte sich auch auf die Bank und
sprach mit dem Dicken allerlei kuriose Sachen, woran die-
15 ser Mann viel Spaß fand. Endlich kam ein Dritter. „Exküse"*,
sagte der Dritte, „kann man auch noch ein wenig Platz hier
haben?" Also rückte der windige Gesell ganz nahe an den
dicken Mann hin und diskurierte** immer fort: „Ja", sagte
er, „ich habe mich ein Rechtes verwundert, als ich in dieses
20 Land kam und sah, wie die Windmühlen so flätig*** vom
Winde umgetrieben werden. Bei mir zulande geht das ganze
Jahr kein Lüftlein. Also muss man die Windmühlen anlegen,
wo die Wachteln ihren Strich haben. Wenn nun im Frühjahr

TIPP!

Informiere dich im Internet über
die Risiken von Schnupftabak.
Welche Internetseiten haben gesundheitliche Aufklärung zum
Ziel? Welches Ziel verfolgen die
anderen Seiten? Wie kannst du
deine gewonnenen Erkenntnisse
überprüfen?

* **Exküse:** (frz. excuse) Entschuldigung

** **diskurieren:** sich unterhalten

*** **flätig:** schön

die Milliontausend Wachteln kommen vom Meer her aus
25 Afrika und fliegen über die Mühlenräder, so fangen die
Mühlen an zu gehen, und wer in dieser Zeit nicht kann
mahlen lassen, hat das ganze Jahr kein Mehl im Haus."
Darüber geriet der dicke Mann so ins Lachen, dass ihm fast
der Atem verging, und unterdessen hatte der schlaue Gesell
30 die Dose. „Aber jetzt hört auf", sagte der Dicke. „Es tut mir
weh im Kreuz", und schenkte ihm von seinem Wein auch
ein Glas ein. Als der Spitzbube ausgetrunken hatte, sagte er:
„Der Wein ist gut. Er treibt. Exküse", sagte er zu dem Dritten, der vorne an ihm saß, „lasst mich einen Augenblick her-
35 aus!" Den Hut hatte er schon auf. Als er aber zur Tür hin-
ausging und fort wollte, ging ihm der Zundelfrieder nach,
nahm ihn draußen auf die Seite und sagte zu ihm: „Wollt
Ihr mir auf der Stelle meines Herrn Schwagers seine silberne
Dose herausgeben? Meint Ihr, ich hab's nicht gemerkt? Oder
40 soll ich Lärmen machen? Ich hab Euch schonen wollen vor
den vielen Leuten, die drin in der Stube sitzen." Als nun der
Dieb sah, dass er verraten sei, gab er zitternd dem Frieder die
Dose her und bat ihn vor Gott und nach Gott, stille zu sein.
„Seht", sagte der Frieder, „in solche Not kann man kommen,
45 wenn man auf bösen Wegen geht. Euer Leben lang lasst es
Euch zur Warnung dienen. Unrecht Gut faselt nicht. Ehrlich
währt am längsten." Den Hut hatte der Frieder auch schon
auf. Also gab er dem Gesellen noch eine Prise Tabak aus der
Dose und trug sie hernach zu einem Goldschmied.

Helga Gebert

Schreckliches Geschehen in der Osternacht oder die gebissene Lady

Es geschah in der Osternacht. Lady Amanda hatte, zu Ehren des spanischen Tenors Enrico Enzian, fünf Freunde in ihr Wochenendhaus eingeladen. Man saß im lila Salon, trank Tee und aß Sandwiches und trockenen Kuchen.

5 Gegen acht Uhr erhob sich der schwarzlockige Sänger Enrico Enzian, räusperte sich und begann zu singen. Lady Amanda begleitete ihn am Klavier. Die Gäste saßen auf zierlichen, schmalen Rokokostühlen und lauschten ergriffen.

Um halb neun stand Herr Catchup, ein bulliger Glatzkopf, 10 auf und suchte sich eine weichere Sitzgelegenheit. Er ging durch die geöffnete Schiebetüre in das Wohnzimmer und fand dort ein breites Samtsofa. Enrico Enzian sang mit strahlend heller Stimme weiter.

Um neun Uhr huschte Miss Berta mit der Teekanne von 15 Gast zu Gast und goss lauwarmen Tee nach. Ihr graues Gewand flatterte im Vorübergehen. Enrico Enzian fing ein neues Lied an.

Um viertel nach neun stahl sich Gorowenko, ein Herr mit gefärbtem Schnurrbart, der niemandem der Eingeladenen 20 bekannt war, aus dem Salon und untersuchte in der Küche den Eisschrank. Enrico Enzian sang weiter.

Um zehn Uhr erhob sich Fräulein von Frankenstein, flüsterte eine Entschuldigung und ging durch die angelehnte Haustüre nach draußen in den Park. Enrico Enzian erreichte mit 25 leicht näselnder Stimme das hohe C.

Kurz nach zehn bekam Dr. Dietrich Dickmilch einen nicht zu unterdrückenden Hustenreiz, schlich gebückt und unauf-

fällig durch die geöffnete Schiebetüre in das Wohnzimmer, traf dort Herrn Catchup auf dem Sofa sitzend, Rotwein trin-
30 kend, ließ sich von ihm seine Teetasse mit Wein füllen und setzte sich dann im angrenzenden Arbeitszimmer nieder. Dr. Dietrich Dickmilch fand dort einen Kriminalroman und zündete sich eine Zigarre an.

Enrico Enzian sang weiter. Um elf Uhr hatte Gorowenko,
35 der Unbekannte mit dem gefärbten Schnurrbart, sechs Salamibrote, ein Glas Apfelmus, eine Dose Ölsardinen, zwei Zwiebeln, ein Glas Saure Gurken, einige Ecken Emmentaler Streichkäse, eine Tüte Vitaminbonbons und eine angebrochene Flasche Malzbier zu sich genommen und lief – ihm
40 war seltsam heiß geworden – durch die Küchentüre in den Gemüsegarten.

Währenddessen sang drinnen im lila Salon Enrico Enzian, von Lady Amanda begleitet, sein zweiundzwanzigstes Lied. Um halb zwölf, im Wohnzimmer, öffnete sich Herr Catchup
45 etwas ungeschickt eine zweite Flasche Rotwein. Dr. Dietrich Dickmilch schlich auf Zehenspitzen zu ihm, füllte seine Teetasse, verschwand im Arbeitszimmer und zündete sich eine zweite Zigarre an. Fräulein von Frankenstein blickte durch die angelehnte Haustüre in den Salon, lauschte einen
50 Moment dem schmelzenden Tenor Enrico Enzians und verzog sich wieder nach draußen. Es regnete.

Um zehn vor zwölf betritt Gorowenko durch die Hintertür die Küche, rülpst hinter vorgehaltener Hand, wühlt diskret in den Schubladen und verschwindet mit einem Messer in
55 der Hand erneut in den Gemüsegarten.

Acht Minuten vor zwölf nickt Herr Catchup, in der linken Hand das leere Rotweinglas, auf dem Samtsofa ein.

Sieben Minuten vor zwölf gießt sich Dr. Dietrich Dickmilch eine weitere Tasse Wein ein und schleicht zu seinem Krimi
60 (Seite 103: „im schwarzen Wasser schwamm die Leiche…") zurück.

Sechs Minuten vor zwölf streckt Fräulein von Frankenstein ihren nassgeregneten Kopf durch die Türe und verschwindet wieder im Regen.

65 Fünf Minuten vor zwölf murmelt Miss Berta hinter verschlossenen Lippen: „Welch herrliche Stimme", und huscht durch eine angelehnte Tür in das Frühstückszimmer.

Vier vor zwölf beginnt Enrico Enzian sein achtundzwanzigstes Lied, zwei Minuten vor zwölf erhebt sich Lady
70 Amanda, sehr bleich, von ihrem Klavierstuhl, blickt Enrico
Enzian mit tränenfeuchten Augen an, lispelt: „Ich muss mir
schnell die Nase pudern, singen Sie weiter…" – und eilt
durch das Wohnzimmer, an dem aufgeschreckten Catchup
vorbei, durch die blauen Zigarrenwolken im Arbeitszimmer,
75 durch das angrenzende Badezimmer, in ihr Schlafgemach.
Zwölf Uhr. Mitternacht: Enrico Enzian beendet soeben sein
achtundzwanzigstes Lied (diesmal ohne Klavierbegleitung)
– ein gellender Schrei, Klirren, leises Stöhnen, Kuckucksruf
und dann eine schreckliche Stille.
80 Enrico Enzian im lila Salon flüstert mit heiserer Opernstim-
me: „Mir deucht, Entsetzliches ist geschehen!«
Die Eingangstür wird aufgestoßen, Hugo Hurrikan, der Kri-
minalinspektor mit der unfehlbaren Nase, stürmt herein,
ruft: „Keiner rührt sich von der Stelle!"
85 Er hängt seinen Hut in der Garderobe auf, eilt durch den
Salon, an dem endlich verstummten Enrico Enzian vorbei,
durch das Wohnzimmer, Herrn Catchup mit einem Blicke
streifend, durch die dicken Nebelschwaden des Arbeitszim-
mers, durch das angrenzende Bad, in dem der verdatterte Dr.
90 Dietrich Dickmilch soeben den Warmwasserhahn ausdreht,
in das dahinterliegende Schlafzimmer der Lady Amanda.
Zu spät. Lady Amanda lag in anmutiger Pose neben einer
zersplitterten Kuckucksuhr, stehen geblieben auf zehn Minuten vor zwölf, auf dem fliederblauen Teppichboden. An ihrem
95 schneeweißen Hals eine Bisswunde. Durch das offen stehende Schlafzimmerfenster wehte der Nachtwind.
Inspektor Hugo Hurrikan begann sofort mit seinen Nachforschungen. Folgendes stellte er fest: Tatzeit von Aufschrei,
Klirren, Stöhnen und Kuckucksruf … zwölf Uhr Mitter-
100 nacht.

Anwesende Personen, die sich auf sein Geheiß im Salon versammelt hatten:

A Lady Amanda, nicht mehr vernehmungsfähig.

B Miss Berta. Endvierzigerin, unscheinbare Person, weites,
105 graues Gewand, war zur Tatzeit im Frühstückszimmer und staubte dort die Teetassen ab.

C Herr Catchup, Cousin der Lady, vor kurzem aus Südamerika zurückgekommen, bulliger Glatzkopf, leicht schwankender Gang, blutet an der rechten Hand, war zur Tatzeit im
110 Wohnzimmer.

D Dr. Dietrich Dickmilch, Hühneraugenfacharzt, Zigarrenraucher, er schreibt unter dem Pseudonym Didi obskure Kriminalromane, wurde zur fraglichen Zeit von Hurrikan im Badezimmer angetroffen.

115 **E** Enrico Enzian, spanischer Tenor, stand im lila Salon, allein, ist heiser.

F Fräulein von Frankenstein, elegant gekleidet, Abendschuhe, schweigsame Person, war zur gefragten Zeit draußen im Park. Im Regen!

120 **G** Gorowenko, niemandem bekannt, gefärbter Schnurrbart, Schuhgröße 54, spricht fehlerhaftes Deutsch, hat um Mitternacht im Gemüsegarten Nelken gepflückt (an Ostern!).

Spuren: Frische, erdige auffallend große Fußspuren in Küche und Salon. Feuchte, kleine Sandspuren im Salon. Eine Hand
125 voll frisch geschnittener Narzissen auf dem Küchentisch. Verstreute Asche und kalter Zigarrenrauch in Arbeitszimmer, Wohnzimmer und Bad.

Im Wohnzimmer zwei geleerte Rotweinflaschen, eine davon mit beschädigtem Hals, und ein leeres Glas. Eine herunter-
130 gerissene und zersplitterte Kuckucksuhr auf dem Schlafzimmerboden, stehen geblieben um zehn vor zwölf – also zehn Minuten vor der Tatzeit. Blutspuren in Schlafzimmer, Wohnzimmer und an Catchups rechter weißer Manschette. Alle Anwesenden wirken verstört. Enrico Enzian sitzt sprach-
135 los, stimmlos und heiser auf dem Klavierstuhl. Miss Berta weint. Aus Gorowenkos Jackentasche schaut der Griff eines großen Küchenmessers.

Herr Catchup wünscht unverzüglich einen Arzt. Er blutet an der rechten Hand. Miss Berta geht zu einem Wandspie-
140 gel und entfernt sich weinend einen kleinen Holzsplitter aus

dem linken Auge. Dr. Dietrich Dickmilch schreibt mit abge-
kautem Bleistift Notizen in ein Schulheft. Ein neuer Krimi
vielleicht? Fräulein von Frankenstein streicht sich gelassen
die regennassen Haare aus der Stirn.

145 Wer war der Täter?

Georg Britting
Brudermord im Altwasser

Das sind grünschwarze Tümpel, von Weiden überhangen,
von Wasserjungfern übersurrt, das heißt, wie Tümpel und
kleine Weiher und auch große Weiher ist es anzusehen,
und es ist doch nur Donauwasser, durch Steindämme abge-
5 sondert vom großen grünen Strom, Altwasser, wie man es
nennt. Fische gibt es im Altwasser, viele, Fischkönig ist der
Bürstling, ein Raubtier mit zackiger, kratzender Rückenflos-
se, mit bösen Augen, einem gefräßigen Maul, grünschwarz
schillernd wie das Wasser, darin er jagt. Und wie heiß es hier
10 im Sommer ist! Die Weiden schlucken den Wind, der draußen über dem Strom immer geht. Und aus dem Schlamm
steigt ein Geruch wie Fäulnis und Kot und Tod. Kein besse-
rer Ort ist zu finden für Knabenspiele als dieses grün däm-
mernde Gebiet. Und hier geschah, was ich jetzt erzähle.
15 Die drei Hofberger Buben, elfjährig, zwölfjährig, dreizehn-
jährig, waren damals im August jeden Tag auf den heißen
Steindämmen, hockten unter den Weiden, waren Indianer
im Dickicht und Wurzelgeflecht, pflückten Brombeeren,

die, stachlig, geschützt, schwarzfeucht glänzten, schlichen
20 durch das Schilf, das in hohen Stangen wuchs, schnitten sich
Weidenruten, rauften, schlugen auch wohl einmal dem
Jüngsten, dem Elfjährigen, eine tiefe Schramme, dass sein
Gesicht rot beschmiert war wie eine Menschenfressermaske,
brachen wie Hirsche und schreiend durch Buschwerk und
25 Graben zur breit fließenden Donau vor, wuschen den blutigen Kopf, und die Haare deckten die Wunde dann, und
waren gleich wieder versöhnt. Die Eltern natürlich durften
nichts erfahren von solchen Streichen, und sie lachten alle
drei und vereinbarten wie immer: „Zu Hause sagen wir aber
30 nichts davon!"

Die Altwässer ziehen sich stundenweit der Donau entlang.
Bei einem Streifzug einmal waren die drei tief in die grüne
Wildnis vorgedrungen, tiefer als je zuvor, bis zu einem Weiher, größer als sie je einen gesehen hatten, schwarz der Was-
35 serspiegel, und am Ufer lag ein Fischerboot angekettet. Den
Pfahl, an dem die Kette hing, rissen sie aus dem schlammi-
gen Boden, warfen Kette und Pfahl ins Boot, stiegen ein, ein
Ruder lag auch dabei, und ruderten in die Mitte des Weihers
hinaus. Nun waren sie Seeräuber und träumten und brü-
40 teten wilde Pläne. Die Sonne schien auf ihre bloßen Köpfe,
das Boot lag unbeweglich, unbeweglich stand das Schilf am
jenseitigen Ufer, Mücken fuhren leise summend durch die
dicke Luft, kleine Blutsauger, aber die abgehärteten Knaben
spürten die Stiche nicht mehr.
45 Der Dreizehnjährige begann das Boot leicht zu schaukeln.
Gleich wiegten sich die beiden anderen mit, auf und nieder,
Wasserringe liefen über den Weiher, Wellen schlugen plat-
schend ans Ufer, die Binsen schwankten und wackelten. Die
Knaben schaukelten heftiger, dass der Bootsrand bis zum
50 Wasserspiegel sich neigte und das aufgeregte Wasser ins
Boot hineinschwappte. Der Kleinste, der Elfjährige, hatte
einen Fuß auf den Bootsrand gesetzt und tat jauchzend
seine Schaukelarbeit. Da gab der Ältere dem Zwölfjährigen
ein Zeichen, den Kleinen zu schrecken, und plötzlich warfen
55 sie sich beide auf die Bootsseite, wo der Kleine stand, und

das Boot neigte sich tief, und dann lag der Jüngste im Wasser und schrie und ging unter und schlug von unten gegen das Boot und schrie nicht mehr und pochte nicht mehr und kam auch nicht mehr unter dem Boot hervor, unter dem
60 Boot nicht mehr hervor, nie mehr.

Die beiden Brüder saßen stumm und käsegelb auf den Ruderbänken in der prallen Sonne, ein Fisch schnappte und sprang über das Wasser heraus. Die Wasserringe hatten sich verlaufen, die Binsen standen wieder unbeweglich,
65 die Mücken summten bös und stachen. Die Brüder ruderten das Boot wieder ans Ufer, trieben den Pfahl mit der Kette wieder in den Uferschlamm, stiegen aus, trabten auf dem langen Steindamm dahin, trabten stadtwärts, wagten nicht sich anzusehen, liefen hintereinander, achteten der Weiden
70 nicht, die ihnen ins Gesicht schlugen, nicht der Brombeersträucherstacheln, die an ihnen rissen, stolperten über Wurzelschlangen, liefen, liefen und liefen.

Die Altwässer blieben zurück, die grüne Donau kam, breit und behäbig, rauschte der Stadt zu, die ersten Häuser sahen
75 sie, sie sahen den Dom, sie sahen das Dach des Vaterhauses. Sie hielten, schweißüberronnen, zitterten verstört, die Knaben, die Mörder, und dann sagte der Ältere wie immer nach einem Streich: „Zu Hause sagen wir aber nichts davon!" Der andere nickte, von wilder Hoffnung überwuchert, und sie
80 gingen, entschlossen ewig zu schweigen, auf die Haustüre zu, die sie wie ein schwarzes Loch verschluckte.

Tiere

Nasrin Siege

Hyänen in der Serengeti

Hyänen sind hässlich und hinterlistig, schmutzig und gierig. Von irgendwo haben viele ein solches Bild von ihnen im Kopf. Dass sie gute Mütter sind, in stabilen Familiengemeinschaften, so genannten „Clans", leben, ein hartes Leben führen, um ihre Kinder aufzuziehen, ahnt kaum jemand. Die Schriftstellerin Nasrin Siege, die selbst seit einigen Jahren in Tansania lebt, hat dies erst durch ihre Bekanntschaft mit der Hyänenforscherin Marion East erfahren. In diesem Bericht erzählt sie davon, wie sich ihr Blick verändert hat, was eine Hyänenforscherin in der Wildnis Afrikas macht und wie Hyänen wirklich sind.

Es ist noch früh am Morgen und es ist kühl. Die eben aufgehende Sonne taucht den Himmel in ein sanftes Rot. Ich schaue in die endlose, mit hohem Gras und Akazienbäumen bewachsene Ebene. Als wir den kleinen Fluss über-
5 queren, sehen wir nur die Köpfe von zwei Flusspferden mit ihren lustig wackelnden Ohren. In einem kleinen Waldstück entdecken wir eine Gruppe Impala, eine Antilopenart, die sich durch uns nicht stören lässt. Die Perlhuhnfamilien, die zunächst aufgeregt vor unserem Auto herlaufen, beschlie-
10 ßen jedoch bald, dass es für sie besser ist, im Gebüsch zu verschwinden.
Langsam fährt Marion East, den für mich unsichtbaren Weg durch das hohe Gras. Sie weiß genau, wo sich der Bau der Hyänen befindet.
15 Ein Hyänenweibchen hat sich vor dem Bau zusammengerollt und schläft. Eine andere Hyäne liegt in der Nähe des Haupteingangs des unterirdischen Baus und säugt die zwei kleinsten und daher noch schwarzen Jungen des Clans. In ein paar Wochen werden auch sie die hellbraune Färbung,
20 mit den dunklen Flecken annehmen.
Die eben noch schlafende Hyäne steht auf, streckt sich und gähnt. Dann trottet sie auf die kleine Familie zu und knurrt die Mutter an.

„Sie hat innerhalb des Clans einen höheren Rang", erklärt
25 Marion East. „Und aus irgendeinem Grund will sie, dass das
Muttertier den Eingang des Baus verlässt."
Aus einem der drei Nebeneingänge kriechen zwei ältere zer-
zauste Hyänenkinder heraus, die aussehen wie Plüsch-Ted-
dybären. Sie trotten zu den zwei weiblichen Hyänen und
30 begrüßen sie. Dann setzen sie sich hin und schauen in die
Ferne, so als würden sie auf jemanden warten.
„Ihre Mutter ist seit drei Tagen nicht zurück", erklärt Marion East. „Sie sind bestimmt sehr hungrig."

Marion East ist Hyänenforscherin und arbeitet seit vierzehn
35 Jahren in der Serengeti in Tansania. Das kleine Haus, in dem
sie wohnt, gehört dem tansanischen Wildforschungsinstitut
in Seronera. Ihren Strom bezieht sie durch Sonnenkollekto-
ren; in einem großen Tank wird Regenwasser für den täg-
lichen Gebrauch, zum Waschen und Duschen, gesammelt.
40 Nur das Trinkwasser kommt aus Kanistern. Um sie herum
ist der afrikanische Busch mit all seinen Tieren.
Es kann schon mal vorkommen, dass Löwen, Hyänen
oder Elefanten sich um ihr Haus herumtreiben. „Ich habe
keine Angst", erzählt sie. „Das Verhalten von Tieren ist bis
45 zu einem gewissen Grad vorhersehbar. Ich weiß im Grunde

immer, welches Verhalten ich in welcher Situation von welchem Tier erwarten kann. Wenn zum Beispiel ein Elefant während der Trockenzeit an mein Haus kommt, weiß ich, dass er Durst hat und sich an meinen Wassertank
50 heranmachen will. Und ich weiß, dass ich nicht einfach blind dazwischen gehen kann, sondern versuchen muss, ihn aus dem Haus zu vertreiben mit Krach, wie beispielsweise durch das Gegeneinanderschlagen von Topfdeckeln … Was nicht immer gelingt."
55 Marion East wurde 1954 in Johannesburg in Südafrika geboren. Als sie sieben Jahre alt war, zogen die Eltern mit ihr und ihrer älteren Schwester nach London, wo sie ihre weitere Kindheit und Jugend verbrachte. „Ich interessierte mich schon als Kind für Tiere. Wir hatten immer Hunde, Katzen,
60 Meerschweinchen, Schildkröten und viele andere Tiere. Als ich fünfzehn war, stand für mich fest, dass ich später einen Beruf ergreifen wollte, der irgendetwas mit Tieren zu tun hat."

Während des Biologiestudiums in Oxford in England
65 lernte sie ihren zukünftigen Mann, den deutschen Studenten Heribert Hofer kennen. Als Heribert Hofer 1987 einen Forschungsauftrag am Max-Planck-Institut zur Erforschung von Hyänen erhielt, zogen sie gemeinsam in die Serengeti. Dann jedoch übernahm Hofer die Leitung des Instituts
70 für Zoo- und Wildtierforschung in Berlin. Seitdem arbeitet Marion East die Hälfte des Jahres alleine an der Erforschung des Verhaltens von Hyänen.

Im Serengeti Nationalpark gibt es etwa 5000 Hyänen.
Zusammen mit denen der Ngorongoro Conservation Area,
75 des Massai Mara und der umliegenden Jagdreservate sind es
über 7000. Marion East und Heribert Hofer haben im Laufe
von vierzehn Forschungsjahren insgesamt vierzehn Hyänen-Clans kennen gelernt und beobachtet.

Marion untersucht „ihre" Hyänen-Clans vom Auto aus.
80 Sie beobachtet das Verhalten der einzelnen Clan-Mitglie-
der, schreibt auf, welches Tier gerade da ist, hält besondere
Ereignisse fest (z. B. Geburten), nimmt mit dem Kassettenrekorder die Stimmen und Laute auf, die mit dem jeweiligen
Verhalten in Verbindung stehen, und versucht, die sozialen
85 Stellungen der einzelnen Mitglieder zu definieren.
Die Tiere haben sich an das Auto gewöhnt, aber nicht an den
Menschen im Auto: „Wahrscheinlich kennen sie unseren
Geruch, aber vor allem kennen sie das Auto. Wenn man das
Verhalten von Tieren verstehen will, ist es wichtig, darauf zu
90 achten, dass man einen gewissen Abstand zu ihnen behält,
der ihnen erlaubt, sich ihrer Natur gemäß zu verhalten. Die
Anwesenheit des Forschers, der die Tiere beobachtet, darf
das Verhalten der Tiere in keiner Weise beeinflussen."
Die Hyänen der Serengeti waren zuvor schon von anderen
95 Wissenschaftlern „untersucht" worden. Lange Zeit nahm
man an, dass sie keine festen Heimatplätze haben und sich
nicht in stabilen Gruppen aufhalten. Marion East und Heribert Hofer aber entdeckten, dass die Serengeti-Hyänen in
Clans leben und über eigene Territorien verfügen. Innerhalb

₁₀₀ dieser Territorien befinden sich ihre Erdbauten – meistens verlassene Warzenschwein-Erdhöhlen –, in denen sie ihre Kinder gebären und aufziehen.

Um sie ernähren zu können, müssen die Mütter häufig lange Strecken zurücklegen und ihre Kleinen im Bau zurücklas- ₁₀₅ sen. Der Grund dafür ist, dass sich die Wildtiere, die sie in der Serengeti jagen, das ganze Jahr über ständig auf Wanderschaft befinden.

„Wir haben einzelnen Mitgliedern der verschiedenen Clans Halsbandsender umgelegt und so ihre Jagdstrecken, zum ₁₁₀ Teil mit dem Auto und zum Teil mit dem Flugzeug, verfolgt." Dabei entdeckte das Forscherpaar, dass die Hyänenmütter häufig auf der Suche nach Nahrung oft für mehrere Tage unterwegs sind, während ihre Kleinen geduldig auf sie und die begehrte Milch warten. Bleibt die Mutter länger als ₁₁₅ fünf Tage weg, ist der Hunger groß und die Kleinen sind in Gefahr zu verhungern.

„Hyänenweibchen sind die wichtigsten Jäger im Ökosystem. Sie sind schwer arbeitende Mütter und nehmen sehr viele Schwierigkeiten auf sich, um ihre Kinder großzuziehen. Ich ₁₂₀ bin beeindruckt, wie sie ihre Jungen aufziehen", sagt Marion East.

Auffallend ist das soziale System innerhalb des Clans: Die weiblichen Tiere haben einen höheren Status als die männlichen Tiere. Ein so genanntes Alpha-Weibchen übernimmt ₁₂₅ die Führung im Clan, unterstützt von ihren Schwestern und Töchtern. Die männlichen Tiere des Clans werden am Bau,

in dem sich die Mütter und ihre Kleinen aufhalten, nicht geduldet. Sie leben in der Umgebung des Baus.

Machtkämpfe gibt es nur unter den weiblichen Tieren. Die
130 männlichen Tiere halten sich aus den Kämpfen heraus und kämpfen auch selten gegeneinander. Bei Gefahr – wenn zum Beispiel ein Löwe sich dem Bau nähert, verteidigen die weiblichen Hyänen die Jungen, während die männlichen Tiere nur aus der Entfernung zuschauen. Sind zu wenige weibli-
135 che Tiere am Bau, und ist damit die Chance, den Löwen zu vertreiben gering, ziehen sich auch diese zurück, während die Jungen schon längst im tiefen Inneren der Erdhöhle verschwunden sind. Die Mütter warten ab, bis der Löwe sich verzogen hat.

140 Plötzlich stellen sich die zwei wartenden Jungen auf, recken die Köpfe – eine Hyäne nähert sich. Kurz bevor sie am Bau ist, stürmen sie auf sie zu, blecken die Zähne als würden sie lachen und dabei heben und senken sie aufgeregt die Köpfe. Ihre Freude ist groß, denn endlich ist ihre Mutter wieder
145 zurück. Erschöpft legt sie sich hin. Doch die Kleinen lassen ihr keine Zeit, sich von dem langen Jagd-Trip auszuruhen. Laut und weinerlich quengelnd wie Menschenkinder, suchen sie ihre Zitzen und fangen bald an zu saugen.

Von ihrem Krach aufgeweckt, recken drei andere Hyänen-
150 kinder ihre Köpfe aus dem Erdloch. Neugierig laufen sie zu der Hyänenmutter und begrüßen sie. Auch sie warten auf ihre Mütter. Vielleicht kommen sie heute, vielleicht aber auch erst in ein paar Tagen. Eines der Jungen kuschelt sich an die kinderlose, ältere Hyäne, während die zwei anderen
155 durch das Gras toben.

Auf einmal halten sie in ihrem Spiel inne, bleiben wie versteinert stehen und beobachten eine männliche Hyäne, die sich langsam und zögernd dem Bau nähert. Die weiblichen Hyänen haben ihn ebenfalls gewittert und heben die Köpfe
160 in seine Richtung. Doch was ich dann beobachte, bringt mich wirklich zum Lachen: Die zwei Kleinen plustern sich auf, heben die Schwänze in die Höhe, laufen auf den unerwünschten männlichen Besucher zu und – er nimmt Reißaus! Mit selbstbewusstem, lockerem Gang kommen die Jun-
165 gen zum Bau zurück. Die anderen weiblichen Tiere zeigen schon längst kein Interesse mehr.

„Die Kleinen wissen, dass die männliche Hyäne sich niemals trauen würde, ihnen auch nur ein Haar zu krümmen", erklärt Marion East. „Dann nämlich würde er es mit all den
170 anwesenden Frauen des Clans zu tun bekommen."

„Dann haben die männlichen Tiere also nicht so viel zu sagen?", frage ich. „Genau", sagt Marion East. „Das Weibchen sucht sich ihren Mann aus. Ihre Jungen aber zieht sie alleine und im Schutz des Baus, zusammen mit anderen
175 Müttern, auf. Die männlichen Tiere brauchen also nur für sich selbst zu sorgen."

An diesem Morgen kommen keine Hyänenmütter mehr zum Bau. Einige der Kleinen müssen einen weiteren Tag auf die begehrte Milch warten. Die Sonne steht hoch und wir
180 machen uns auf den Weg zurück zum Haus. Schon von weitem können wir die riesige Herde Elefanten sehen, die langsam „unsere" Straße überquert. Es würde zu lange dauern, bis alle Tiere die Straße überquert haben. Deshalb wendet Marion East den Wagen und wir nehmen den anderen, den
185 längeren Weg.

„Früher habe ich immer gemeint, dass Hyänen hässlich sind", sage ich. „Aber das finde ich nicht mehr."

„Das geht vielen so", erklärt mir Marion East. „Hyänen werden oft negativ dargestellt. Das liegt wohl daran, dass die
190 meisten Menschen viel zu wenig von ihnen wissen."

Hyänen. Diese Tiere werden häufig als Aasfresser geächtet, obwohl sie eben auf diese Weise einen wichtigen Beitrag zum ökologischen Gleichgewicht in den Naturparks leisten. Hyänen haben die kräftigsten Zähne und Kiefer aller Tierarten und können

5 sogar die Knochen großer Beutetiere durchbeißen. Wenn sie in größeren Rudeln auftreten, beschränken sich Hyänen aber nicht immer auf das Beseitigen von Tierkadavern, sondern jagen auch Lebendtiere. Antilopen gehören dann zur bevorzugten Beute. Auch dem Menschen können sie prinzipiell gefährlich werden.

10 Hyänen leben in kleinen Rudeln, die meist von einem Weibchen angeführt werden. Selten gehören mehr als 10 Tiere zu einer Gruppe. Ihre Reviere grenzen sie durch Harn- und Kotmarkierungen ab. Mitglieder anderer Gruppen werden daraus vertrieben.

Info-Punkt

Das Passiv gibt Texten einen sachlichen Charakter. Gebildet wird es mit „werden" (ich werde operiert, ich bin operiert worden). Im Passiv steht also der Vorgang bzw. ein Zustand im Vordergrund.
Im Gegensatz dazu drückt man im Aktiv eine Tätigkeit aus (ich operiere).

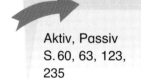

Aktiv, Passiv
S. 60, 63, 123, 235

Tüpfelhyänen sind Nachttiere. Den größten Teil des Tages ver-

15 bringen sie in Erdlöchern. Auch die Jungtiere halten sich lange Zeit in diesen Höhlen auf. Sie werden bis zum Alter von einem Jahr gesäugt und beginnen erst Fleisch zu fressen, wenn sie – im Alter von ungefähr neun Monaten – erstmals mit den erwachsenen Tieren auf Jagd gehen.

✛1 In Sachtexten wird häufig das Passiv verwendet, warum ist das so? Wie wirkt ein Text mit vielen Passivwendungen? Kannst du neben den markierten Passivwendungen im Text noch drei weitere Sätze aus diesem Text ins Passiv setzen? Du musst die Sätze dazu verändern und die Perspektive wechseln.

Erich Kästner

Die Entwicklung der Menschheit

Einst haben die Kerls auf den Bäumen gehockt,
behaart mit böser Visage.
Dann hat man sie aus dem Urwald gelockt
und die Welt asphaltiert und aufgestockt,
5 bis zur dreißigsten Etage.

Da saßen sie nun, den Flöhen entflohn,
in zentralgeheizten Räumen.
Da sitzen sie nun am Telefon.
Und es herrscht noch genau derselbe Ton
10 wie seinerzeit auf den Bäumen.

Sie hören weit. Sie sehen fern.
Sie sind mit dem Weltall in Fühlung.
Sie putzen die Zähne. Sie atmen modern.
Die Erde ist ein gebildeter Stern
15 mit sehr viel Wasserspülung.

Sie schießen die Briefschatten durch ein Rohr.
Sie jagen und züchten Mikroben*.
Sie versehn die Natur mit allem Komfort.
Sie fliegen steil in den Himmel empor
20 Und bleiben zwei Wochen oben.

Was ihre Verdauung übrig lässt,
das verarbeiten sie zu Watte.
Sie spalten Atome. Sie heilen Inzest.
Und sie stellen durch Stiluntersuchungen fest,
25 daß Cäsar Plattfüße hatte.

So haben sie mit dem Kopf und dem Mund
den Fortschritt der Menschheit geschaffen.
Doch davon mal abgesehen und
bei Lichte betrachtet sind sie im Grund
30 noch immer die alten Affen.

* **Mikroben:** Mikro heißt grie. klein;
   Organismen, z. B. Bakterien

Wilhelm Busch

Bewaffneter Friede

Ganz unverhofft, an einem Hügel,
Sind begegnet Fuchs und Igel.
„Halt", rief der Fuchs, „du Bösewicht!
Kennst du des Königs Ordre** nicht?
5 Ist nicht der Friede längst verkündet
Und weißt du nicht, dass jeder sündigt,
Der immer noch gerüstet geht?
Im Namen seiner Majestät,
Geh her und übergib dein Fell!"
10 Der Igel sprach: „Nur nicht so schnell!
Lass dir erst deine Zähne brechen,
Dann wollen wir uns weitersprechen."
Und alsogleich macht er sich rund,
Schließt seinen dichten Stachelbund
15 Und trotzt getrost der ganzen Welt,
Bewaffnet, doch als Friedensheld.

** **Ordre:** Befehl

Theodor Storm

Die Stadt

Am grauen Strand, am grauen Meer
Und seitab liegt die Stadt;
Der Nebel drückt die Dächer schwer,
Und durch die Stille braust das Meer
5 Eintönig um die Stadt.

Es rauscht kein Wald, es schlägt im Mai
Kein Vogel ohn' Unterlass;
Die Wandergans mit hartem Schrei
Nur fliegt in Herbstesnacht vorbei,
10 Am Strande weht das Gras.

Doch hängt mein ganzes Herz an dir,
Du graue Stadt am Meer;
Der Jugend Zauber für und für
Ruht lächelnd doch auf dir, auf dir,
15 Du graue Stadt am Meer.

Georg Heym

April

Das erste Grün der Saat, von Regen feucht,
Zieht weit sich hin an niedrer Hügel Flucht.
Zwei große Krähen flattern aufgescheucht
Zu braunem Dorngebüsch in grüner Schlucht.

5 Wie auf der stillen See ein Wölkchen steht,
So ruhn die Berge hinten in dem Blau,
Auf die ein feiner Regen niedergeht,
Wie Silberschleier, dünn und zitternd grau.

Stefan George

Vogelschau

Weiße Schwalben sah ich fliegen,
Schwalben schnee- und silberweiß.
Sah sie sich im Winde wiegen,
in dem Winde hell und heiß.

5 Bunte Häher sah ich hüpfen,
Papagei und Kolibri.
Durch die Wunderbäume schlüpfen
In dem Wald der Tusferi.

Große Raben sah ich flattern,
10 Dohlen schwarz und dunkelgrau
Nah am Grunde über Nattern
Im verzauberten Gehau.

Schwalben seh ich wieder fliegen,
Schnee und silberweiße Schar.
15 Wie sie sich im Winde wiegen
In dem Winde kalt und klar!

Ich und du

Ernst Jandl

my own song

ich will nicht sein
so wie ihr mich wollt
ich will nicht ihr sein
so wie ihr mich wollt
5 ich will nicht sein wie ihr
so wie ihr mich wollt
ich will nicht sein wie ihr seid
so wie ihr mich wollt
ich will nicht sein wie ihr sein wollt
10 so wie ihr mich wollt

nicht wie ihr mich wollt
wie ich sein will will ich sein
nicht wie ihr mich wollt
wie ich bin will ich sein
15 nicht wie ihr mich wollt
wie *ich* will ich sein
nicht wie ihr mich wollt
ich will *ich* sein
nicht wie ihr mich wollt will ich sein
20 ich will *sein.*

Hans Manz

Ich

Ich: Träumerisch, träge,
schlafmützig, faul.

Und **ich:** Ruhelos, neugierig,
hellwach, betriebsam.

5 Und **ich:** Kleingläubig, feige,
zweiflerisch, hasenherzig.

Und **ich:** Unverblühmt, frech,
tapfer, gar mutig.

Und **ich:** Mitfühlend, zärtlich,
10 hilfsbereit, beschützend.

Und **ich:** Launisch, gleichgültig,
einsilbig, eigenbrötlerisch. –

Erst wir alle zusammen sind **ich.**

Frederike Frei

Selbstporträt

Ich stehe stundenlang
vorm Spiegel und
wunder mich dass
ich ich
5 bin

Texte zum Weiterlesen

Auszug aus „Bitterschokolade" von Miriam Pressler

EVA

Eva stand im Badezimmer vor dem Spiegel. Zum Glück gab es in der ganzen Wohnung keinen großen Spiegel außer dem auf der Innenseite einer Tür des Schlafzimmerschrankes. Eva ging ganz nah an den Spiegel, so nah, dass sie mit ihrer Nase das Glas berührte.
5 Sie starrte sich in die Augen, graugrün waren ihre Augen, dunkelgrau gesäumte Iris, grünliche, sternförmige Maserung. Ihr wurde schwindelig. Sie trat einen Schritt zurück und sah wieder ihr Gesicht, umrahmt von Odolflaschen und Zahnbürsten, rot, blau, grün und gelb. Mutters Lippenstift lag da. Eva nahm ihn und malte
10 ein großes Herz um dieses Gesicht im Spiegel. Sie lachte und beugte sich vor zu diesem Gesicht, das so fremd war und so vertraut. „Du bist gar nicht so übel", sagte sie. Das Gesicht im Spiegel lächelte. „Du bist Eva", sagte sie. Das Gesicht im Spiegel formte einen Kussmund. Die Nase war ein bisschen zu lang. „Das ist Evas Nase", sagte
15 Eva. Sie öffnete ihren Pferdeschwanz, ließ die Haare auf die Schultern fallen, lange Haare, lockig, fast kraus. Sie zog sich mit dem Kamm einen Scheitel in der Mitte, kämmte die Haare mehr nach vorn. So war es richtig. Würde es Michel gefallen? Sie schob ihre Lippen etwas vor, warf sie auf, nur ein bisschen, und senkte die
20 Lider. Schön verrucht sah sie jetzt aus, fast wie eine Schauspielerin in einer Illustrierten. …

Aber sie sah wirklich nicht schlecht aus, ein bisschen auffällig, das schon, aber nicht schlecht. Sie war dick. Aber es musste doch auch schöne Dicke geben. Und was war das überhaupt: schön? Waren
25 nur die Mädchen schön, die so aussahen wie die auf den Fotos einer Modezeitschrift? Worte fielen ihr ein wie langbeinig, schlank, rassig, schmal, zierlich. Sie musste lachen, als sie an die Frauen auf den Bildern alter Meister dachte, voll, üppig, schwer. Eva lachte. Sie lachte das Mädchen im Spiegel an. Und da geschah es.
30 Das Fett schmolz zwar nicht, es war ganz anders, als sie erwartet hatte, dass es sein würde, kein stinkender Fettbach floss in den Rinnstein, eigentlich geschah nichts Sichtbares, und trotzdem war sie plötzlich die Eva, die sie sein wollte. Sie lachte, sie konnte nicht mehr aufhören zu lachen, lachte in Franziskas erstauntes Gesicht hinein
35 und sagte, während ihr das Lachen fast die Stimme nahm: „Wie ein Sommertag sehe ich aus. So sehe ich aus. Wie ein Sommertag."

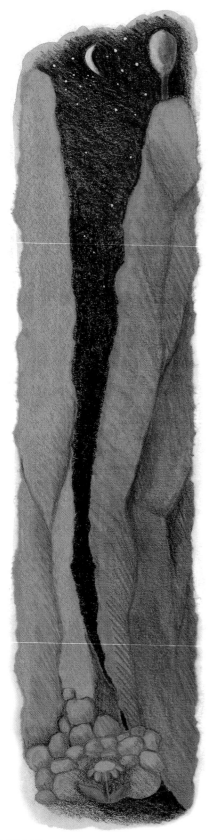

Joseph von Eichendorff

Sehnsucht

Es schienen so golden die Sterne
am Fenster ich einsam stand
und hörte aus weiter Ferne
ein Posthorn im stillen Land.
5 Das Herz mir im Leibe entbrennte,
da hab' ich mir heimlich gedacht:
Ach, wer da mitreisen könnte
In der prächtigen Sommernacht!

Zwei junge Gesellen gingen
10 Vorüber am Bergeshang,
ich hörte im Wandern sie singen
die stille Gegend entlang:
Von schwindelnden Felsenschlüften,
wo die Wälder rauschen so sacht,
15 von Quellen, die von den Klüften
sich stürzen in Waldesnacht.

Sie sangen von Marmorbildern,
von Gärten, die überm Gestein
in dämmernden Lauben verwildern,
20 Palästen im Mondschein,
wo die Mädchen am Fenster lauschen,
wann der Lauten Klang erwacht,
und die Brunnen verschlafen rauschen
in der prächtigen Sommernacht.

Walther Petri

Sehnsucht

Sehnsucht kommt von sehnen suchen
Sehnsucht kommt von ganz allein
Wer schon will die ganze Zeit
nur mit sich zusammen sein.

Ludwig Fels

Nebenan

Mädchen aus der Nachbarschaft
ich schreib dir einen Liebesbrief, meinen ersten. Drin steht
dass ich dich damals schon im Sandkasten
zur Frau fürs Leben haben wollte. Jetzt seh ich auch
5 dass du Brüste kriegst, genauso
wie sie meine Mutter trägt, und ich gerate
meinem Papa ähnlich
sobald ich ein Bild davon male.
Mädchen aus der Nachbarschaft
10 ich lade dich zu einer Tüte Bonbons ein, himbeerrot
wie unsre verweinten Augen sein werden
wenn man uns zusammen erwischen würde.
Ich glaub, du heißt wie ein türkischer Name, ich wohne
gleich um die Ecke, nicht besser als du
15 meine Mutter kauft im selben Laden wie deine
und mein Papa arbeitet in der gleichen Fabrik wie deiner.
Ich mag dich und
schmeiß nie wieder mit Steinen nach dir
es wäre schöner als schön
20 wenn wir ein gemeinsames Zimmer hätten
dann wären uns vor lauter Guttun die Wände egal.
Am Schweinefleischessen
und am Biertrinken
solls wirklich nicht scheitern.
25 Mädchen aus der Nachbarschaft
wir lernen uns die
Sprachen, bis sie uns
nicht mehr trennen
und später wird einer von uns
30 immer auf Urlaub sein.

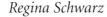

Regina Schwarz

Wen du brauchst

Einen zum Küssen und Augenzubinden,
einen zum lustige Streiche erfinden,
Einen zum Regenbogen suchen gehen
und einen zum fest auf dem Boden stehen.
5 Einen zum Brüllen, zum Leisesein einen,
einen zum Lachen und einen zum Weinen.
Auf jeden Fall einen, der dich mag,
heute und morgen und jeden Tag.

Susi Romahn

Besoffen vor Glück

Verknallt sein, das ist ein Gefühl, das ich einfach nicht beschreiben kann: Ich fühle es vor allem körperlich, mein Atem wird unregelmäßig und in meinem Bauch breitet sich ein brennendes Gefühl aus, das sich langsam in meinem
5 ganzen Körper verteilt.

Wenn ich merke, dass der andere sich auch für mich interessiert, schwanke ich wie besoffen durch den Alltag – besoffen von einem unendlichen Glücksgefühl. Ein Gefühl, das mich stark macht und mich dermaßen ausfüllt, bis ich platze.
10 Dann kann ich nämlich nicht mehr anders, ich muss es einfach ausdrücken. Wut kann ich kaum zeigen, Freude und Trauer nur teilweise. Aber verknallt sein, das kann ich zeigen. Das muss ich rausschreien oder raustanzen oder zumindest jedem erzählen.
15 Es ist ein Gefühl, das sich ganz plötzlich in mir entzündet. Als ich elf war, habe ich gesehen, wie ein Junge, den ich kannte, die Bahn verpasste und dann anfing zu weinen. Sofort verknallte ich mich in ihn. Aber ich habe mich nicht getraut den Anfang zu machen, ich musste immer erst wissen, dass der
20 andere auch wollte.

Jessica (Schülerin)

Angst vor Jungen

Suche Geborgenheit
Und habe Angst
Angst vor Jungen
Jungen sind doof
5 Jungen sind lieb
Habe Angst vor ihnen
Völlig aufgeregt vor Begegnungen
Jungen können sehr gemein sein
Jungen sind eben doof
10 Wenn sie nicht gerade mal lieb sind
Jungen, die ich mag, mögen mich nicht
Lassen mich links liegen
Warum?
Werde ich je einen bekommen?
15 Die anderen Mädchen haben alle einen
Sie sind ja auch hübscher als ich
Gibt es denn nicht irgendwo einen Jungen für mich?
So unansehnlich bin ich doch nun auch nicht!
Ach, Jungen sind eben doof
20 Und die, die lieb sind, sind das zu anderen Mädchen
Zu mir jedenfalls sind sie doof
Warum?
Was habe ich ihnen denn bloß getan?
Ich will auch einen Freund!
25 Habe ja echt spitzenmäßige Freundinnen
Die mir gern helfen würden
Aber die Sache muss ich wohl allein lösen
Fragt sich nur, wie?!

Christine Nöstlinger

Rechenaufgabe unter Tränen

$3 + 4 = 7$
Du hast mir einen Brief geschrieben.
$7 + 1 = 8$
Der hat mich traurig gemacht.
5 $8 + 2 = 10$
Willst mich nicht wieder sehn.
$10 - 6 = 4$
Es liegt dir nichts an mir.
$4 - 1 = 3$
10 O.K., ich gebe dich frei!
$3 - 2 = 1$
Aber Glück wünsche ich dir keins!

Lesen und Mitsprechen

1 Welche der genannten Jugendbücher kennt ihr? Von welchen kennt ihr die Namen der Autoren?

Pippi Langstrumpf WOLFSBLUT Hau ab, du Flasche

Bitterschokolade Ich bin eine Wolke Fünf Freunde und ein Abenteuer

Keine Angst, Maria Das Dschungelbuch DER KAMPF UM TROJA

Der Angst hat, bist doch du Pünktchen und Anton TKKG: Im Schatten des Dämons

Harry Potter und der Gefangene von Askaban Der Herr der Ringe

2 Lies die Titel langsam Laut für Laut und Silbe für Silbe.

3 Schreibe die Titel auf. Sprich beim Schreiben die Laute mit. Markiere die Stellen im Wort, bei denen du Schwierigkeiten hattest, die Laute deutlich auszusprechen.

1+1
PARTNERARBEIT

4 Diktiert euch gegenseitig alle Buchtitel. Lasst nach jedem Titel eine Zeile frei. Bei den Wörtern, die großgeschrieben werden müssen, dürft ihr helfen. Kontrolliert anschließend gemeinsam.

Arbeitstechnik „Beim Schreiben mitsprechen" S. 244

5 Schreibe weitere Titel der TKKG-Reihe fehlerlos auf:

Gefangen in der Schreckenskammer – Hotel in Flammen – Spion auf der Flucht – Der doppelte Pedro – Schwarze Pest aus Indien – Hinterhalt im Eulenforst

6 Schreibe die Titel der Harry-Potter-Bände in der richtigen Reihenfolge auf:

Harry Potter …und der Feuerkelch – …und der Stein der Weisen – …und die Kammer des Schreckens – …und der Orden des Phönix – …und der Gefangene von Askaban

7 Lies den folgenden Text und beantworte dann schriftlich die darunter stehenden Fragen. Versuche, beim Aufschreiben deiner Antworten möglichst keine Fehler zu machen, indem du deutlich mitsprichst.

Die Hobbits

Alle Hobbits hatten gewisse Merkmale. Sie maßen zwischen 2 und 4 Fuß, zeichneten sich durch ein fröhliches Wesen aus, hatten lange Finger, lockiges braunes Haar und seltsame übergroße Füße, an denen sie keine Schuhe trugen. Ansonsten eher bescheiden, besaßen sie eine
5 Vorliebe für auffällige bunte Kleidung und aßen sechs gehaltvolle Mahlzeiten am Tag. Ihre einzige Leidenschaft bestand darin, Pfeifenkraut zu rauchen.

In den Augen anderer Rassen galten sie als minderwertig, und die Hobbits ihrerseits strebten nicht danach, ihnen an Reichtum und
10 Macht zu gleichen. Ihre kleinen Siedlungen – wie Hobbingen, Buckelstadt, Michelbinge und Dutzende weitere – breiteten sich im Auenland aus, und nach ihren Maßstäben ging es den Hobbits gut.

Der erste Hobbit, der der Welt bekannt wurde, war Bilbo Beutlin aus Hobbingen, der – auf Bitten des Zauberers Gandalf und des
15 Zwergenkönigs Thorin Eichenschild – an der Schatzsuche nach dem Zwergenhort teilnahm. Bilbo selbst berichtete von dieser Reise, bei dem Trolle, Orks, Wölfe, Spinnen und ein Drache erschlagen wurden. Bei diesem Abenteuer gelangte Bilbo Beutlin in den Besitz eines Zauberringes, und obgleich das damals bedeutungslos erschien, sollte es sich spä-
20 ter als Umstand erweisen, der das Schicksal von Mittelerde bestimmte.

Fragen:
1. Wie heißt das Buch von John R. R. Tolkien, in dem er die Hobbits beschreibt?
2. Wie groß waren die Hobbits? Rechnet die Angaben auch in Zentimeter um (1 Fuß entspricht 30,48 cm).
3. Wie sahen ihre Füße aus?
4. Wo wohnten die Hobbits?

+8 Stellt euch gegenseitig Fragen zum dritten Abschnitt des Textes und beantwortet sie schriftlich.

Mit Wörtern jonglieren

Verlängern:

Bei Nomen/Substantiven hilft: Plural bilden *(Berg – Berge)*.

Bei Adjektiven hilft: durch ein e verlängern *(rund – runde)*.

Bei Verben hilft: Grundform (Infinitiv) oder Wir-Form bilden *(liebst – wir lieben, lag – lagen, raubte – rauben)*.

Wortstamm herausfinden:
(länger – lang, Bäume – Baum)

Arbeitstechnik „Ableiten" S. 245

1 Erklärt euch gegenseitig, wie man mit den Wörtern „jonglieren" muss, um die richtige Schreibung herauszufinden.

> Zwer❓ – mit **g** oder **k**?
> Brieftr❓ger – mit **ä** oder **e**?
> lie❓t – mit **b** oder **p**?
> lusti❓ – mit **g** oder **ch**?
> gesun❓ – mit **d** oder **t**?
> bun❓ – mit **d** oder **t**?

2 Lies den Text. Kennst du den Namen des Wals?

Ich, der weiße Wal, raubte Kapitän Ahab ein Bein. Seitdem jagt er mich durch vier Ozeane, geht überall meinem Weg nach, folgt jeder meiner Fontänen und hofft, mich zu besiegen. Er schmiedete sich sogar eine
5 besondere Harpune.
Eines Tages wagte er alles, doch ich lag ruhig im Wasser, kippte das Schiff einfach um und er schwamm um sein Leben. Am zweiten Tag begann seine Suche erneut, ich sprang aus der Tiefe empor und es gelang
10 mir zu entkommen, obwohl er auf mich zielte. Am dritten Tag flog Ahabs Harpune und traf mich. Doch nicht er erlegte mich, sondern ich zog ihn und seine Männer in die Tiefe. Sein Schiff sank in Windeseile, während ich mich aus dem Staub machte.

3 Bei welchen Verbformen im Text vom weißen Wal reicht das Mitsprechen allein nicht aus, um sie richtig zu schreiben? Schreibe diese Verbformen heraus und markiere die kritischen Buchstaben rot.

(er) raubte : gehört zu rau-ben → raubte also mit b

4 Suche im Text vom weißen Wal verschiedene Nomen/ Substantive, bei denen du durch Verlängern herausfinden kannst, ob sie am Ende mit b oder p, mit g oder k geschrieben werden.

5 Auch das h kannst du oft durch Ableiten hörbar machen. Erkläre, wie du vorgehst, z. B.:

(ihr) versteht   h → verste hen

> (du) stehst, nah, (ihr) seht, (sie) leiht, Floh, Schuh,
> (er) sah, geh, früh, roh, froh

6 -ig oder -lich?
Schreibe als Tabelle.

Nomen/Substantiv (Wortstamm)	+ -ig oder -lich	Adjektiv
Freude	+ ig	freudig
Mund	...	...
Saft	...	...
Ruhe	...	...
Hand	...	...
Durst	...	...
Kugel	...	...
Angst	...	...
Öl	...	...
Holz	...	...
Freund	...	...
Eile	...	...
Mutter	...	...
Schwindel	...	...
Laus	...	...
Eis	...	...
Langweile	...	...

TIPP!
Verlängere auch hier, wenn du nicht sicher bist:
eilig – eilige, mündlich – mündliche.

+7 Schreibt den Text von Seite 172 als Partnerdiktat. Prüft anschließend, ob ihr alle Wörter richtig geschrieben habt.

1+1
PARTNERARBEIT

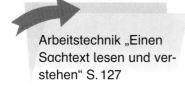

Arbeitstechnik „Einen
Sachtext lesen und ver-
stehen" S. 127

Texte zum Üben

1 Lies den Text über den Kartentrick. Versuche, ihn vor-
zuführen.

Kartentrick: Treibjagd (196 Wörter insgesamt)

Der König hat zu einer vergnüglichen Treibjagd in Wald und Feld
geladen. Dazu sortiert man alle Könige, Damen sowie die Buben, jeder
mit seinem Hund, dem Ass, aus einem Kartenspiel aus. Sie bilden die
Jagdgesellschaft. (35 Wörter)

5 Da zieht ein schreckliches Unwetter auf. Die Damen flüchten sich in
ein Gasthaus in der Nähe. Jede belegt ein Zimmer. Dazu verteilt man
die Damen verdeckt auf vier Plätze. Da das Unwetter nicht nachlässt,
suchen die Könige, die Treiber und die Hunde bei ihren jeweiligen
Damen Schutz. Ihre Karten werden verdeckt dazugelegt. (52 Wörter)

10 Der Wirt ist entsetzt über so viel Unmoral. Er lässt die Polizei kommen,
die in den Zimmern nachsieht. Doch sie beruhigt ihn. Er muss sich
getäuscht haben. Könige, Damen, Buben und Hunde sitzen ordentlich
in getrennten Stübchen! (37 Wörter)

Zum Beweis nimmt man die vier Stapel in die Hand, legt die Karten
15 einzeln reihum wieder auf die vier Plätze aus und deckt sie auf. Jetzt
sind alle Damen auf einem Platz und ebenso die Könige, die Buben
und die Asse. (41 Wörter)

Endlich ist die Polizei weg. Die vier Stapel werden erneut aufgenommen und auf die vier Plätze verteilt. Als der misstrauische Wirt
20 nochmals in die Stuben blickt, trifft ihn fast der Schlag. (31 Wörter)

2 Schreibe die Wörter heraus, die rot markiert sind. Unterstreiche die Stellen, an denen du durch Ableiten die richtige
Schreibweise findest. Schreibe die Erklärung dazu, z.B.:

*zieht → von zie-**h**en, also mit **h***

3 Sucht euch jeweils zwei Textabschnitte aus.
Diktiert sie euch gegenseitig.
Diktiert euch dieselben Abschnitte nach etwa einer
Woche noch einmal. Welche Beobachtung macht ihr?

+4 Mit den folgenden Texten kannst du prüfen, ob du
das Ableiten richtig anwenden kannst.

Arbeitstechnik
„Abschreiben"
S. 245

Wolfsblut (89 Wörter ingesamt)

Als Sohn eines wilden Wolfes und einer den Menschen entlaufenen Wolfshündin kommt Wolfsblut auf die Welt. Nach
wenigen Wochen gerät er in die Gefangenschaft eines Indianers, von ihm bekommt er Futter und Unterkunft. Dafür
5 dient er ihm. (37 Wörter)

Aber ganz zahm wird Wolfsblut nicht. Weil ihn die Hunde in
ihren Reihen nicht dulden, bedroht er sie, denn er hat inzwischen gelernt, starken Menschen zu gehorchen und schwache
Gegner zu bedrohen. Da wird er eines Tages an einen brutalen
10 Tierschinder verkauft, der die Idee hat sein Geld mit Hundekämpfen zu verdienen … (52 Wörter)

Gefährlicher Bergsport? (171 Wörter insgesamt)

An die hundert tödliche Unfälle beklagt der Bergsport jedes Jahr
allein in den Alpen und die Zahl der Opfer steigt laufend. Gibt
es dafür eine Erklärung? (26 Wörter)

Antwort eines Bergsteigers: Ein Grund liegt natürlich schon in
5 der großen Zahl von Menschen, die dem Alltag entfliehen wollen und das Naturerlebnis im Gebirge suchen. Die Bergsportler
sind heute zwar bestens ausgerüstet und meist auch gut durchtrainiert. (37 Wörter)

Über Lifte, markierte Wege und Schutzhütten gelangt man aber
10 mühelos bis in viel größere Höhen als früher. Wer dann glaubt,
er könne die Natur jederzeit und an jedem Ort bezwingen, erliegt einem gefährlichen Trugschluss. (34 Wörter)

Die Natur ist kein Sportgerät. Das Wetter schlägt oft blitzschnell
um, Kälte und Nässe, eisiger Wind und rasender Sturm gefähr
15 den den Menschen, kleine Bäche verwandeln sich in reißende
Fluten, Steinschlag bedroht den besten Kletterer. (34 Wörter)

Und gerade der Anfänger schätzt oft die eigenen Kräfte falsch
ein. Der moderne Mensch kann in seinem Alltag keinen Sinn
für die Gefahren der Bergwelt entwickeln, er weiß nicht, dass
20 Angst lebensrettend sein kann, wenn sie einen ungefährlichen
Weg weist. (40 Wörter)

RECHTSCHREIBUNG

Nicht nur am 1. April ...

Manchmal geschehen ungewöhnliche Dinge.
Zeitungen berichten:

1 Entscheidet: Groß- oder Kleinschreibung? Erklärt, was euch bei der Entscheidung geholfen hat.

Weihnachtsmänner fahren ▮ostenlos

Die Lübecker ▮tadtwerke wollen auch dem Weihnachtsmann das ▮msteigen auf ▮ffentliche ▮erkehrsmittel schmackhaft machen. Wer durch ▮oten ▮antel, rote ▮ütze und ▮eißen ▮art als Weihnachtsmann zu
5 erkennen ist und beim ▮insteigen deutlich „Hohoho" ruft, fährt während der gesamten ▮dventszeit in Lübecker Bussen kostenlos. Das ▮ngebot gilt ▮usdrücklich auch für ▮eihnachtsfrauen.

2 Überlege: Muss ein großer oder ein kleiner Anfangsbuchstabe eingesetzt werden? Schreibe so:

eine seltsame *B*lüte
kurz vor der Einführung

30-Euro-Schein? Eine ▮eltsame ▮lüte tauchte
kurz nach der ▮inführung des ▮uro in dem ▮leinen ▮rt Schwandorf auf. Dort hatte eine ▮unge ▮rau vergeblich versucht, einen ▮agelneuen 30-▮uro-
5 Schein auf ein ▮onto bei der ▮eimischen ▮ank einzuzahlen. Der ▮cht wirkende ▮eldschein mit dem ▮ngewöhnlichen ▮ert war vorher, offenbar ohne aufzufallen, schon über mehr als einen der ▮rtlichen ▮adentische gegangen.

Kinofilm erstmals auch zum ▮iechen

Erstmals zeigt ein Münchner Kino einen Film zum ▮iechen. Beim ▮etreten des Kinos erhält jeder Besucher ein Gerät zum ▮mhängen, das ▮assend zu jeder Filmszene Düfte verbreitet. Insgesamt 16 verschiedene Gerüche, z. B. von Pizza, Kaffee oder Blumen, stehen für das ▮ereichern des Kinoerlebnisses bereit. Machbar sei fast jeder Duft, sagt der Münchner Unternehmer und Erfinder Stefan Ruetz. Auch etwas ▮ngenehmes sollte dabei sein. Diese Gerüche seien aber wie alle anderen Düfte im ▮u verflogen, betonte der Erfinder. Das Gerät, der Sniffman, wiegt 127 Gramm und ist laut Ruetz über ein unsichtbares Signal mit der Filmprojektion verbunden. Dies ermöglicht das exakte ▮teuern des Apparats, die Düfte kommen genau ▮echtzeitig. In Zukunft solle der Sniffman auf die ▮röße einer Zigarettenschachtel ▮erkleinert werden.

3 Welche Anfangsbuchstaben werden hier großgeschrieben, welche klein? Schreibe großgeschriebene Wörter mit ihren Signalwörtern so auf:

zum Riechen – zu <u>dem</u> Riechen, beim ...– bei <u>dem</u> ...,
<u>das</u> Bereichern, ...

Urlaubssteuer

Nach einer ▮cherzhaften ▮endung des ▮ernsehmagazins ‚Monitor‘ über eine angebliche ▮usreisesteuer fürchten die ▮eutschen ▮eisebüros einen ▮illionenschaden. Zahllose ▮rlauber wollen ▮ebuchte ▮eisen stornieren. Chaos herrschte auch an den ▮eutschen ▮lughäfen, dort riefen Tausende ▮erunsicherter ▮ürger an. ‚Monitor‘ hatte in seiner Satire von „der ▮eusten ▮paridee des ▮inanzministers“ berichtet. Danach sollen ▮ouristen eine Ausreisesteuer von 77 Euro pro ▮rwachsenem und 36 Euro pro ▮ind entrichten. Dazu gab es ▮ilder von ▮rlaubern, die diese ▮teuer angeblich zahlten.

4 Entscheide auch hier, welche Wörter mit großem Anfangsbuchstaben geschrieben werden.
Zu diesen Wörtern gehört oft ein Adjektiv. Wenn keines vorhanden ist, könnte man fast immer eines einfügen.
Schreibe in zwei Spalten:

Hier steht ein Adjektiv bei dem Wort:	*Hier könnte man ein Adjektiv einfügen:*
nach einer <u>scherzhaften</u> Sendung	*des <u>bekannten</u> Fernsehmagazins*

Kleingeschrieben, großgeschrieben

1 Forme die unten stehenden Wortgruppen so um, dass das Verb zu einem Substantiv wird. Spreche beim Aufschreiben deiner Lösungen mit. Schreibe so:

laut lachen → das laute Lachen, ein lautes Lachen

> laut lachen, deutlich sprechen, süß träumen, schnell laufen, langsam gehen, gemeinsam erfinden, gut essen und trinken

Ein Partizip wird mit dem Verbstamm gebildet. Man unterscheidet Partizip I: z. B. schleichend und Partizip II: z. B. gestürzt bzw. gelogen.

2 Bilde aus den nachfolgenden Wörtern Wortgruppen. Die Partizipien sollten dabei zu Substantiven werden. Schreibe so:

gesprochen → etwas Gesprochenes

gesprochen, geschrieben, gehört, gelesen, abgebildet, erfunden, erzählt, gelogen	etwas, alles, viel, nichts

3 Bilde Nomen (Substantive) aus Verben und Adjektiven, z. B.:

hoffen + -ung → die Hoffnung

hoffen, erleben, richten, geschehen, besprechen, schön, höflich, krank, heiter, gesund, freundlich, eigen	-ung, -nis, -heit, -keit

+4 Schreibt Lückensätze für einen Partner. Geht so vor:
- Wählt ein Verb oder ein Adjektiv aus und bildet dazu drei Sätze, zwei mit Großschreibung, einen mit Kleinschreibung.
- Schreibt die Sätze auf. Lasst beim jeweiligen Anfangsbuchstaben eine Lücke.
- Der Partner setzt die fehlenden Groß- oder Kleinbuchstaben ein. Ihr korrigiert gemeinsam.

Wir ▮offen auf Sonne. Die ▮offnung ist groß. Das ▮offen hat endlich ein Ende.

Meldungen vom 1. April

1 Übe mit diesen Texten die Großschreibung:
- Schreibe den Text ab.
- Lies den Text aufmerksam durch, überlege, welche Wörter man großschreibt, und lasse dir den Text diktieren.
- Schreibe die Texte als Selbstdiktat.
- Schreibe Wortgruppen mit Großschreibung heraus.

Das Rad neu erfunden

Ein Automobilclub meldet aus München, Autoreifen seien künftig nicht mehr rund, sondern vieleckig. Das „eher auffällige" Ergebnis einer Studie: Die neue Reifengeneration erziele deutlich kürzere Bremswege, weil „sich bei zunehmendem Bremsdruck die etwas hervorstehenden Reifenteile wie Keile in den Asphalt krallten".

Morgengrauen

Ein privater Radiosender in Magdeburg schockte seine Hörer am Morgen mit der Meldung, die EU-Kommission habe in einer „Nacht- und Nebelaktion" die Abschaffung der Sommerzeit beschlossen. Alle Uhren müssten um eine Stunde zurückgestellt werden. Die Moderatoren sagten den ganzen Morgen die falsche Zeit an.

Knast-Mobil

Neue Strafe für Raser in Moskau: Die eiligen Fahrer sollen künftig bis zu sechs Stunden in der „Zelle" direkt am Tatort absitzen. Das meldete die Nachrichtenagentur Interfax. In beweglichen Kabinen, die direkt an den gefürchteten Straßenverkehrsposten aufgerichtet werden, sollen die Sünder eine Video-Lektion zu den Gefahren der Raserei erhalten.

Abnehmen auf heißen Socken

Für freudige Erregung sorgte ein Bericht der britischen Daily Mail über neue amerikanische Abmagerungssocken, die „Fat Socks". Diese Socken enthielten Moleküle, die bei erhöhter Körpertemperatur – Schweißfüßen – aktiviert würden und dem Blutkreislauf Fett entzögen. Socke einfach auswringen, und das Fett läuft heraus: Kann es bequemeres Abnehmen geben?

Wie schreibt man eigentlich ...?

1 Bittet jemanden aus der Klasse, euch einige dieser Wörter zu diktieren. Vergleicht anschließend:
Bei welchen Wörtern wurden viele Fehler gemacht?
Was sind die schwierigen Stellen in den Wörtern?

2 Ordnet die Wörter nach Rechtschreibschwierigkeiten und schreibt sie auf.

-h-	i (statt ie)	aa / ee / oo	v	-chs
...	...	...	...	...

3 Die Arbeit mit Wortfamilien hilft, Rechtschreibfehler zu vermeiden. Erkläre, warum dies so ist und bilde Wortfamilien zu mindestens fünf Wörtern aus der oberen Wortsammlung.

Besondere Schreibungen einprägen

Arbeitsblätter von Experten

1 Bildet Gruppen. Jede Gruppe stellt für die Klasse ein Arbeitsblatt her, mit dem sie schwierige Wörter üben kann. Bearbeitet dazu die Aufgaben 2 bis 6.

1+ GRUPPENARBEIT

2 Wählt in jeder Gruppe eine Rechtschreibschwierigkeit aus. Sucht zehn Übungswörter, die diese Schwierigkeit enthalten. Schreibt die Übungswörter mit einer Überschrift auf euer Arbeitsblatt, z. B.:

Wörter mit ⓘ statt ⓘⓔ

Bibel		Gardine	Igel	Kino
Termin	Familie	Maschine	Kilo	Tiger
Klinik		labil	Risiko	

---

3 Bildet zu jedem Übungswort einen Satz. Schreibt die Sätze als Lückensätze auf euer Arbeitsblatt.
Die anderen setzen die Übungswörter später ein.
Formuliert eine Aufgabe dafür, z. B.:

Aufgabe A: Lückensatz
Tragt die passenden Übungswörter in die Lücken ein.
1. Am Freitag sehen wir uns im ____?____ „Das Leben ist schön" an.
2. „Was bedeutet eigentlich ____?____ ?" – „Das Gegenteil von stabil."
3. Die ganze ____?____ saß beim Abendessen.
4. ...

---

4 Sucht zu jedem Übungswort eine Bedeutungserklärung. Schreibt sie auf das Arbeitsblatt.
Die anderen schreiben später die passenden Wörter zu den Erklärungen. Formuliert eine Aufgabe dafür, z. B.:

Aufgabe B: Bedeutungserklärungen
Findet die passenden Wörter zu den Erklärungen.
1. ein Vorhang am Fenster: ____?____
2. Tausend Gramm sind ein ____?____
3. Heimisches Säugetier mit Stacheln: ____?____
4. ...

---

5 Schreibt die Übungswörter mit durcheinander gewürfelten Buchstaben auf. Die anderen schreiben die Wörter später richtig auf. Formuliert eine Aufgabe dafür, z. B.:

Aufgabe C: Buchstabensalat
Welche Wörter sind hier durcheinander geraten?
Schreibt sie neben den Buchstabenmix.
1. ECHAMSIN = ___ ? ?   2. GIRET = ___ ? ?
3. GIEL = ___ ? ?   4. BILEB = ___ ? ?   5. ...

---

6 Fertigt eine Reinschrift eures Arbeitsblattes als Kopiervorlage an.

7 Wenn alle eure Aufgaben bearbeitet haben, kommt euer Test: Ihr diktiert der Klasse eure Übungswörter, sammelt ein und korrigiert. Seid ihr mit dem Ergebnis zufrieden?

Wörter merken und üben

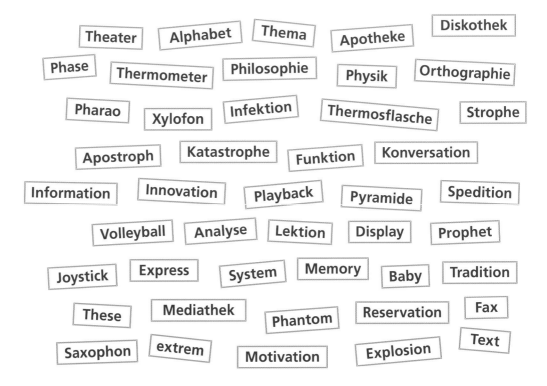

Theater · Alphabet · Thema · Apotheke · Diskothek · Phase · Thermometer · Philosophie · Physik · Orthographie · Pharao · Xylofon · Infektion · Thermosflasche · Strophe · Apostroph · Katastrophe · Funktion · Konversation · Information · Innovation · Playback · Pyramide · Spedition · Volleyball · Analyse · Lektion · Display · Prophet · Joystick · Express · System · Memory · Baby · Tradition · These · Mediathek · Phantom · Reservation · Fax · Saxophon · extrem · Motivation · Explosion · Text

1 Ordne die Wörter von Seite 182 nach Rechtschreib-schwierigkeiten.

-th-	-ph-	...	...
...	...	...	...

2 Ordne die Wörter von Seite 182 alphabetisch.

3 Partnerarbeit: Ihr sagt ein Wort mit einer besonderen Rechtschreibschwierigkeit. Euer Partner sucht es im Wörterbuch.

1+1
PARTNERARBEIT

4 Silbensalat: Setze die Wörter zusammen.

DE RA MI PY

TION IN MA FOR

TION KON SA VER

GRA OR PHIE THO

KO THEK DIS

LY A NA SE

TRO TAS KA PHE

O PHA RA

ME THER TER MO

FON LO XY

ARBEITSTECHNIK

Schwierige Schreibungen einprägen

Für das Einprägen von schwierigen Schreibungen gibt es viele Möglichkeiten:

1. Lies die Wörter mehrmals aufmerksam, schreibe sie und überprüfe die Schreibung selbst.
2. Schlage die Wörter im Wörterbuch nach.
3. Schreibe die Wörter in Schönschrift, gestalte sie.
4. Stelle Wörter mit ähnlicher Schreibung zusammen.
5. Schreibe die Wörter auf, unterstreiche oder markiere schwierige Stellen.
6. Schreibe die Wörter mit dem Finger in die Luft, auf den Tisch oder auf den Rücken des Nachbarn.
7. Lasse dir die Wörter diktieren.
8. Diktiere die Wörter selbst jemandem und korrigiere.
9. „Robotersprache": Sprich die Wörter, wie man sie schreibt (Ste-war-dess).

Termine, Termine, Termine!

Katja Hülsmann am Apparat.

Hallo Katja, hier ist Anja. Gut, dass du schon wach bist, so früh am Morgen. ... Sag mal, hast du Lust, morgen Nachmittag mit mir schwimmen zu gehen?

Eine gute Idee, aber montags kann ich nicht. Da hab ich Tischtennis-AG.

Und geht's am Dienstagabend? Da ist das Bad doch bis 20 Uhr geöffnet.

Nein, tut mir Leid, dienstags ginge eigentlich schon, aber übermorgen muss ich auf meinen kleinen Bruder aufpassen. Da gehen meine Eltern kegeln.

Und Mittwochnachmittag? Oder Donnerstag?

Tja, also mittwochnachmittags habe ich doch Eishockey und donnerstags gehe ich reiten. Und freitags ist es auch schlecht, weil ich mittags bei meiner Oma esse. Und nachmittags gehe ich zur Tanzstunde.

Dann gehen wir eben Samstag. Am Samstag hast du doch Zeit, oder?

Na ja, weißt du, morgens schlafe ich aus, nachmittags helfe ich meiner Mutter und abends gehe ich auf die Party im Jugendklub. Da war ich gestern Abend auch. Du musst unbedingt mal mitkommen.

Dann gehen wir eben jetzt gleich. Los, pack den Badeanzug ein.

Jetzt gleich? Das ist eine gute Idee. Mir ist sonntags immer so langweilig.

1 Legt in eurem Heft eine Tabelle an und tragt Zeitangaben aus dem Telefongespräch ein.
Ihr könnt auch weitere Zeitangaben ergänzen.

Info Punkt

Diese Wörter sind Adverbien. Sie werden immer kleingeschrieben.	Diese Wörter sind Nomen (Substantive). Sie werden immer großgeschrieben.
morgens	der (am) Morgen
...	...

Adverb
Wörter wie
*abends, heute, hier,
dort* nennt man
Adverbien.
Sie sind nicht veränder-
bar. Sie sind mit einer
W-Frage (Wann?,
Wo? …) zu erfragen.

2 Das Wort *MORGEN* steht in beiden Spalten der
Tabelle. Es kann zwei Bedeutungen haben. Ergänze:

> Es war an einem schönen ▧orgen im Mai. Das Wort
> MORGEN kann die ersten Stunden des Tages bedeu-
> ten. Dann ist es ein Nomen und wird ▧geschrieben.
> „Ich möchte euch ▧orgen zum Abendessen
> einladen." Das Wort MORGEN kann am nächsten
> Tag bedeuten. Dann ist es ein Adverb und wird
> ▧geschrieben.

3 Schreibe ab und ergänze die fehlenden Buchstaben.

> Heute oder ▧orgen Abend würde es mir gut passen.
> Ich jogge jeden ▧orgen.
> Heute ▧orgen wäre ich fast zu spät gekommen.
> Bitte rufen Sie uns ▧orgen während der Bürostun-
> den an.

4 Schreibt den Text mit richtiger Groß- und
Kleinschreibung ab.

> PETRA HAT IHRE FREUNDIN SVENJA GESTERN MOR-
> GEN SCHON FÜR HEUTE ABEND INS KINO EINGELA-
> DEN. DORT TREFFEN SIE SICH OFT FREITAGS. WEIL
> SVENJA DANACH ZU GABY ZUM GEBURTSTAG GEHT,
> KOMMT SIE ERST NACHTS NACH HAUSE. ABER MOR-
> GEN IST JA WOCHENENDE.

Ich weiß, dass …

> Ich hoffe, **dass** …

> … **dass** ich das lernen werde.

> Was denn?

> Wovon denn?

> Ich bin überzeugt davon, **dass** …

> … **dass** du das bald nicht mehr verwechselst.

1 Sieh dir den kleinen Dialog an. Er soll dir helfen, selbst herauszufinden, wann die Konjunktion **dass** verwendet wird. Versuche, es zu erklären.

2 Vervollständige die Sätze und schreibe sie auf.

> Ich glaube, dass … (Was denn?)
> Sie verspricht, dass … (Was denn?)
> Ich erinnere mich, dass … (Woran denn?)
> Sie gehen davon aus, dass … (Wovon denn?)
> Wir wünschen euch, dass … (Was denn?)

3 Finde selbst solche Beispiele mit folgenden Verben:

sagen, hoffen, behaupten, vermuten,
meinen, wissen, befürchten, gefallen, ahnen.

4 Führe die Sätze zu Ende und ersetze das Wort „etwas".
Schreibe so:

Es ist bewiesen, dass die Erde um die Sonne kreist.
Es ist mir klar, dass „dass" eine Konjunktion ist.

Etwas	ist bewiesen, …	Etwas	ist wichtig, …
	ist bekannt, …		ist schade, …
	ist (mir) klar, …		ist bemerkenswert, …
	ist (mir) bewusst, …		ist verständlich, …

Info-Punkt

Das Wort **dass** ist eine Konjunktion (ein Bindewort). Konjunktionen verbinden Teilsätze miteinander, z. B.:
Ich denke, wir schaffen es.
Ich denke, **dass** wir es schaffen.

Dass-Sätze sind Nebensätze. Sie sind vom Hauptsatz abhängig.

Nebensätze S. 205 f.
Konjunktionen S. 204 ff.

5 Verwandle in dass-Sätze, z. B.

Ich weiß, ein Computer kann nicht alles. → Ich weiß, dass ein Computer nicht alles kann.

> Ich weiß, ein Computer kann nicht alles.
> Aber es ist auch klar, mittlerweile ist er in vielen Bereichen unentbehrlich geworden.
> Viele Erwachsene meinen, Kinder verbringen zu viel Zeit am Bildschirm.
> Ich bin der Ansicht, diese Entwicklung ist nicht mehr aufzuhalten.
> Ich bin froh im 21. Jahrhundert zu leben.

Info-Punkt

Der dass-Satz kann auch am Anfang des Satzgefüges stehen, z. B.:
Dass es in Zukunft fast nur noch Bücher auf CD-ROM geben wird, behaupten Experten.
Experten behaupten, **dass** es in Zukunft fast nur noch Bücher auf CD-ROM geben wird.

+6 Stelle die Sätze aus Aufgabe 5 so um, dass der dass-Satz am Anfang des Satzgefüges steht.

7 Schreibe die folgende Geschichte weiter und versuche, darin möglichst oft die Konjunktion **dass** zu verwenden.

> Ich weiß, dass meine Eltern heute Abend nicht zu Hause sind. Sie haben natürlich Angst, dass irgendetwas Schreckliches passieren wird …

Info-Punkt

Das Wort **das** ist ein Artikel oder ein Pronomen und kann durch andere Wörter ersetzt werden, z. B. durch *dieses, jenes, welches.*
Die Konjunktion **dass** kann nicht durch ein anderes Wort ersetzt werden.

8 Das oder dass? Setze richtig ein.

Wohl ■ bekannteste Denk- und Geschicklichkeitsspiel, ■ je für Computer entwickelt wurde, ist ■ Spiel „Lemminge". Man hat dabei die Aufgabe, die kleinen, putzigen Wesen von ihrem Selbstmordgedanken abzubringen. Man muss sie dazu bringen, ■ sie gewisse Tätigkeiten verrichten, ■ sie zum Beispiel Treppen bauen, unterirdische Gänge buddeln oder ein Hindernis sprengen, ■ ihnen den Weg zum rettenden Ausgang versperrt. Ständig besteht die Gefahr, ■ sie abstürzen oder anderweitig zu Tode kommen. Einige Spielstufen sind derart schwer, ■ auch der geübte Spieler stundenlang nachdenken muss, bis er auf eine Lösung kommt. Da ist man froh, ■ es eine Pausentaste gibt. Hat man es geschafft, einen vorgeschriebenen Prozentsatz an Lemmingen in einer bestimmten Zeit zu retten, erreicht man den nächsten Level, der meistens schwieriger ist. ■ es von diesem witzigen Spiel schon einige Nachfolgespiele gibt, verwundert nicht.

Üben ist keine Hexerei – mit der Fehlerkartei!

Jeder macht andere Fehler. Mit einer Fehlerkartei kannst du gezielt deine Fehlerwörter bearbeiten.

Übe jeden Tag ein anderes Fach. Wenn du Wörter mittlerweile ohne Nachdenken schreiben kannst, dann brauchst du diese nur noch einmal in der Woche üben. Diese Wörter legst du am besten gesondert in ein weiteres Fach.

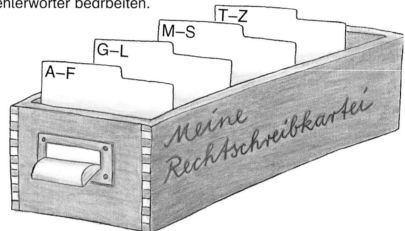

1 Besorge dir einen Karteikasten und Karteikarten. Wähle die Karten nicht zu klein. Optimal ist die Größe 14,5 x 10,5 cm.

2 Notiere auf den Kärtchen die Wörter, die du in Übungsdiktaten, in Hausaufgaben, im Aufsatz oder in anderen Fächern falsch geschrieben hast. Ergänze auf der Karteikarte jeweils die Wortart, z. B.:

dunkel (Adjektiv)

ahnen (Verb)

Maschine (Nomen)

nirgendwo (Adverb)

3 Ordne die Karteikarten alphabetisch in den Karteikasten ein.

4 Ergänze deine Wörter mit solchen Übungen, die dir helfen, den Fehler künftig zu vermeiden.

Folgende Ergänzungen bieten sich an:

- Singular/Plural bilden: Zeh – Zehen
- Adjektive steigern: karg – kärger – am kärgsten
- Wörter auf- und abbauen:
  H – He – Her – Herb – Herbs – Herbst
  Herbst – Herbs – Herb – Her – He – H
- Wörter trennen: Kut-sche
- Zu einem Substantiv das passende Verb und das passende Adjektiv finden: Gefahr – gefährden – gefährlich
- Wortfamilien bilden: nah, unnahbar – die Nähe
- Verben in die verschiedenen Zeiten setzen:
  sehen – ich sah – ich habe gesehen – ich hatte gesehen – ich werde sehen
- Erfinde selbst Übungen, die dir helfen, den Fehler künftig zu vermeiden.

> **TIPP!**
> In deiner Kartei darf kein falsches Wort stehen, also überprüfe jedes Wort mit einem Wörterbuch.

---

ahnen (Verb)

ich ahne – ich ahnte – ich habe geahnt –
ich hatte geahnt – ich werde ahnen

a   ah   ahn   ahne   ahnen
ahnen ahne ahn   ah   a

ah- nen

ahnen die Ahnung ahnungsvoll ...

Maschine (Nomen)

die Maschine, die Maschinen

Maschine Maschin Maschi Masch Masc Mas
Ma M – M Ma Mas Masc Masch Maschi Maschin
Maschine

Ma- schi- ne

Maschine maschinell Maschinenhelfer Druckmaschine
Maschinenteil Schreibmaschine Kaffeemaschine ...

---

5 Denke daran, wenn du übst, übe am besten immer auch schriftlich. Daher solltest du die Übungen von Aufgabe 4 öfter auf einem Block wiederholen oder auch mit deinen Fehlerwörtern sinnvolle Sätze bilden.

6 Wenn du möchtest, kannst du deine Fehlerkartei auch mit dem Computer aufbauen:

1. Richte dir einen Ordner mit „Fehlerkartei" als Karteinamen ein.
2. Bilde für jeden Buchstaben so genannte „Unterordner".
3. Gehe dann genauso vor, wie auf Seite 188 beschrieben ist.

KLICK

Stau-becken oder Staub-ecken?

Wenn der Computer trennt ...

Wenn der Computer die Silbentrennung durchführt, kommen manchmal lustige Trennergebnisse vor, besonders in Zeitungen, wenn die Spalten schmal sind.

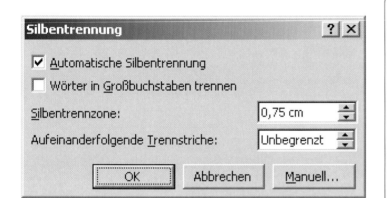

So schrieb vor einiger Zeit eine Zeitung über die Altbauer-haltung in einer großen deutschen Stadt und sprach in dem Zusammenhang von Stau-becken sowie von dem Urin-stinkt der betroffenen Anwoh-ner. In der Nähe, hieß es weiter, befände sich eine Wachs-tube der Polizei.

1 Was hat das Computerprogramm falsch gemacht?

2 Zeichne in dein Heft drei Spalten mit jeweils 5 cm, so dass drei gleich große Spalten entstehen. Schreibe die drei Texte in die Spalten. Am Zeilenende darf kein einziges Wort gequetscht geschrieben werden.

Info-Punkt

Mehrsilbige Wörter trennt man nach Sprechsilben, die sich beim langsamen Sprechen von selbst ergeben. Zusammengesetzte Wörter werden nach ihren sprachlichen Bestandteilen getrennt, z. B. *Schluss-szene, Glas-auge, Trenn-übung, See-elefant, Straußen-ei, Druck-erzeugnis.*

1 Gute Trennungen am Zeilenende tragen viel zur Lesefreundlichkeit bei. Unlogische Silbentrennungen bilden optische Stolpersteine.

2 Es gibt gemeinnützige Vereine, die Hilfe in Trennungssituationen anbieten. Die Adressen kann man bei dem zuständigen Bundesministerium erfahren.

3 Die beiden Bundesligavereine trennten sich nach 90 enttäuschenden Minuten unentschieden. Damit bleibt am Tabellenende alles beim Alten.

Trenn-ü-bun-gen

1 Wörter in Silben zu sprechen, ist nicht schwierig. Du musst das Wort, das du trennen willst, überdeutlich, in Silben getrennt, langsam und rhythmisch mitsprechen. Sprich Silbe für Silbe vor dich hin:

> Mut-ter la-chen ge-hen Las-ter O-ma sprin-gen het-zen Häh-ne müss-ten Schnup-fen spit-zen hüp-fen

2 Suche zu den Wörtern Reimwörter, die genauso getrennt werden, z. B.:

Mut-ter Kut-ter Fut-ter
la-chen ma-chen

3 Wende die nebenstehende Trennregel auf diese Wörter an:

> Strümpfe, stampfen, Erbse, Droschke, Achtung, sie kratzte, er hüpfte, örtlich, sie lechzte, er hetzte

4 Achtung! Buchstabenverbindungen wie ch, sch, ph, th und ck trennt man nicht, wenn sie für einen Laut stehen. Erweitert die Tabelle durch eigene Beispiele.

ch	sch	ph	th	ck
su-chen	na-schen	Sa-phir	Goe-the	Zu-cker
...	...	...	...	...

5 Wie trennt ihr diese Wörter? Schreibt sie in Silben getrennt auf.

> Kauderwelsch, Kuckucksei, Seeufer, beeinflussen, Quadratlatschen, Einfaltspinsel, Seeelefant, Bäckerei

Info-Punkt

Will man ein Wort an einer Stelle trennen, an der drei oder mehr Konsonanten direkt hintereinander stehen, kommt bei der Trennung der letzte Konsonant auf die nächste Zeile, z. B. schimp-fen.

Info-Punkt

Stehen Buchstabenverbindungen wie ch, sch, ph, th und ck für einen Laut, so trennt man sie nicht, z. B. su-chen, ba-cken.

Lü-cke

Gruppenbildung

Immer an die Grenzwerte

während

im   um

in

über

aus

auf

nach

Info Punkt

Wörter wie *an, auf, aus, bei, durch, gegen, in, nach, über …* sind **Präpositionen** (Verhältniswörter). Präpositionen verlangen einen bestimmten Fall.

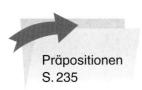

Präpositionen
S. 235

Wenn große Sportereignisse stattfinden, kocht regelmäßig die Diskussion um das Doping ▬ Sport hoch. Die stattlichen Muskelpakete der Herren erregen ebenso Misstrauen, wie die kantigen Gesichtszüge der Damen. Niemand scheint ▬ einen Verdacht erhaben. Immer wieder werden ▬ nahezu allen Mannschaften Sünder entdeckt. Sie müssen ihre Medaillen abgeben oder sich ganz ▬ dem Spitzensport verabschieden. Kenner behaupten, bei internationalen Wettkämpfen hätte keiner, der sich Hoffnung ▬ Erfolge machen kann, eine saubere Weste. Aber der Kampf ▬ diesen Missbrauch geht weiter. Bereits ▬ des Trainings und natürlich ▬ dem Wettkampf müssen sich die Athleten Dopingproben unterziehen.

1 Lies den Text so, wie er da steht, vor? Warum ist er nur schwer zu verstehen?

2 Lies den Text noch einmal und setze die Wörter am Rand so ein, dass die Sätze verständlich werden.

3 Überlege, welche Aufgaben Präpositionen (Verhältniswörter) im Satz haben.

4 Schreibe den Text ab und setze die richtigen Präpositionen (Verhältniswörter) ein.

Gruppe 1: **Nur** Dativ	Gruppe 2: **Nur** Akkusativ	Gruppe 3: Dativ oder Akkusativ	Gruppe 4: Genitiv
aus bei gegenüber mit nach seit von zu	bis durch für gegen ohne um wider	an auf hinter in neben über unter vor zwischen	außerhalb abseits statt trotz während wegen

5 Schreibe die Sätze ab und setze die passenden Wörter in der richtigen Form ein. Bilde selbst drei Sätze mit Präpositionen aus Gruppe 1.

> Die Mannschaft spielt heute nur **mit** …
> Das ist **gegenüber** … eine Veränderung.

ein Stürmer
das letzte Spiel

6 Schreibe die Sätze ab und setze die Wörter in der richtigen Form ein. Bilde selbst drei Sätze mit Präpositionen aus Gruppe 2.

> Der Jugendmeister läuft heute **gegen** …
> Die Laufstrecke der Mädchen führt **durch** …

der Vorjahresmeister
Tunnel

7 Übernimm die Tabelle in dein Heft und vervollständige die Sätze.

Info-Punkt

Wohin? – Akkusativ
Wo? – Dativ

Wohin? (Akkusativ)	Wo? (Dativ)
Sie laufen in das Stadion.	Sie laufen in dem Stadion.
Er rennt hinter das Tor.	Er rennt hinter …
Sie schwimmt an …	Sie schwimmt an dem Ufer.
Geh nicht auf … Straße!	Geh nicht auf … Straße!
Wir setzen uns …	Wir sitzen …

8 Schreibe die Sätze ab und setze die passenden Wörter in der richtigen Form ein.

> Immer wieder passieren **während** … Unfälle mit Schitouristen, die sich **abseits** … bewegen. **Trotz** … suchen sie den unberührten Schnee und ignorieren die Gefahr. Auch **wegen** … gerät der Schisport weiter in Verruf.

die Schisaison
die Pisten
viele Warnungen
diese Unverbesserlichen

Damals

1 Nennt weitere Dinge, die sich verändert haben. Was verwenden wir heute?

2 Bilde Sätze und schreibe sie in eine Tabelle.

Präteritum	Präsens
Früher spielte man mit Kreiseln.	*Heute spielt man …*

mit Kreiseln spielen – Korn dreschen – Kaffee mahlen – Schallplatten abspielen – Glückwunsch- telegramm schicken – mit der Postkutsche reisen – mit Feder und Tinte schreiben – mit einer Propeller- maschine fliegen

GRAMMATIK

3 Unterstreiche in deinen Sätzen die Verben.

Früher spielte man ... – Heute spielt man ...

4 Übertrage die Sätze von Seite 194, die im Präteritum stehen, ins Perfekt, z. B.:

Früher reiste man mit der Postkutsche.
Früher ist man mit der Postkutsche gereist.

5 Informiere dich in einem Lexikon oder im Internet über die Entwicklung der Dampflokomotive.

6 Lies den folgenden Text. Forme ihn anschließend mündlich in die Vergangenheit um. Du kannst dazu das Perfekt oder das Präteritum verwenden.

Das **Perfekt** wird mit den Hilfsverben *haben* oder *sein* (im Präsens) und dem Partizip Perfekt gebildet:
(man) hat gehört
(man) ist gereist.

GRUPPENARBEIT

Die Dampflokomotive

Die Dampflokomotive nutzt den Druck von Wasserdampf als Antriebskraft aus. Den Antrieb auf die Treibachse übernehmen mindestens zwei Arbeitszylinder. Zwei Kuppelstangen verbinden die Räder der Dampf-
5 lok mit der Treibachse. Diese Anordnung gewährleistet eine hohe Zugkraft.
Die Geschwindigkeitsregulierung während der Fahrt gelingt durch entsprechende Änderung der Zylinderfüllung. Ein Kolbenschieber steuert die Dampfzufuhr
10 zu den Arbeitszylindern. Ein Schlepptender führt Heizmaterial und Wasser mit – Tenderloks nehmen beides in entsprechenden Kästen mit.

7 Schreibt den Text ab und formt ihn dabei in die Vergangenheit um. Legt fest, wer das Perfekt und wer das Präteritum verwendet.

GRUPPENARBEIT

8 Tauscht eure Texte aus und kontrolliert, ob die Zeitformen von eurem Partner richtig eingesetzt worden sind.

Erfindungen

Das **Plusquamperfekt** verwendet man oft, wenn man über etwas berichtet, das noch vor dem geschehen ist, was man im Präteritum erzählt. Häufig beginnt der Nebensatz mit *als* oder *nachdem*.

Das **Plusquamperfekt** wird mit den Hilfsverben sein und haben (im Präteritum) und dem Partizip Perfekt gebildet:
(man) hatte entwickelt,
(man) war gefahren.

1 In diesem Satz geht es um zwei Ereignisse. Welche sind das? Was geschah zuerst?

> **Nachdem man Dieselmotoren entwickelt hatte, konnte man auch Lokomotiven mit dieser Antriebsart bauen.**

2 Forme die folgenden Satzpaare um, z. B.:

Man erfand die Neigezugtechnik.
Die Züge fuhren auch in den Kurven schneller.

Nachdem man die Neigezugtechnik erfunden hatte,
fuhren die Züge auch in den Kurven schneller.

1. Johannes Gutenberg erfand 1448 den Buchdruck. Man konnte Bücher in großer Anzahl herstellen.
2. James Watt entwickelte 1765 die Dampfmaschine. Man konnte viele andere Geräte antreiben.
3. Louis Braille schuf 1825 die Blindenschrift. Auch Blinden war es möglich, Bücher zu „lesen".
4. Alfred Nobel erfand 1863 das Dynamit. Man stellte auch neue Waffen damit her.
5. Wilhelm Conrad Röntgen entdeckte 1895 die Röntgenstrahlen. Bald darauf erfand man die ersten Anwendungen für die Medizin.
6. Professor Christiaan Barnard nahm 1967 die erste Herztransplantation beim Menschen vor. Viele herzkranke Menschen schöpften Hoffnung.
7. Amerikanische Astronauten starteten 1981 erstmals mit einer Raumfähre in den Weltraum. Man hatte endlich ein wiederverwendbares Raumschiff.
8. Ian Wilmut gelang 1996 das erste Klonen eines erwachsenen Schafes. Weltweite Diskussionen über die Gentechnik begannen.

Wie leben wir morgen?

> **Bald fahren Autos ferngesteuert.**
> **Raumschiffe werden Planeten miteinander**
> **verbinden.**

1 Welche Zeit wird in diesen Sätzen ausgedrückt?
Woran kann man das erkennen?

2 Informiert euch gegenseitig darüber, was ihr in der
nächsten Zeit alles vorhabt. Verwendet dazu entweder
das Präsens oder das Futur, z. B.:

Morgen gehe ich ins Kino.
Morgen werde ich ins Kino gehen.

3 Schreibe den Text ab und setze dabei eine passende
Zeitform ein. Manchmal sind mehrere Lösungen möglich.

> Früher ■ (spielen) die Kinder noch mit Spielsachen
> aus Holz. Nachdem man Kunststoffe ■ (erfinden),
> ■ (können) man auch Spielzeug aus diesem Werk-
> stoff herstellen, vor allen Dingen „Legosteine" und
> „Wikingautos". Diese ■ (kennen) die Kinder
> heute noch und viele ■ (besitzen) sie auch. Aber oft
> ■ (legen) sie sie zur Seite, denn Gameboys und
> andere elektronische Spielsachen ■ die Kinderzim-
> mer ■ (erobern). Erwachsene ■ (warnen) davor
> und ■ (befürchten), dass Kinder bald nur noch vor
> dem Bildschirm ■ (sitzen). Viele ■ (stellen) daher
> schon die Frage, ob die Kinder in Zukunft noch mit-
> einander ■ (herumtollen) oder nur noch Daten
> über ihren Computer ■ (austauschen). Doch nie-
> mand ■ die Entwicklung ■ (aufhalten).

4 Welche Zeitformen habt ihr eingesetzt?
Vergleicht eure Ergebnisse.

Info-Punkt

Zukünftiges kann man
mit dem **Präsens** aus-
drücken. Um ganz deut-
lich zu machen, dass
etwas Zukünftiges
gemeint ist, verwendet
man entsprechende
Adverbialbestimmungen
wie: *morgen, nächste
Woche, bald, im kom-
menden Jahr.*

Info-Punkt

Das **Futur** wird mit dem
Hilfsverb *werden* und dem
Infinitiv des Verbs gebildet:
(sie) *werden verbinden.*

Textüberarbeitung in vier Schritten

Erster Schritt: Umstellen

Info-Punkt

Satzglieder bestehen aus einem Wort oder mehreren Wörtern. Durch **Umstellen** kann man die einzelnen Satzglieder unterscheiden. Gleichzeitig lassen sich durch Umstellen Sätze verändern und Texte verbessern.

1 Lies den Anfang dieser Geschichte aufmerksam durch. Was fällt dir auf?

Eine unruhige Nacht in der Jugendherberge

Ausgerechnet Steffen musste das passieren:
Er hatte von allen Jungen die größte Klappe.
Er wachte um Mitternacht auf.
Er hatte schlecht geschlafen und ein Geräusch gehört.
5 Er schaute erschrocken zur Zimmertür.
Er hatte an der Türkante eine dunkle Gestalt gesehen.

2 Durch Umstellen der Satzglieder kann man ohne großen Aufwand aus gleichförmigen Sätzen spannendere machen.
Stelle die Sätze um, bei denen du es für nötig hältst, und schreibe die Geschichte neu.

3 Vergleicht eure Ergebnisse.

+4 So könnte die Geschichte weitergehen:

Voller Entsetzen richtete er sich in seinem Bett auf.

Info-Punkt

Das **Prädikat** kann aus zwei Teilen bestehen, z. B. aus einer gebeugten Verbform und einem anderen Wort:
*Er **richtete** sich im Bett auf.*
Die gebeugte Verbform steht im Aussagesatz immer an der 2. Stelle.

Schreibe für diesen Satz alle Umstellmöglichkeiten auf, die du finden kannst. Umrahme die Wörter oder Wortgruppen, die ein Satzglied bilden.
Wie viele Satzglieder hast du gefunden? Erinnere dich, wie diese Satzglieder heißen.

Zweiter Schritt: Ersetzen

1 Untersuche, wie sich der folgende Satz verändert.

Er	sah	an der Türkante	etwas Dunkles.
Steffen	sah	an der Türkante	etwas Dunkles.
Der Junge	sah	an der Türkante	etwas Dunkles.

2 Bilde unterschiedliche Sätze, indem du innerhalb der Satzglieder Wörter und Wortgruppen durch andere ersetzt, z.B.:

Er sah	an der Türkante	etwas Dunkles.
Er erblickte	am Eingang	einen Schatten.
Er bemerkte	in der Türöffnung	eine Gestalt.

3 Sicher kennst du noch die Fragepronomen, mit denen man die einzelnen Satzglieder erfragen und ersetzen kann. Sie helfen dir auch bei der Ersatzprobe.
Übernimm die Tabelle in dein Heft. Setze dann die richtigen Fragepronomen ein. Schreibe nun zwei weitere Sätze in die Tabelle und ersetze die Wörter und Wortgruppen der einzelnen Satzglieder durch andere.

Subjekt	Prädikat	Adverbialbestimmung	Akkusativobjekt
Wer?	?	?	?
Er	sah	an der Türkannte	eine dunkle Gestalt.
...	...	...	...

4 Bestimme bei den folgenden Sätzen die einzelnen Satzglieder und ersetze sie durch bedeutungsähnliche.

> Markus gab seinem Freund einen Schmöker.
> Langsam trat der Schatten heran.
> Anna machte ihrer Freundin ein Zeichen.
> Vor Schreck versetzte Jan seinem Vordermann einen Stoß in den Rücken.

Info-Punkt

Innerhalb einzelner Satzglieder kann man Wörter und Wortgruppen durch andere (bedeutungsähnliche) ersetzen. Das **Ersetzen** gelingt oft besser, wenn man das Satzglied durch ein Fragepronomen erfragt.
Wer oder was?
Wo?
Wen oder was?

TIPP!

Computerhinweis:
Bei einem Schreibprogramm findest du meistens unter dem Fenster Extra/Sprache die Thesaurus-Funktion. Die Wortsammlung des Computers hilft dir bei der Ersatzprobe.

5 Verändere die folgende Schülererzählung durch Ersetzen. Nach jedem Satz findest du in der Klammer eine Möglichkeit.

Der Lebensretter

Wir sind in der Wanderwoche nach Mosbach gefahren *(Unsere Klasse)*. Wir **waren gut drauf** *(fühlen)*. Jaime, Cem, Thomas, Oliver und ich **waren** in einem Zimmer *(hausen)*. Wir nahmen uns vor, **irgendetwas anzustellen,** da uns langweilig war *(Streich spielen)*. Nur was? Cem meinte: „Klettern wir
5 aus dem Fenster?" Oliver **meinte:** „So können wir die Mädchen ärgern und haben noch Spaß dabei." *(antworten)*. Es war 12.00 Uhr in der Nacht. Eigentlich war Jaime nur mit den Füßen draußen. Ich sah einen kurzen, wirklich **kurzen Moment** nicht hin *(winziger Augenblick)*. Jaime konnte sich nicht mehr halten. **Jaime** rief: „Ali, hilf mir!" *(Mein Freund)*. Ich **schnappte** seine
10 Beine mit Mühe und zog ihn hoch *(ergreifen)*. Das war kein **Schreck** für die Mädchen, sondern eher für unsere Niete Jaime *(Schock)*.

Dritter Schritt:
Erweitern mit Adverbialbestimmungen

1 Lies die Erzählung von einem Klassenausflug durch. Füge dann die zusätzlichen Adverbialbestimmungen ein und schreibe die erweiterte Geschichte auf.

Ein geheimnisvoller Knochen

Es geschah bei unserer Klassenwanderung *(vor einem Jahr)* *(am dritten Tag)*. Wir ruhten uns aus *(auf einer Lichtung)*. Ich bemerkte eine sandige Stelle mit alten Mauerresten *(am Rand)*. Ich dachte an Abenteuerfilme, in denen die Leute Gold finden *(sofort)* *(an solchen Stellen)*. Da lag ein Stock, den nahm
5 ich und fing an zu graben *(hektisch)*. Ich bemerkte etwas und rief *(neben der Mauer)* *(plötzlich)*: „Eh, Michi, siehst du, was was ich auch sehe?" „Kein Zweifel, ein Knochen!", schrie er *(aufgeregt)*. Wir waren sicher, dass das ein Dinoknochen war *(wegen der Größe)*. Unsere Lehrerin amüsierte sich, ließ uns aber graben *(köstlich)* *(weiter)*. Wir hatten einen riesigen Knochen in
10 den Händen *(nach einer halben Stunde)*. Wir wechselten uns beim Tragen ab *(später)* *(auf dem Rückweg zur Jugendherberge)*. Der Jugendherbergsleiter lachte sich halbtot und meinte, das sei ein Ochsenknochen.

2 Vergleicht eure Ergebnisse.
Welche Adverbialbestimmungen sind für das Verständnis der Geschichte notwendig, welche nicht? Entscheidet selbst, wo sie sinnvoll sind und wo nicht.

Der Gebrauch vieler Adverbialbestimmungen macht einen Text nicht immer besser.

3 Sicher erinnerst du dich an die wichtigsten Adverbialbestimmungen und an die Fragepronomen, auf die sie antworten.
Übernimm die Tabelle in dein Heft und ordne alle Adverbialbestimmungen ein, die du in dem Text „Ein geheimnsivoller Knochen" ergänzt hast.

Adverbialbestimmungen

des Ortes	der Zeit	der Art und Weise	des Grundes
Wo? Wohin? Woher?	Wann? Seit wann? Wie lange?	Wie?	Warum? Weshalb?
in meiner Nähe	früher	...	...
...	...	...	...

4 Erfinde Sätze, die so viele Adverbialbestimmungen wie möglich enthalten. Anworte dabei auf die Fragen „Wo?", „Wann?", „Wie?", „Warum?", z. B.:

Gegen 6.00 Uhr rannten wir ohne Frühstück total aufgeregt auf dem kürzesten Weg zur Waldlichtung ...

Info-Punkt

+5 Verbessere den folgenden Text und erweitere ihn mit Adverbialbestimmungen.

> Wir standen auf und gingen zum Frühstück. Patrick konnte sich nicht zurückhalten. Er saß da und aß ein Brötchen nach dem anderen. Bei fünf Leuten fehlte das zweite Brötchen. Wir mussten nachfragen, ob wir Brötchen nachbekommen könnten. Patrick musste später helfen.

Adverbialbestimmungen sind Satzglieder, mit denen genauere Angaben über den Ort, die Zeit, die Art und Weise oder den Grund gemacht werden können.

+6 Unterstreiche in deinem Text alle Adverbialbestimmungen. Ordne sie in eine Tabelle wie in Aufgabe 3 ein.

Vierter Schritt: Umformen

1 In der Erzählung „Ein geheimnisvoller Knochen"
findest du diesen Satz:

> Wegen seiner Größe hielten wir ihn für einen Dino-
> knochen.

Suche in diesem Satz die Adverbialbestimmung.
Wie muss man nach ihr fragen? Was für eine Adverbialbestimmung ist es?

Nebensätze
Seite 205 f.

2 Lies den Satz in beiden Fassungen laut vor.
Beschreibe, was sich verändert.

Wegen seiner Größe

hielten wir ihn
für einen Dinoknochen.

Weil er so groß war,

Info Punkt

Adverbialbestimmungen
können auch die Form
von Nebensätzen haben.

3 Verändere die folgenden Sätze, indem du die Adverbialbestimmungen umformst. Schreibe die Sätze dann
auf und vergiss das Komma nicht.

> – Vor lauter Aufregung vergaßen wir beim Graben
>   die Zeit.
> – Aus Langeweile berieten wir über einen Streich.
> – Steffen wachte um Mitternacht auf.
> – Wegen eines unheimlichen Geräusches stieß er
>   einen lauten Schrei aus.

Eine unruhige Nacht in der Jugendherberge

Ausgerechnet Steffen, der von allen Jungen die größte
Klappe hat, musste das passieren:
Er wachte auf. Er hatte geschlafen. Er schaute zur Tür.
Er sah einen Schatten. Er versteckte sich voller Entset-
5 zen. Der Schatten bewegte sich. Er erkannte eine men-
schenähnliche Gestalt. Er rief nach dem Klassenlehrer.
Das Licht ging an. Prustend vor Lachen setzte unsere
Klassensprecherin Sabine die Maske ab …

4 Lies das Ende der Geschichte „Eine unruhige Nacht in
der Jugendherberge".
Ergänze anschließend die Sätze mit Adverbialbestimmungen, die entweder die Form von Wortgruppen oder
die Form von Nebensätzen haben können. Entscheide
dich für die Variante, die dir am besten gefällt. Schreibe
dann deine Fassung auf.

Adverbialbestimmungen in Form von Wortgruppen
um Mitternacht – unruhig – wegen eines seltsamen Geräusches –
an der Türkante – unter der Decke – hin und her – beim genauen
Hinsehen – vor lauter Angst – nach einigen Sekunden

Adverbialbestimmungen in Form von Nebensätzen
als es Mitternacht schlug – während er sich von einer Seite auf die
andere gewälzt hatte – weil er ein seltsames Geräusch gehört
hatte – wo die Zimmertür war – indem er die Decke über den Kopf
zog – indem er von einer Zimmerseite zur anderen wechselte – als
er genau hinsah – weil er Angst hatte – nachdem ein paar Sekunden
vergangen waren

---

5 Vergleicht eure Fassungen und sprecht darüber, welche
der beiden Möglichkeiten euch jeweils besser gefällt, z.B.:

Um Mitternacht wachte er auf.
oder
Als es Mitternacht schlug, wachte er auf.

Suchen – finden – erfinden

Erfinder: Friedrich Schneider (63)

Erfinder: Iris Kloster (16)

Erfinder: Johannes Danner (12)

Erfinder: Robert Forster (14)

1 Ordnet zu und erklärt, wozu diese Erfindungen dienen.

A Baumbrandlöscher für Christbäume

B Fahrradkehrmaschine

C „Gnadenloses Bett", in dem man nicht verschlafen kann (kippt den Schläfer fünf Minuten nach dem Weckruf aus dem Bett)

D Spazierstock mit eingebautem Weidezaungenerator zur Abwehr von Kühen und freilaufenden Tieren

2 Ordne die Sätze und Wörter in einer Tabelle.
Welche Wortgruppen sind selbstständig und können als
Satz für sich allein stehen, welche nicht?

| alle ein gleich großes Stück bekommen | | an Trolleykoffern sind Rollen befestigt |

| das | | der schnelle Speiseeiskugelformer ist eine Erfindung | | der |

| die Nachbarn nicht gestört werden | | damit | | die Wartezeit in Eisdielen verkürzt wird |

| die Pizzateilmaschine teilt Pizza und Gebäck gerecht auf |

| ein Fahrradschloss hält mit akustischer Alarmanlage Diebe fern |

| so dass | | ein Schüler erfand ein Snowboard mit Motorfahrwerk |

| eine Notenumblättermaschine ist beim Musizieren sehr praktisch | | mit der |

| weil | | Fahrräder können mit einem speziellen Airbag ausgestattet werden |

| Fahrräder unbeaufsichtigt abgestellt sind | | man sie nicht immer tragen muss |

| man beide Hände für das Instrument braucht | | Schneehänge auch hinauffährt |

| mit einem Lautstärkeminderer für Trompeten kann man auch abends noch üben |

| Stürze und Unfälle viel ungefährlicher macht | | während | | wenn |

Selbstständige Sätze (Hauptsätze)	Einleitewörter	nicht selbstständige Sätze (Nebensätze)
An Trolleykoffern sind Rollen befestigt ...	... damit ...	... man sie nicht immer tragen muss

Info-Punkt

Selbstständige Sätze können für sich allein stehen. Man nennt sie **Hauptsätze**. Unselbstständige Sätze können nicht für sich allein stehen. Sie heißen **Nebensätze**.

Wörter wie *weil, wenn, so dass, während, damit* nennt man **Konjunktionen**. Sie leiten Nebensätze ein. Wörter wie *welcher, welches, welche* und *der, das, die, den, (an) dem* sind **Relativpronomen**. Auch sie leiten Nebensätze ein.

3 Verbinde jeden Hauptsatz mit einem Einleitewort
und dem passenden Nebensatz.
Schreibe die Sätze auf. Beachte: Hauptsätze und Nebensätze werden durch Kommas getrennt.

An Trolleykoffern sind Rollen befestigt, damit man sie nicht immer tragen muss.

Info-Punkt

Verbindungen aus Hauptsätzen und Nebensätzen nennt man **Satzgefüge**. Hauptsätze werden von Nebensätzen durch Kommas getrennt.

●●●●●, ■■■■■.

■■■■■, ●●●●●.

●●●, ■■■■■, ●●●.

Auch hier steht zwischen Hauptsatz und Nebensatz ein Komma:

●●●, ■■■■■, und ●●●.

●●●, ■■■■■, oder ●●●.

+4 Stellt auch die anderen Sätze aus Aufgabe 3 um. Lest laut und sprecht die Satzzeichen mit. Welche Möglichkeiten gibt es? Wie klingen die Sätze am besten?

An Trolleykoffern sind Rollen befestigt,
damit man sie nicht immer tragen muss.

Damit man sie nicht immer tragen muss,
sind an Trolleykoffern Rollen befestigt.

An Trolleykoffern sind,
damit man sie nicht immer tragen muss,
Rollen befestigt.

Erfinderclubs

1 Bilde aus diesen Sätzen Satzgefüge.

1. An vielen Orten haben sich Menschen (Die Menschen interessieren sich besonders für Erfindungen.) zu Erfinderclubs zusammengeschlossen.
2. Sie unterhalten sich über eigene und fremde Erfindungen. (weil) Sie bekommen auf diese Weise neue Ideen.
3. Oft stehen Erfinder vor Problemen (Sie können sie allein nicht lösen.) und brauchen Hilfe.
4. Im Erfinderclub können sie sich gegenseitig unterstützen. (wenn) sie kommen allein nicht weiter.
5. Die Clubs helfen auch bei der Suche nach Firmen. Die Firmen stellen die erfundenen Produkte dann her.
6. Auch Jugendliche können Mitglieder in Erfinderclubs werden. (falls) Sie interessieren sich für Erfindungen oder haben eigene Ideen.
7. Die Erfinderclubs haben unter **www.erfinderclubs.de** eine eigene Internetseite eingerichtet. (damit) Man kann sich über die Clubs und über Erfindungen informieren.

2 Du hast Satzgefüge gebildet und Hauptsätze zu Nebensätzen umformuliert. Wie hast du die Sätze dabei verändert? Ergänze:
Die Nebensätze beginnen mit einem ...wort.
Das Verb im Nebensatz wird immer an die ... Stelle im Satz geschoben.

Erfindungen verändern die Welt

1 Hier fehlen die Relativpronomen und die Verben.
Schreibe den Text ab und setze sie ein.

Carl Benz aus Mannheim erhielt im Jahr 1886 das
Patent für eine Erfindung, ▄ in der Luft gelegen ▄▄:
Der junge Ingenieur, ▄ in einer kleinen Motorenfabrik ▄▄, baute das erste Automobil. Zwar hatten
5 auch andere mit Fahrzeugen experimentiert, ▄ ohne
Pferde ▄▄. Sie verwendeten aber nur herkömmliche
schwere Kutschen, in ▄ sie einfach einen Motor ▄▄.
Benz war der erste, ▄ ein eigenes, besonders leichtes
und stabiles Fahrgestell ▄▄.
10 Sein „Patent-Motorwagen" hatte einen Motor, ▄
0,75 PS ▄▄, und erreichte damit nur eine Höchst-
geschwindigkeit von 16 km/h. Aber das reichte wegen
der ersten Geschwindigkeitsbegrenzung, ▄ das Land
Baden wenig später ▄▄, völlig: 6 km/h in den Ort-
15 schaften, 12 km/h auf den Landstraßen. „Wenn man
es mal eilig hat, kann man ja mit der Eisenbahn
fahren", meinte Benz, ▄ der Sohn eines Schmiedes
und Lokomotivführers war.

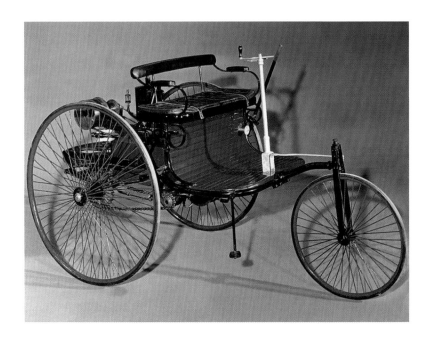

2 Lies den Text und setze die richtigen Konjunktionen ein.

Die erste Bewährungsprobe

Der Erfinder Carl Benz hatte bisher nur kurze Probefahrten in die nähere Umgebung unternommen, ▬▬▬ er 1886 das erste Patent für sein Automobil erhalten hatte. Zu einer längeren Testfahrt fehlte ihm der Mut,
5 ▬▬▬ er noch mit vielen kleinen Fehlern an seiner Erfindung rechnete. Aber seine Frau Bertha hatte mehr Vertrauen in das Fahrzeug. Sie entschloss sich zur ersten Testfahrt in der Geschichte des Autos, ▬▬▬ sich die Fachwelt von der Zuverlässigkeit des
10 Patent-Motorwagens überzeugen konnte.
An einem frühen Augustmorgen im Jahr 1886 machte sie sich mit ihren beiden Söhnen Eugen und Richard heimlich auf den Weg, ▬▬▬ ihr schlafender Mann nicht protestieren konnte. Sie wollten nach Pforz-
15 heim, ▬▬▬ dort die Eltern von Bertha Benz lebten. Ein paar Probleme gab es schon: Die Tankfüllung reichte nicht für die rund 100 Kilometer lange Strecke. Es gab noch keine Tankstellen, ▬▬▬ die Reisenden das kostbare Benzin unterwegs in einer Apotheke
20 kaufen mussten, ▬▬▬ der Tank leer war. Und ▬▬▬ die Lederbremsen bei der „rasenden" Fahrt die Berge hinunter zerfetzten, mussten sie vom Dorfschuster neu bezogen werden. Doch abends kamen die drei glücklich in Pforzheim an und auch die Rückfahrt
25 gelang. Die erste große Testfahrt war erfolgreich verlaufen, ▬▬▬ nicht einmal der Erfinder selbst daran geglaubt hatte.
Schon vor ihrer Hochzeit hatte übrigens die weitsichtige Bertha Benz die Erfindung des Autos sehr
30 gefördert, ▬▬▬ sie all ihr Geld in die kleine Motorenfabrik von Carl investiert hatte. So ermöglichte sie ihrem Mann die Entwicklungsarbeit.

3 Noch mehr Erfindungen:
Zu jeder Frage gehören zwei Antwortsätze.
Suche sie und verbinde sie zu einem einzigen Satz.

> Wie wurde das
> Mikroskop erfunden?
>
> Wie wurde der
> Blitzableiter erfunden?
>
> Wie wurde die elektrische
> Glühbirne erfunden?

- Thomas Edison baute 1879 einen Glühfaden in eine luftleer gepumpte Glasbirne ein.
- Sondern: Sie nahmen zwei hintereinander angeordnete Linsen.
- Denn: Er hatte den Einschlag eines Blitzes in einen fliegenden Drachen beobachtet.
- Der holländische Brillenmacher Hans Janssen und sein Sohn Zacharias verwendeten 1590 nicht nur eine Linse zum Vergrößern.
- Der amerikanische Naturwissenschaftler Benjamin Franklin hatte 1752 die Idee zum ersten Blitzableiter.
- Aber: Sein erster Glühfaden bestand aus verkohlter Baumwolle und nicht aus Metall.

4 Hast du auch hier die Sätze beim Verbinden verändert? Vergleiche mit Satzgefügen.

+5 Hier kann man ein Komma setzen, aber auch einen Punkt. Was meinst du, wie passt es besser?

Info-Punkt

Konjunktionen wie *sondern, aber, denn* leiten einen Hauptsatz ein. Verbindungen aus Hauptsätzen nennt man **Satzreihen**.

■■■, ■■■■■.

- Suchen Sie nicht länger nach Notlösungen. Unsere Erfinder haben immer die besseren Lösungen.

oder

> Suchen Sie nicht länger nach Notlösungen, unsere Erfinder haben immer die besseren Lösungen.

- Die Schiffsschraube wurde nach ihrer Erfindung im Jahr 1827 zunächst wenig genutzt. Die meisten Schiffe fuhren noch unter Segeln.

oder

> Die Schiffsschraube wurde nach ihrer Erfindung im Jahr 1827 zunächst wenig genutzt, die meisten Schiffe fuhren noch unter Segeln.

... niemals Fische zu jagen

Hans Hass (1972; Auszug)

Der Fischmensch erwirbt eine künstliche Lunge

Das ständige Atemanhalten und die beschränkte Tauchtiefe legten uns sehr bald den Gedanken nahe, dass es schön wäre, von der notwendigen Luftzufuhr unabhängig zu sein. Aber damals gab es noch kein geeignetes Gerät. Die Tauchaus-
5 rüstungen, die Berufstaucher trugen, waren viel zu plump. Ich wählte ein schon in U-Booten verwendetes Rettungsgerät und ließ es für unsere Zwecke umbauen. Wir waren die ersten, die solche Schwimmtauchgeräte für Forschungs- und Filmarbeit einsetzten.
10 Mein großer Tag war der 12. Juli 1942, als ich im Kanal von Euböa bei der griechischen Insel Ari Ronisi zum perfekten Fischmenschen wurde. Zunächst hatte ich nur ein Gerät, meine Kameraden mussten an der Oberfläche bleiben, während ich in einem herrlichen „Gleitflug" auf einen zerklüf-
15 teten Meeresgrund hinabschwebte. Abends schrieb ich in mein Tagebuch:

„Alles klappte wie am Schnürchen. Das Gefühl, von jeder Atemnot befreit zu sein, ist einfach überwältigend. Man schwebt so ruhig und gelassen wie ein Vogel. Ich lasse Luft
20 aus, werde schwerer, gleite abwärts. Ein Druck auf den Knopf der Sauerstoffflasche, ich werde leichter und fliege empor. Heute wurde ein amphibisches Wesen geboren, wie es das Meer noch nie gesehen hat."

Bei diesem ersten Abstieg erfüllte mich unbändige Freude.
25 Auf dem Meeresgrund, in etwa 15 Metern Tiefe, legte ich mich genussvoll auf den Rücken und träumte hinauf zum Wellenhimmel, an dem sich die Silhouetten meiner dort oben schwimmenden Kameraden abzeichneten. Ich gehörte nicht mehr zu ihnen. Fische kamen näher und beäugten
30 mich. Zu ihnen gehörte ich nun.

Dann schwamm ich an einem Abhang tiefer, betrachtete in aller Gemütsruhe einen Zackenbarsch, der mich ebenso interessiert ansah wie ich ihn. Bei dieser Begegnung legte ich das Gelübde ab, niemals mit dem Tauchgerät Fische zu jagen.
35 Ich habe es später manchmal gebrochen, wenn wir für den Kochtopf dringend Fische benötigten, aber auch dann mit schlechtem Gewissen.

Hans Hass (1972; Auszug)

Der moderne Unterwassersport und seine Auswirkungen

Die ungeheure Verbreitung des Sporttauchens hat leider auch üble Auswirkungen. Mit den modernen Schussharpunen ist die Unterwasserjagd zu leicht geworden, an vielen Küsten wurden die Fische nahezu ausgerottet.

5 Wir leben heute noch in der altüberlieferten Auffassung, die Welt sei für den Menschen da, Tiere und Pflanzen seien geschaffen, damit wir uns ernähren und ihrer erfreuen können. Nach allem, was wir heute wissen, ist dieser Standpunkt nicht mehr haltbar. Wir Menschen sind Teil der Lebensent-

10 wicklung, Tiere und Pflanzen sind unsere Verwandten.

1 Wie taucht man, welche Ausrüstung wird dazu benötigt? Überlege.

2 Ergänze die unten stehenden Nebensätze zu einem vollständigen Satzgefüge.

1. Was für eine Tauchausrüstung wünschten sich Hans Hass und seine Mitarbeiter?
2. Wozu wollten sie diese Tauchausrüstung entwickeln?
3. Welcher Tag war ein besonderer Tag in der Geschichte des Sporttauchens?
4. Warum nahm Hass sich vor, beim Tauchen niemals zu jagen?

> … weil ihn die Begegnung mit den Fischen besonders berührte …

> … die sie von der Luftzufuhr unabhängig machte …

> … an welchem Hans Hass im griechischen Mittelmeer zum „Fischmenschen" wurde …

> … damit sie unter Wasser forschen und filmen konnten …

3 Die Erfindung der Pressluftflasche und des Lungenautomaten bietet faszinierende Möglichkeiten, sie birgt aber auch Gefahren. Was erfährt man im Text darüber?

+4 Diskutiert über positive und negative Folgen auch bei anderen Erfindungen. Denkt zum Beispiel an das Auto, an das Flugzeug oder an das Dynamit.

Was der Computer noch nicht kann

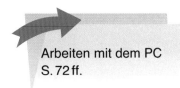

Arbeiten mit dem PC
S. 72 ff.

Info Punkt

Aufzählungen werden durch Kommas getrennt; „und" und „oder" ersetzen das Komma.

Habt ihr in diesem Schuljahr auch schon einmal Texte mit dem Computer geschrieben eure Erfahrungen werden sehr unterschiedlich gewesen sein zunächst ist das Schreiben mit der Tastatur sicher für viele sehr
5 mühselig damit muss sich jeder abfinden die Vorteile eines solchen Programms zeigen sich aber erst bei den weiteren Schritten der Texterstellung nicht umsonst ist der Fachausdruck dafür Textverarbeitungsprogramm was bedeutet das zunächst einmal kann man
10 das Geschriebene löschen überschreiben umformulieren und neue Textstellen einfügen das geht ohne Durchstreichen Radieren oder Neuschreiben natürlich muss man die Befehle kennen darüber hinaus können alle Programme Textstellen hevorheben unter
15 streichen oder in verschiedenen Farben darstellen auch Kursivschrift Fettdruck und eine Vielzahl von Schriftarten kann man verwenden und auf dem Bildschirm erscheinen lassen anschließend kann man den fertigen Text beliebig oft verändern und
20 ausdrucken probiert es aus aber das Wichtigste für viele Schüler ist bis jetzt noch nicht erwähnt worden was meint ihr alle Textverarbeitungsprogramme können zusätzlich die Rechtschreibung prüfen nur eins können sie nicht weißt du es

PARTNERARBEIT

1 Lies den Text durch. Warum fällt dir das Lesen schwer? Helft euch gegenseitig, achtet auf die richtige Betonung und klopft bei jedem fehlenden Satzzeichen auf den Tisch.

2 Schreibe den Text ab und füge die Satzzeichen ein:
- ein Komma bei Aufzählungen (6-mal),
- einen Punkt am Ende eines Aussagesatzes (10-mal),
- ein Fragezeichen am Ende eines Fragesatzes (4-mal),
- ein Ausrufezeichen am Ende eines Ausrufes, einer Aufforderung, eines Wunsches (4-mal).

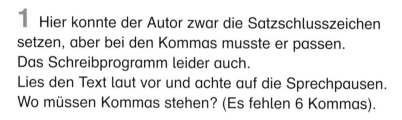

Wenn ihr einen Text mit einem Schreibprogramm erstellt solltet ihr die wichtigsten Symbolleisten verwenden. Symbolleisten haben alle modernen Textverarbeitungsprogramme weil sie die Erstellung und
5 Bearbeitung der Texte spürbar erleichtern. Häufig benötigte Befehle die für die Textverarbeitung unverzichtbar sind können ohne Umweg direkt aufgerufen werden. Damit man die Befehle schneller ausführen kann sind diese bildlich in kleinen Fenstern dargestellt
10 die man nur noch mit der Maus anklicken muss.

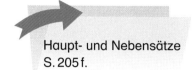
Haupt- und Nebensätze
S. 205 f.

1 Hier konnte der Autor zwar die Satzschlusszeichen setzen, aber bei den Kommas musste er passen.
Das Schreibprogramm leider auch.
Lies den Text laut vor und achte auf die Sprechpausen.
Wo müssen Kommas stehen? (Es fehlen 6 Kommas).

2 Suche in dem Text nach den Konjunktionen und Relativpronomen, die die Nebensätze einleiten. Es sind 3 Konjunktionen und 2 Relativpronomen. Schreibe den Text mit allen Kommas richtig auf.

Info-Punkt

Wörter wie *weil, wenn, so dass, während, damit* nennt man **Konjunktionen**. Sie leiten Nebensätze ein.
Wörter wie *welcher, welches, welche und der, das, die, den, (an) dem* sind **Relativpronomen**. Auch sie leiten Nebensätze ein.

Hauptsätze werden von Nebensätzen durch Kommas getrennt.

HS   NS
●●●●●, ■■■■■.
■■■■■, ●●●●●.
●●●●, ■■■■, ●●●.

✚3 Kennst du diese Schaltflächen?
Schreibe die Erklärungen ab und ergänze die passenden Einleitewörter (Konjunktionen oder Relativpronomen):
die, damit, das, wenn, dass, wenn.
Setze die Kommas. Insgesamt sind es 8.

 Diese Schaltfläche benutzt man … man die Zeilen am linken Seitenrand ausrichten will.

 … eine Textstelle ausgeschnitten und gespeichert werden soll wird die Schaltfläche … eine Schere symbolisiert angeklickt.

 Das schräge K auf dieser Schaltfläche bedeutet … man den Text leicht nach rechts geneigt schreiben kann.

 Dieses Symbol … „kopieren" bedeutet sollte man verwenden … der Originaltext noch erhalten bleibt.

Eine Frage der Perspektive

Erich Scheuermann

Papalangi (Auszug)

Häuptling Tuiavii lebte vor etwa 100 Jahren. Seine Heimat war die Südseeinsel Tiavea. Tiavea gehört zu der Inselgruppe Samoa im Pazifischen Ozean. Nach einer Reise ins ferne Europa berichtete er seinen staunenden Freunden am Lagerfeuer, was er gesehen und erlebt hatte:

„Eigentlich ist der Papalagi ja ein Mensch wie wir alle. Aber er hat doch ein paar ganz eigenartige Angewohnheiten: Dazu gehört die Sitte des Fleischbedeckens: Stets, auch bei größter Hitze, wickelt er sich in Lendentücher. So erreicht kein Sonnenstrahl seine Haut, die oft milchbleich und ungesund
5 aussieht. Sogar die Füße stecken in Fußhäuten aus festem Tierfell, die wie Kanus geformt sind. Auch ich musste diese Fußschiffe tragen, an beiden Füßen, und ihr glaubt nicht, welche Qualen sie den eingezwängten Zehen bereiten.
Will man einem Papalagi in sein Heim folgen, so gelangt man in große Steintruhen. Am Einschlupfloch muss man einen großen Holzflügel öff-
10 nen. Dahinter findet man dann viele kleine Steintruhen. In einer liegen die Schlafrollen, eine dient als Kochhaus, eine andere als Badehaus usw. Diese kleinen Truhen haben meist Lichtlöcher, durch die man auch frische Luft hereinlassen kann. Das ist auch dringend nötig, nicht nur, wenn sie dort ihre Rauchrollen verbrennen.
15 Wenn man an einen anderen Ort gelangen will, braucht man sich nicht besonders anzustrengen: Man benutzt eins der wurmdünnen und langen Landschiffe, die auf langen Eisenfäden dahingleiten, schneller als ein Zwölf-sitzerboot in voller Fahrt.
Ja, große Dinge hat der Papalagi geschaffen, sogar am Himmel gleitet er
20 dahin wie ein Adler, doch eins hat er nicht: Zeit. Immer wieder blickt er auf die kleine Zeitmaschine, die er am Arm trägt, und eilt weiter …"

> **Der Papalagi:** [sprich: Papalangi] – das ist der Weiße, der Fremde. Wörtlich übersetzt heißt das Wort „der Himmelsdurchbrecher". Der erste weiße Missionar, der auf Samoa landete, kam nämlich in einem Segelboot. Die Bewohner der Insel hielten das weiße Segel aus der Ferne aber für ein Loch im Himmel, durch das der Weiße zu ihnen kam. – Er durchbrach den Himmel!

1 Was fällt euch an dem Text auf?

2 Gib den Inhalt des Textes mit eigenen Worten wieder.

Wörter zusammensetzen

1 Was meint der Häuptling in dem Text auf Seite 214 mit „Steintruhen", „Fußschiffen" und „Zeitmaschinen"? Suche noch mehr solcher auffälligen Ausdrücke und erkläre sie.

2 Suche aus dem Text die Wörter heraus, die Tuiavii für die abgebildeten Dinge verwendet.
Wie sind diese Wörter gebildet worden?
Übertrage die Tabelle mit den Lösungen in dein Heft.

🏠	die Steintruhe	der Stein	+	die Truhe
👟	das Fußschiff	...	+	...
🧥	das Fleischbedecken	...	+	...
	...	die Lenden	+	...
	...	die Milch	+	...
🚄	...	...	+	die Schiffe
	...	...	+	...
🛏	...	...	+	...
⌚	...	...	+	...
🏝	die Südseeinsel	der Süden	+	...
			+	...
...	...	...	+	...

3 Warum benutzt Tuiavii wohl diese ungewöhnlichen Wörter? Wie hat er die Wörter gefunden? Werden ihn seine Zuhörer verstehen?

4 Trage auch diese Wörter in die Tabelle ein. Überlege, wie sie entstanden sind.

Straßenbahn   dunkelrot   eiskalt

Briefkasten   Schwimmbad   Bushaltestelle

schlafwandeln

Glühbirne

hellgrün   tropfnass   Frühstückspause

1 + :·:
GRUPPENARBEIT

5 Sucht selbst zusammengesetzte Wörter. Jede Gruppe wählt sich ein Zimmer aus (Wohnzimmer, Küche …) und sucht zusammengesetzte Bezeichnungen für Dinge, die es dort gibt.
Welche Gruppe findet die meisten zusammengesetzten Wörter?

6 Schreibt alle Wörter, die ihr gefunden habt, an die Tafel. Lasst euch Wörter, die ihr nicht kennt, erklären.

Taschenbuch –
Bücher**tasche**

Pfandflasche –
Flaschen**pfand**

Honigbiene –
Bienen**honig**

Glasfenster –
Fenster**glas**

Taschengeld –
Geld**tasche**

7 Kleider**schrank**, Küchen**schrank** – **Schrank**tür, **Schrank**wand:
Mal steht dasselbe Wort **Schrank** an erster Stelle im Wort, mal an zweiter. Gibt es auch bei den Wörtern an der Tafel solche Beispiele? Unterstreicht.

✚8 Was bedeuten diese Wörter? Erklärt so:

Ein Taschenbuch war ursprünglich ein kleineres Buch, das man in die Tasche stecken konnte.
Eine Büchertasche ist eine Tasche …
Eine Pfandflasche ist eine Flasche, für die man …

Erklärt die Wortpaare, die ihr an der Tafel unterstrichen habt, auch auf diese Weise.

9 Das erste Wort bestimmt den Gegenstand näher. Das zweite Wort sagt aus, um welchen Gegenstand es überhaupt geht (Grundbedeutung).
Setze in diese Wortbildungsformel die Ausdrücke „Grundwort" und „Bestimmungswort" ein.

> **Zusammensetzung = …wort + …wort**

Sprach- Taschen- Spar- Bilder-	buch
Leder- Bücher- Hand- Schul-	tasche

Überprüft die Formel auch an den Wörtern, die ihr in Aufgabe 6 an die Tafel geschrieben habt.

10 Können einige von euch noch eine andere Sprache? Bittet sie, ein paar von euren Zusammensetzungen in ihre Muttersprache zu übersetzen. Gilt die Formel in Aufgabe 9 auch für diese Sprache?

Info-Punkt

Zusammensetzung:
Zwei Wörter werden zusammengefügt.
Ein neues Wort entsteht.

Mit fremden Augen gesehen

1 Die Geschichte von Tuiavii wird in dem Buch „Der Papalagi" von Erich Scheuermann erzählt. Scheuermann hatte 1914 eine Reise zur Inselgruppe Samoa in der Südsee unternommen, zu der auch Tiavea gehört. Nach der Rückkehr veröffentlichte er sein Buch.
Was glaubt ihr, was fanden die Leser damals besonders interessant an diesem Buch?

2 Versuche, die Gegenwart einmal mit Häuptling Tuiaviis Augen zu sehen. Vieles, was uns selbstverständlich ist, kennt er nicht: einen Fernsehabend, einen Einkauf im Supermarkt, einen Besuch in der Disko, die Bedienung von Geld- und Fahrkartenautomaten, elektrische Küchengeräte, Computerspiele …
Stelle dir vor, Tuiavii käme heute zu uns. Wie würde er solche Dinge wohl nennen? Stelle eine Liste zusammen.

> *Telefonhörer – Sprech-*
> *knochen*
> *Bildschirm – …*
> *… – …*

+3 Stelle dir vor, Tuiavii besucht eine moderne Wohnung, eine Schule oder ein Kaufhaus. Schreibe auf, was er danach erzählen würde.

Ordnung macht den Meister

Für Aufsatzformen, wie z.B. Vorgangsbeschreibungen und Berichte, musst du genau recherchieren. Das Bilden von Ober- und Unterbegriffen ist ein bewährtes Hilfsmittel.

1 Welche Bilder und Worte kannst du unter einem Oberbegriff zusammenfügen? Wie heißt der passende Oberbegriff?

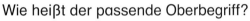

Kurzgeschichte

Gemüseeintopf

See

Türschloss

Fee

Praline

Banane

Comic

Kalender

Stuhl

Basketball

Tonne

Haus

Arzneimittel

Schloss Neuschwanstein

Tafel

Maler

2 Übertrage das Schema in dein Heft und vervollständige es. Welche Wörter kannst du ergänzen?

???			
Säugetiere	???	Vögel	???
Hund	Hecht	Amsel	Fliege
???	???	???	???

3 Hier fehlen die Oberbegriffe. Kannst du sie ergänzen?

???	Mixer, Toaster Mikrowelle
???	Teller, Tasse, Untertasse
???	Löffel, Gabel, Messer
???	Mehl, Zucker, Butter
???	Erbsen, Karotten, Blumenkohl
???	Äpfel, Birnen, Bananen

4 Finde zusammen mit deinem Partner zu den folgenden Oberbegriffen Unterbegriffe. Suche dann mindestens zwei weitere Oberbegriffe zum Thema „Schifahren".

1+1
PARTNERARBEIT

Schiausrüstung: ???????
Schikleidung: ???????

5 Suche fünf Sportarten und finde zu jeder Sportart mindestens drei Unterbegriffe. Kannst du den Sportarten nochmals einem Oberbegriff zuordnen? Was fällt dir auf?

6 Stelle dir vor, du müsstest im Rahmen eines Kurzreferats deine Mitschüler über deinen Traumberuf informieren. Übertrage und ergänze das folgende Schema in dein Heft. Überlege dir auch, ob die Anordnung im Kreis sinnvoll ist oder ob du nicht eher eine andere Aufteilung wählen möchtest.

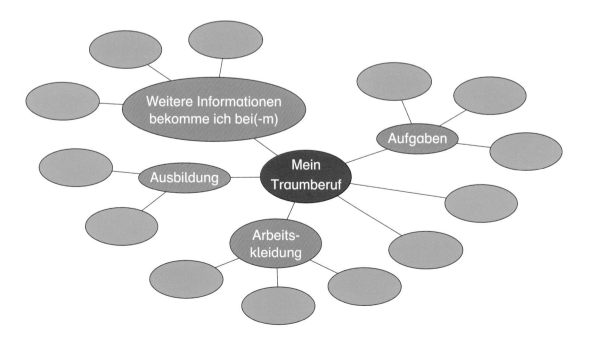

Frühling, Sommer, Herbst und Winter

Info-Punkt

Wörter mit ähnlicher Bedeutung oder mit einem gemeinsamen Merkmal bilden ein Wortfeld (gleiche Wortart), z. B.: Wortfeld „Tiere": Maus, Känguru, Pferd usw.

1 Schaue dir die Fotos genau an und überlege dir Nomen, die zu den Abbildungen passen:
Schreibe sie in dein Heft, z. B.:

Frühling	Sommer
Maiglöckchen	Sonne

Herbst	Winter
Nebel	Schnee

2 Suche möglichst viele bedeutungsähnliche Verben zu den Wortfeldern „sagen" und „gehen", die in den unten stehenden Satz passen.

Der Naturführer sagte den Schülern, wie es vor 50 Jahren aussah.

Die Klasse ging den Naturlehrpfad entlang.

3 Auch Adjektive kann man mit Hilfe der Wortfeldarbeit einfach austauschen. Übertrage den nachfolgenden Satz in dein Heft und gestalte ihn mit möglichst vielen bedeutungsähnlichen Adjektiven lebendig.

Das ist ein schöner Platz für ein Picknick.

4 Setzt in das nachfolgende Gedicht für die farbigen Wörter bedeutungsähnliche ein. Wie verändert sich das Gedicht? Tragt eure Werke der Klasse vor.

Die Arbeit mit einem Wortfeld bietet sich auch an, wenn du deinen Aufsatz ein wenig „aufmotzen" willst, anstatt immer wieder Allerweltsverben wie z. B. „sagen" zu verwenden, hilft die Wortfeldarbeit dabei, neue Verben zu finden.

1+1
PARTNERARBEIT

Karl Krolow
Kurzes Unwetter

Die Wolkenpferde
Ins Licht sich stürzen.
Es qualmt die Erde
Von starken Würzen.

5 Die schweren Leiber
den Himmel fegen.
Sturm ist ihr Treiber,
schlägt Staub und Regen

aufs schwarze Wasser.
10 Die Gräser sausen.
Die Beerenprasser
Befällt ein Grausen.

Ahorne biegen
Sich in den Lüften.
15 Wildblumen fliegen
Mit fremden Düften.

Es fahren Flammen
Verzückt im Strauche.
Weg stürzt zusammen.
20 Mit gelbem Bauche

Drehn sich die Blätter
Wie angesogen. –
Schon ist das Wetter
Vorbeigezogen.

Nur nicht den Kopf verlieren

1 In dem Bild sind 10 Redensarten versteckt. Welche kennt ihr?

2 Ordne die folgenden Redensarten den passenden Erklärungen zu und schreibe so:

die Flinte ins Korn werfen = schnell den Mut verlieren, vor Problemen kapitulieren

- sich die Rosinen aus dem Kuchen picken
- für jemanden die Hand ins Feuer legen
- jemandem auf der Nase herumtanzen
- sich etwas hinter die Ohren schreiben

- sich das Beste nehmen
- sich etwas gut merken
- jemandem trauen, für ihn garantieren
- keinen Respekt haben; machen, was man will

3 Erklärt auch die anderen Redensarten, die ihr gefunden habt.

4 In welchen Situationen wird einem geraten „nur nicht den Kopf zu verlieren"? Sucht Beispiele und überlegt euch auch zu anderen Redensarten passende Situationen.

+5 Sucht euch eine Redensart aus und stellt sie pantomimisch dar. Ihr könnt dazu auch Requisiten verwenden.
Lasst eure Mitschüler die Redensart erraten und lasst sie erklären, in welchen Situationen man sie verwendet.

GRUPPENARBEIT

- jemandem den Kopf verdrehen
- jemanden auf den Händen tragen
- jemanden um den kleinen Finger wickeln
- jemandem einen Korb geben
- jemanden in die Pfanne hauen
- jemandem den Vogel zeigen
- eine lange Leitung haben
- den Teufel an die Wand malen
- aus dem letzten Loch pfeifen

Das geht auf keine Kuhhaut

1 In Redensarten kommen oft Tiere vor. Hier einige Beispiele. Vervollständigt die Sätze.

Kauft man etwas, ohne es vorher gesehen zu haben, so „kauft man die .?. im .?.“

Nimmt man etwas nicht so genau, so sagt man: „Nachts sind alle .?. .?.“

Und wenn eine Strecke zwischen zwei Orten sehr kurz ist, so „ist das nur ein .?.“

Wenn man nach einer Party, auf der man sehr viel getrunken hat, morgens mit Kopfschmerzen und Übelkeit aufwacht, dann „hat man einen .?.“

Und „Das ist für die Katz“ sagt man, wenn .?.

Ist etwas lächerlich, so sagt man: „Da lachen ja die .?.“

Kümmert eine Angelegenheit keinen Menschen oder ist sie veraltet, so „kräht kein .?. .?.“

Wenn man einen alten Streit mit jemanden hat und eine Aussprache noch bevorsteht, so „hat man mit ihm noch ein .?. zu rupfen“.

Und der „Hahn im Korb“ ist .?.

Hat jemand eine gesellschaftlich gute Position und viel Geld erworben, dann „hat er seine .?. ins Trockene gebracht“.

Einen Menschen der harmlos aussieht, der in Wirklichkeit aber gefährlich ist, nennt man „einen Wolf im .?.“

Und das „schwarze Schaf“ in einer Familie ist .?.

2 Welche Redensarten sind hier bildlich dargestellt?
Suche die Lösungen in dem Kasten.
Was bedeuten diese Redensarten? Nennt jeweils einen
Zusammenhang, in dem man diese Redensart verwendet,
z. B.:

*Hat man einen Freund, dem man voll vertrauen kann und mit
dem man alles wagen kann, so sagt man:*
„Mit ihm kann man Pferde stehlen."

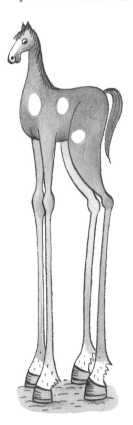

Pferde stehlen

keine zehn Pferde

hohes Ross

Wolf im Schafspelz

Nachteule

Rehaugen

schwarzes Schaf

der Hase im Pfeffer

Angsthase

Mäuschen spielen

fuchsteufelswild

Frosch im Hals

Rohrspatz

3 Auch in Sprichwörtern kommen oft Tiere vor. Stelle
die Sprichwörter richtig und versuche, sie zu erklären.

- Besser einen Elefant in der Hand als eine Taube
  auf dem Dach.
- Er benimmt sich wie eine Laus im Porzellanladen.
- Da hat er sich einen Spatz in den Pelz gesetzt.
- Ein blindes Huhn macht noch keinen Sommer.
- Eine Schwalbe findet auch einmal ein Korn.

Jemandem etwas durch die Blume sagen

1 Ersetze die Aussagen durch Redewendungen, z. B.:

Er ist entsetzt. = Ihm sträuben sich die Haare.

Trübsal blasen

etwas auf die leichte
Schulter nehmen

Dreck am Stecken haben

Aus dem Häuschen sein

- Er ist entsetzt.
- Den Rat hat er angenommen und befolgt ihn.
- Er hat etwas Unrechtes getan.
- Sie dreht sich um und beachtet ihn nicht.
- Sie freuen sich übermäßig.
- Sie verkriecht sich in ihrem Zimmer und ist traurig.
- Er nimmt das Ganze nicht ernst.
- Sie sind beide verliebt.

**jemandem sträuben
sich die Haare**

Schmetterlinge im
Bauch haben

sich etwas
zu Herzen nehmen

**jemandem die kalte
Schulter zeigen**

+2 Redensarten aus anderen Sprachen sind oft nur schwer zu verstehen, besonders wenn man sie wörtlich übersetzt. So regnet es z. B. in England nicht wie bei uns „Bindfäden", sondern „cats and dogs". Überlegt, was diese englischen Redensarten bedeuten könnten. Gibt es bei uns ähnliche Redensarten.

- They are as like as two peas in a pod.
- He got out of bed on the wrong side.
- She makes a mountain out of a molehill.

Das dicke Ende kommt noch

1 Lies die folgenden Texte über die Herkunft einiger
Redensarten. Klärt gemeinsam Wörter, die ihr nicht kennt.
Um welche Redensarten handelt es sich?

1. Im erzgebirgischen Bauernhaus stand an der Wand zwischen Tür und
Ofen ein Fettnäpfchen, aus dem die nassen Stiefel, die der Heimkeh-
rende auszog, sogleich geschmiert wurden; der Unwille der Hausfrau
traf denjenigen, der durch einen täppischen Tritt das Fettnäpfchen
umkippte und so Fettflecke auf der Diele verursachte.

2. Nach der Kleiderordnung des Mittelalters war für jeden Stand auch
die Farbe des Kleiderstoffes festgelegt. Die für Bauern und Handwerker bestimmte Kleiderfarbe war Grau, daneben auch Braun. Für den
Sonn- und Feiertag stand die Farbe Blau. Wenn die Handwerker am
Montag nicht arbeiteten und stattdessen den blauen Feiertagsrock
anzogen, sprachen sie vom „blauen Montag".

3. Diese Redewendung bezieht sich auf mittelalterliche Feuerurteile, bei
denen der Angeklagte, um seine Unschuld zu beweisen, seine Hand
eine Weile ins Feuer halten musste. Erlitt er keine Verbrennungen, so
galt er als unschuldig.

2 Hier ist wohl etwas falsch gelaufen. Berichtige.

> – Hallo mein Freund! Wie steh'n die Akazien?
> – Sie sieht wirklich gut aus. Sie ist schlank wie eine
>   Tonne.
> – Und dann ist er aus der Falle gerollt. Man musste
>   sich richtig schämen.

+3 Schaut in Nachschlagewerken nach und erklärt die
Herkunft und Bedeutung folgender Redensarten:

> – Das dicke Ende kommt noch.
> – Das geht auf keine Kuhhaut.
> – Das ist das Zünglein an der Waage.

Es gibt Lexika,
in denen
sprichwörtliche
Redensarten
erklärt werden.

Rundstück, Semmel, Schrippe

Info-Punkt

Mundart (auch Dialekt) ist die regional verwendete Sprachform, die meist nur gesprochen wird. Den verschiedenen Mundarten steht eine **Hochsprache** (Schriftsprache) gegenüber.

1 Wie nennt man in eurer Region Brötchen? Findet ihr das Wort auf der Karte oder müsstet ihr es ergänzen?

2 Wie sagt man bei euch dazu? Kennt ihr dafür auch Wörter aus anderen Gegenden?

3 Ordne die folgenden Bezeichnungen den Abbildungen von Aufgabe 2 richtig zu.

Schlachter   Erdapfel   Ohrfeige   Streichholz

Backpfeife   Dachtel   Fleischer   (Maul)schelle

Kartoffel   Zündhölzl   Fleischhacker   Metzger

Fixfeuer   Backs   Watsche(n)   Tüffel   Knallschote

4 Kennt ihr solche Situationen? Erklärt.

5 Untersucht eure Mundart. Sammelt möglichst viele Wörter, auch solche, die nicht mehr jeder kennt. Legt eine Liste solcher Wörter an. Besprecht aber zunächst:

GRUPPENARBEIT

- Wen könnt ihr befragen?
- Welche Personen in eurem Umkreis kennen sich noch gut in der Mundart aus?
- Wonach könnt ihr fragen, z. B.: Werkzeuge, Küchengeräte, Berufe, Speisen …?

+6 Übersetzt in eure Mundart:

> Der April macht weiter, was er will: Regen, Gewitter und Sonne wechseln sich ab. Wind aus wechselnden Richtungen. Höchst-/Tiefsttemperaturen: +12°/+3°.

Ihr könnt auch einen anderen Text übersetzen, z. B. einen Text aus einer Modezeitschrift, eine Gebrauchsanleitung oder einen Abschnitt aus einem Schulbuch. Stellt eure Übersetzung in der Klasse vor.

7 In welchen Situationen sprecht oder hört ihr eher Mundart, in welchen eher Hochsprache?

8 Gibt es in eurer Region manchmal typische Rechtschreibfehler, die mit der Mundart zu tun haben? Notiert ein paar Fehlerbeispiele an der Tafel und erklärt.

Wörter unterwegs

a (port.) – die
ans (frz.) – Jahre
beurre (frz.) – Butter
black (engl.) – schwarz
centro (span.) – Zentrum
ciudad (span.) – Stadt
comme (frz.) – wie, als
costa (port.) – Küste
da (port.) – von der
dans (frz.) – in
de (frz.) – von
de (span.) – von
du (frz.) – der
é (port.) – ist
el (span.) – der
en (span.) – in
espectacular (port.) – atemberaubend
forest (engl.) – Wald
hermana (span.) – Schwester
I (engl.) – ich
la (frz.) – die
la (span.) – die
les (frz.) – die
mangeait (frz.) – aß
margarine (frz.) – Margarine
mi (span.) – mein
my (engl.) – mein
on (engl.) – auf, bei
on (frz.) – man
quarante (frz.) – vierzig
realmente (port.) – wirklich
school exchange (engl.) – Schüleraustausch
to (engl.) – nach
tried (engl.) – probierte aus
trip (engl.) – Reise

Hin ...

Dans les ans quarante, on mangeait
de la margarine comme ersatz du beurre.

El kindergarten de mi hermana está
en el centro de la ciudad.

On my school exchange trip
to the Black Forest I tried sauerkraut.

A hinterlândia da costa é realmente espectacular.

1 Aus welchen Sprachen kommen diese Sätze?

2 Übersetze die Sätze. Du kannst die Wörterliste als Hilfe benutzen.

3 Ein Wort aus jedem Satz fehlt in der Wörterliste. Welche vier Wörter sind dies?
Warum brauchen sie nicht aufgenommen zu werden?

4 Überlegt, welche Wörter ihr im Deutschen kennt, die aus anderen Sprachen gekommen sind.

5 Überlegt: Welche Gründe könnte es dafür geben, dass Sprachen fremde Wörter aufnehmen?

... und her

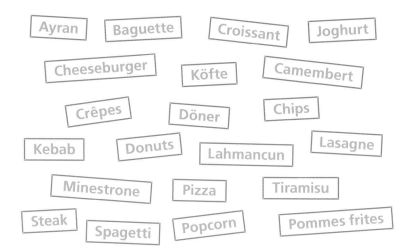

Ayran · Baguette · Croissant · Joghurt · Cheeseburger · Köfte · Camembert · Crêpes · Döner · Chips · Kebab · Donuts · Lahmancun · Lasagne · Minestrone · Pizza · Tiramisu · Steak · Spagetti · Popcorn · Pommes frites

1 Pommes frites kennt ihr alle. Aber wie würdet ihr erklären, was das ist, wenn ihr jemanden treffen würdet, der noch nie welche gesehen und gegessen hat?

Pommes frites sind in Streifen geschnittene ...
Sie werden in ... gebraten.

Erklärt auf diese Weise auch die anderen Wörter.

2 Die Wörter kommen aus verschiedenen Sprachen. Legt eine Tabelle an und ordnet sie ein.

3 Aus welchen Sprachen kommen die folgenden Wörter? Schlagt in einem Herkunftswörterbuch nach.

> Alkohol, Apfelsine, Bank, Fenster, Hängematte, Kaffee, Kajak, Kilometer, Kiosk, Mais, Mathematik, Orkan, Schi, Schokolade, Schaschlik, Tomate

4 Zeichnet eine große Weltkarte auf ein Plakat oder an die Tafel. Tragt die Herkunft der Wörter und ihren Weg ins Deutsche ein.

TIPP!

Wenn Wörter dabei sind, die niemand von euch kennt, schlagt in einem Wörterbuch nach.

„Böhmische Dörfer"

ABKÜRZUNGEN UND ZEICHEN

Abkürzungen

A	Akkusativ, Akkusativergänzung
ahd.	althochdeutsch
Ar	Artergänzung
bair.	bayerisch
Bd.	Band
bergmänn.	bergmännisch
bzw.	beziehungsweise
D	Dativ, Dativergänzung
d. h.	das heißt
dt.	deutsch
E	Einordnungsergänzung
eigtl.	eigentlich
engl.	englisch
f, Femin.	Femininum
f., ff.	folgende Seite(n)
fachspr.	fachsprachlich
frz.	französisch
G	Genitiv, Genitivergänzung
gr.	griechisch
i	imperfektiv
I	Infinitivergänzung
ind.	indisch
Inf.	Infinitivsatz
Jh.	Jahrhundert
K	Konjunktiv
lat.	lateinisch
lit.	literarisch
m, Mask.	Maskulinum
mhd.	mittelhochdeutsch
n, Neutr.	Neutrum
N	Nominativ
NS	Nebensatz
p	perfektiv
P	Präpositionalergänzung
Pers.	Person
Pert.	Pertinenzdativ
Pl.	Plural
Präp.	Präposition
Prät.	Präteritum
Pron.	Pronomen
R	Richtungsergänzung
reg.	regional
russ.	russisch
s.	siehe
S	Subjekt (Nominativergänzung)
S.	Seite
Sil	Situativergänzung (lokal)
Sing.	Singular
Sit	Situativergänzung (temporal)
s. o.	siehe oben
techn.	technisch
u. a.	unter anderem, und andere(s)
u. Ä.	und Ähnliche
u. E.	unseres Erachtens
u. v. a.	und viele andere, und vieles andere
usw.	und so weiter
vgl.	vergleiche
z. T.	zum Teil

Zeichen

Ø	endungslos, Nullartikel
╪	ist nicht gleich
→ / >	wird verändert zu
<	hat sich entwickelt aus, ist gebildet worden aus
*	falsch, ungrammatisch
:	Zeichen für Länge des unmittelbar davorstehenden Vokals
'	Zeichen für betonte Silbe
→	siehe

ehem.	ehemals, ehemalig	Jh.	Jahrhundert
Eigenn.	Eigenname	jmd., jmdm.,	jemand, jemandem,
eigtl.	eigentlich	jmdn., jmds.	jemanden, jemandes
Eisenb.	Eisenbahn	Jugendspr.	Jugendsprache
Elektrot.	Elektrotechnik		
eskim.	eskimoisch	kath.	katholisch
etw.	etwas	Kaufmannsspr.	Kaufmannssprache
europ.	europäisch	Kinderspr.	Kindersprache
ev.	evangelisch	Konj.	Konjunktion
		Kunstwiss.	Kunstwissenschaft
fachspr.	fachsprachlich	Kurzw.	Kurzwort
Fachspr.	Fachsprache		
fam.	familiär	l.	linker, linke, linkes
Familienn.	Familienname	landsch.	landschaftlich
Ferns.	Fernsehen	Landw.	Landwirtschaft
Fernspr.	Fernsprechwesen	lat.	lateinisch
Finanzw.	Finanzwesen	lit.	litauisch
Fliegerspr.	Fliegersprache	Literaturw.	Literaturwissenschaft
Flugw.	Flugwesen		
Forstw.	Forstwesen	m.	männlich
fotogr.	fotografisch	MA.	Mittelalter
Fotogr.	Fotografie	Math.	Mathematik
franz.	französisch	mdal.	mundartlich
Funkw.	Funkwesen	med.	medizinisch
		Med.	Medizin
Gastron.	Gastronomie	Meteor.	Meteorologie
Gaunerspr.	Gaunersprache	mexik.	mexikanisch
gebr.	gebräuchlich	milit.	militärisch
geh.	gehoben	Milit.	Militär
Gen.	Genitiv	mitteld.	mitteldeutsch
Geogr.	Geographie	mittelhochd.	mittelhochdeutsch
Geol.	Geologie	mlat.	mittellateinisch
germ.	germanisch	mong.	mongolisch
Ggs.	Gegensatz	Münzw.	Münzwesen
		Mythol.	Mythologie
Handw.	Handwerk		
hebr.	hebräisch	nationalsoz.	nationalsozialistisch
hist.	historisch	niederl.	niederländisch
Hüttenw.	Hüttenwesen	nlat.	neulateinisch
		Nom.	Nominativ
idg.	indogermanisch	nordamerik.	nordamerikanisch
ital.	italienisch	nordd.	norddeutsch
		norw.	norwegisch
Jägerspr.	Jägersprache	N. T.	Neues Testament
jap.	japanisch		

1 Der „Abkürzungsdschungel" ist nur für Geübte. Betrachtet die abgebildeten Seiten aus verschiedenen Büchern und überlegt gemeinsam, warum Abkürzungen sinnvoll sind.

2 Welche Abkürzungen (gleiche Bedeutung) findest du in beiden Büchern? Findest du für dieselben Bedeutungen auch verschiedene Abkürzungsmöglichkeiten?

3 Suche eine Abkürzung, die in beiden Werken gebraucht wird, aber unterschiedliche Bedeutung hat.

4 Verwendest du selbst Abkürzungen? Wann ist das sinnvoll, wann solltest du die Wörter lieber ausschreiben.

5 Auch in anderen Fachbüchern gibt es Abkürzungs-
verzeichnisse. Überlegt euch gemeinsam, aus welchen
Büchern die nachfolgenden Abkürzungen entnommen
sein könnten.

ABKÜRZUNGSVERZEICHNIS	
ZNW	Zeitschrift für die neutestamentliche Wissenschaft und die Kunde der älteren Kirche, Gießen 1900 ff, Berlin 1934 ff
ZRGG	Zeitschrift für Religions- und Geistesgeschichte, (Marburg) Köln 1948 ff
ZSavRGkan	Zeitschrift der Savigny-Stiftung für Rechtsgeschichte, Kanonistische Abteilung, Weimar 1911 ff
ZSTh	Zeitschrift für systematische Theologie, (Gütersloh) Berlin 1923 ff
ZThK	Zeitschrift für Theologie und Kirche, Tübingen 1891 ff

Abkürzungen

BSE *bovine spongiforme Enzephalo-pathie* BSE, bovine spongiform encephalopathy
Btx *Bildschirmtext* viewdata
Bw. *Bundeswehr* Federal Armed Forces
b.w. *bitte wenden* PTO, p.t.o., please turn over
BWL *Betriebswirtschaftslehre* business administration, business economics
bzgl. *bezüglich* with reference to
bzw. *beziehungsweise* resp., respectively

Abkürzungsverzeichnis II

R, –r . . . . Recht (in der Zusammensetzung,
              Reich, –rechtlich
RA . . . . . Rechtsanwalt
RAnO . . . Rechtsanordnung
RAutoB . . Reichsautobahn
RdErl . . . Runderlass
Rdn . . . . . Randnote (-nummer)
RdSch . . . Rundschau
RdSchr . . Rundschreiben
RdVfg . . . Rundverfügung

6 Der folgende Text ist durch den Gebrauch von zu
vielen Abkürzungen fast unverständlich. Versuche, ihn
mit deinem Partner zu entschlüsseln.

1+1
PARTNERARBEIT

Häufig werden beim Gebrauch d. Fälle im Dt. ff. Fehler
gemacht. Statt D. wird d. A. gesetzt. Auch d. G. wird ver-
stümmelt, indem man das G-s. weglässt.
Z. T. passieren diese Fehler u. Ä. (s. o.) aus Unachtsam-
keit. Auch bei d. Fallsetzung bei Präp. werden u. a. ff.
Fehler gemacht: Wieder bereitet d. D. u. d. A. einige
Probleme. Daher schreibt man am besten: D. Buch liegt
auf d. Tisch.

7 Denke dir zusammen mit deinem Partner ebenfalls
einen Text aus, den ihr mit Hilfe der Abkürzungen ver-
schlüsselt. Tauscht die Texte untereinander aus und löst
die geheime Botschaft.

+8 Sucht noch weitere Nachschlagewerke und vergleicht die Abkürzungen miteinander.

Grammatik im Überblick

Wörter und Wortarten

Verben und ihre Zeitformen

- Verben haben einen **Infinitiv**/eine **Grundform** (lachen, lesen, verspre-
  chen, mitfahren) und **Personalformen** (ich lese, du liest …).
- Verben bilden Zeitformen:

Infinitiv	Präsens	Perfekt	Präteritum
lachen	ich lache du lachst …	ich habe gelacht du hast gelacht …	ich lachte du lachtest …
lesen	ich lese du liest …	ich habe gelesen du hast gelesen …	ich las du lasest …
versprechen	ich verspreche du versprichst …	ich habe versprochen du hast versprochen …	ich versprach du versprachst …
mitfahren	ich fahre mit du fährst mit …	ich bin mitgefahren du bist mitgefahren …	ich fuhr mit du fuhrst mit …

Infinitiv	Plusquamperfekt	Futur
lachen	ich hatte gelacht du hattest gelacht …	ich werde lachen du wirst lachen …
lesen	ich hatte gelesen du hattest gelesen …	ich werde lesen du wirst lesen …
versprechen	ich hatte versprochen du hattest versprochen …	ich werde versprechen du wirst versprechen …
mitfahren	ich war mitgefahren du warst mitgefahren …	ich werde mitfahren du wirst mitfahren …

Perfekt: wird mit den Hilfsverben „haben" und „sein" im Präsens und dem Partizip Perfekt gebildet (Er **hat** das **Buch** gelesen. – Du bist **mitgefahren**). Das Perfekt gibt an, dass etwas in der Vergangenheit geschehen ist.

Plusquamperfekt: wird mit den Hilfsverben „haben" und „sein" im Präteritum und dem Partizip Perfekt gebildet (Sie **hatte** das Buch **gelesen**, bevor sie es zurückgab. Sie **war** gern **mitgefahren**.). Das Plusquamperfekt gibt an, dass etwas vor einem anderen Ereignis in der Vergangenheit geschehen ist.

Futur: wird mit dem Hilfsverb „werden" und dem Infinitiv des Verbs gebildet (Ich **werde mitfahren**.) Das Futur gibt an, dass etwas in der Zukunft geschehen wird.

Aktiv: Beim Aktiv steht der Handelnde im Vordergrund (ich operiere).

Passiv: Das Passiv wird mit **„werden"** gebildet (ich werde operiert/ich wurde operiert/ich bin operiert worden). Dieses Passiv nennt man auch „Vorgangspassiv", da die Tätigkeit im Vordergrund steht. Daneben gibt es noch ein „Zustandspassiv", das mit **„sein"** (ich bin operiert/ich war operiert/ich bin operiert gewesen) gebildet wird. Das Passiv wird oft in Sachtexten bzw. Gesetzestexten verwendet.

Präpositionen

Wörter wie *bis, durch, nach, bei, an, auf, über, statt* sind Präpositionen (Verhältniswörter). Präpositionen fordern einen bestimmten Kasus (Fall):

Präpositionen, die immer den Akkusativ fordern	Präpositionen, die immer den Dativ fordern	Präpositionen, die mal den Akkusativ fordern, mal den Dativ (Frage mit „Wohin?"/Frage mit „Wo?")	Präpositionen, die den Genitiv fordern
für den Verein	**aus** dem Haus	Akkusativ: Ich stelle die Leiter **an den** Baum. (Wohin stelle ich …?)	**abseits** der Straße
bis nächsten Montag	**bei** meinem Freund	Dativ: Die Leiter steht **an dem** / **am** Baum. (Wo steht …?)	**außerhalb** des Stadions
durch den Wald	**gegenüber** der Garage	Ebenso: auf, hinter, in, neben, über, unter, vor, zwischen	**innerhalb** der Schule
gegen den Vorschlag	**mit** unserem Hund		**statt** des Rollers
ohne seine Familie	**nach** dem Fest		**trotz** des Regens
um die Ecke	**seit** dem Konzert		**während** des Essens
wider das Vergessen	**von** meiner Schwester		**wegen** des Hundes
	zu diesem Ereignis		

Konjunktionen

Wörter wie *und, aber, weil, wenn, dass, damit, so dass, sondern, denn, aber* sind Konjunktionen (Bindewörter).

Konjunktionen können gleichrangige Satzteile miteinander verbinden:
Ich gehe ins Schwimmbad und treffe mich mit Freunden.
Konjunktionen können Haupt- und Nebensätze miteinander verbinden.
Sie leiten dann den Nebensatz ein:
*Öffnen Sie die Feststellschraube, **so dass** Sie die Rückenlehne einstellen können.*

Nebensätze, die mit einer Konjunktion eingeleitet werden, werden deshalb auch Konjunktionalsätze genannt.

Konjunktionen können Hauptsätze miteinander verbinden:
*Ich hatte etwas Fieber, **aber** jetzt geht es mir wieder gut. Ich packe die Sonnenbrille ein, denn das Wetter soll besser werden. Wir rufen sie nicht an, sondern wir schicken ihr eine SMS.*

Relativpronomen

Relativpronomen leiten Nebensätze ein, die sich auf ein Nomen (Substantiv) beziehen.
*… das **Mädchen, das** an der Tafel sitzt, …*
*… der **Stern, welcher** genau im Norden steht, …*
*… den **Jungen, den** ich im Jugendzentrum getroffen habe, …*
*… die **Geburtstagsfeier, zu der** ich eingeladen war, …*
*… eine **Geschichte, an die** ich mich noch gut erinnern kann, …*

Man nennt diese Nebensätze deshalb auch Relativsätze.

Zusammengesetzte Wörter

Die meisten zusammengesetzten Wörter bestehen aus einem **Grundwort** und einem **Bestimmungswort**, z. B.:

Hoch haus   Rat haus   Baum haus   Wohn haus   Ferien haus

„Haus" ist hier das Grundwort. Es gibt die Grundbedeutung an.
„Hoch", „Rat", „Baum", „Wohn" und „Ferien" sind die Bestimmungswörter. Sie geben an, was für ein Haus gemeint ist.

Satzglieder
Proben

Man kann Satzglieder umstellen und nach ihnen fragen:

Die Wörter im Satz, die beim Umstellen zusammenbleiben, bilden ein Satzglied. Durch die Umstellprobe kann man herausfinden, was alles zu einem Satzglied gehört. Durch Fragen kann man bestimmen, um welches Satzglied es sich handelt.

Sandra und ihre Schwester	schreiben	der Oma	in einem Brief	über ihre Ferienerlebnisse.
Wer oder was? Subjekt	Prädikat	Wem? Dativobjekt	Wo? Wohin? Woher? Wann? Seit wann? Wie lange? Wie? Warum? Weshalb? Adverbialbestimmung	Wen oder was? Akkusativobjekt

In einem Brief beschreiben Sandra und ihre Schwester der Oma ihren Urlaubsort.

Der Oma beschreiben Sandra und ihre Schwester in einem Brief ihren Urlaubsort.

Ihren Urlaubsort beschreiben Sandra und ihre Schwester in einem Brief der Oma.

Sandra und ihre Schwester beschreiben ihren Urlaubsort der Oma in einem Brief.

Man kann Satzglieder durch Pronomen oder durch ander Formulierungen ersetzen (Ersatzprobe):

Sandra und ihre Schwester	beschreiben	der Oma	in einem Brief	ihren Urlaubsort.
Sie	beschreiben	ihr	darin	die Gegend.

Man kann Satzglieder weglassen:

Sandra und ihre Schwester	beschreiben	der Oma	in einem Brief	ihren Urlaubsort.
Sie	beschreiben			ihren Urlaubsort.

Man kann Satzglieder in einen Nebensatz umformen:

Sandra und ihre Schwester	beschreiben	der Oma	in einem Brief	ihren Urlaubsort.
Sie	beschreiben	der Oma	in einem Brief,	wo sie im Urlaub wohnen.

AUF EINEN BLICK

Satzgefüge: Hauptsatz, Nebensatz

Satzgefüge sind Sätze, die aus Haupt- und Nebensätzen bestehen:

*Taucher benutzen eine Pressluftflasche, **damit sie unter Wasser atmen können**.*
*Taucher setzen eine Tauchermaske auf, **die ihnen auch unter Wasser gute Sicht ermöglicht**.*

Taucher benutzen eine Pressluftflasche. Taucher setzen eine Tauchermaske auf.
Hauptsätze können für sich allein stehen.

damit sie unter Wasser atmen können.
die ihnen auch unter Wasser gute Sicht ermöglicht.
Nebensätze können nicht für sich alleine stehen. Sie sind unselbstständig.

Satzreihe: Hauptsatz, Hauptsatz

Satzreihen sind Verbindungen aus zwei oder mehreren Hauptsätzen:

Taucher sind nur Gäste im Meer, nach einiger Zeit müssen sie zurück ans Land.
Tauchen ist eigentlich nicht schwierig, aber ohne Ausbildung ist es lebensgefährlich.

- -

Zeichensetzung

Komma bei Aufzählungen:

Die Glieder einer Aufzählung werden durch Kommas getrennt.

Beim Landschulaufenthalt können wir schwimmen, wandern, Volleyball spielen, eine Burg besichtigen, eine Radtour machen und grillen.

Komma bei Satzgefügen:

Hauptsätze werden von Nebensätzen durch Kommas getrennt:

Wir verpassen den Zug, **wenn wir jetzt nicht gehen**.
Wenn wir jetzt nicht gehen, verpassen wir den Zug.
Wir verpassen, **wenn wir jetzt nicht gehen**, den Zug.

Die Uhr, **die du mir gezeigt hast**, ist wasserdicht.

Arbeitstechniken

→ Sprechen, Spielen, Zuhören

→ Sich auf eine Diskussion vorbereiten

- Durchdenke das Problem oder die Fragestellung genau.
- Lege dich nicht spontan auf einen Standpunkt fest, sondern überlege dir, was dafür spricht (Plus), was dagegen spricht (Minus) und was man noch wissen müsste (Interessant).
- Unterscheide: Was ist wichtig bzw. unwichtig für dich und für andere?
- Beschaffe dir gegebenenfalls weitere Informationen.
- Entscheide dich für einen Standpunkt und lege dir die Begründungen zurecht.
- Bedenke auch, welche Gegenargumente andere in der Diskussion vorbringen könnten.

→ Konflikte im Gespräch lösen

1. Bemühe dich, nicht laut zu werden.
2. Zeige keine drohenden Gesten.
3. Höre dir die Meinung des anderen an, ohne ihn zu unterbrechen.
4. Vermeide Verallgemeinerungen.
5. Antworte auf Vorwürfe nicht mit Gegenvorwürfen.
6. Gehe auf den anderen ein, versuche, ihn zu verstehen.
7. Triff Vereinbarungen.

→ Eine Begebenheit wirkungsvoll erzählen

> Wiederholung aus Klasse 6

1. Wähle eine Begebenheit – erfunden oder wahr – mit einer überraschenden Wendung (Pointe) aus.
2. Füge wirklichkeitsnahe Angaben ein:
   - Wem ist das passiert?
   - Wer war dabei/hat davon gehört?
   - Wo ist das geschehen?
   - Wann war das?
3. Überlege dir, welcher Stimmungslage deine Geschichte entspricht (z. B. lustig, traurig usw.) Wie kannst du diese Stimmung durch deine Erzählweise ausdrücken?
4. Mache deine Erzählung mit Hilfe eines abwechslungsreichen Wortschatzes lebendig. Bilde verständliche Sätze, die nicht zu lang sind.
5. Achte auf Mimik und Gestik. Mit deiner Körpersprache wird deine Erzählung lebendiger. Bleibe dabei aber natürlich, es soll nicht gekünstelt wirken.
6. Nimm Blickkontakt mit deinen Zuhörern auf. Manchmal kann man durch eine Frage die Zuhörer in die Geschichte einbinden (z. B.: Was glaubt ihr, was habe ich nun gemacht?).

AUF EINEN BLICK

Wiederholung aus Klasse 6

→ Einen Rollentext auswendig lernen

1. Lies einen Satz, decke ihn ab und sprich ihn auswendig.
2. Lerne zuerst nur einen Satz, danach zwei, dann drei usw.
3. Bitte einen Partner, den Text der anderen Darsteller zu lesen oder nimm ihn mit einem Kassettenrekorder auf.
4. Präge dir für deinen Einsatz jeweils das letzte Wort deines Vorredners ein.

→ Schreiben

Wiederholung aus Klasse 6

→ Eine Schreibkonferenz durchführen

1. Schreibt die Punkte, die beim Geschichtenerzählen wichtig sind, untereinander auf eine Karte.
2. Der Autor liest jetzt die Geschichte vor.
3. Wenn euch beim Vorlesen der Geschichte etwas auffällt, was ihr besonders gut findet oder was euch nicht so gut gefällt, legt eine Büroklammer oder einen Stift auf das entsprechende Feld. Dann könnt ihr euch bei der Besprechung der Geschichte leichter an das erinnern, was euch aufgefallen ist.
4. Der Autor liest jetzt die Geschichte noch einmal langsam vor. Schaut auf eure Schreibkonferenz-Karte und stoppt, wenn ihr etwas zu sagen habt. Begründet und gebt Tipps zur Verbesserung der Geschichte.

→ Einen Vorgang beschreiben

1. Bezeichne genau, welche Gegenstände oder Zutaten gebraucht werden.
2. Beschreibe treffend, welche Tätigkeiten ausgeführt werden müssen.
3. Beachte die Reihenfolge genau.

4. Achte auf unterschiedliche Satzanfänge

   (Zuerst ...; Als Erstes ...; Anschließend ...; Als Nächstes ...;
   Dann ...; Danach ...; Jetzt ...; Nun ...; Schließlich ...;
   Zum Schluss ...; Als Letztes ...).

5. Verwende das Präsens.

→ Einen Bericht schreiben

1. Schreibe den Bericht kurz, genau und sachlich.
2. Verwende hin und wieder auch passive Formulierungen. Sie wirken sachlich.
3. Gib Antworten auf folgende Fragen:
   - Was?   – das Geschehen in der richtigen Reihenfolge,
   - Wo?   – Ort des Geschehens,
   - Wer?   – beteiligte Personen,
   - Wann?   – der genaue Zeitpunkt des Geschehens,
   - Warum?   – Grund und Folge des Geschehens.
4. Schreibe im Präteritum.

→ Ein Interview vorbereiten

1. Lege fest, welche Personen befragt werden sollen.
2. Kläre ab, was im Zusammenhang mit deinem Thema interessant sein könnte, und notiere, was du deine Interviewpartner fragen willst.
3. Bereite die Fragen vor:
   - Formuliere Entscheidungsfragen, wenn du eindeutige Antworten benötigst, zum Beispiel, wenn du schnell auswerten und auszählen willst.
   - Formuliere Ergänzungsfragen oder fordere durch eine Behauptung eine Stellungnahme heraus, wenn du mehr erfahren willst.
4. Überlege, ob du die Antworten mit einem Kassettenrekorder aufnehmen und anschließend aufschreiben willst oder ob du die Antworten während des Interviews mitschreiben willst.

→ Eine Umfrage vorbereiten

1. Kläre, welche Daten nötig sind, z. B. Alter, Geschlecht, Schulbildung (Klasse), Geschwister.
2. Formuliere die Fragen so, dass nur eindeutige Antworten möglich sind.
3. Denke beim Zusammenstellen der Fragen an die Auswertung.

AUF EINEN BLICK

→ Lesen und Literatur

→ Ein Gedicht auswendig lernen

1. Lerne das Gedicht strophenweise.
2. Wiederhole die bereits gelernten Strophen immer wieder.
3. Mache zwischen den Lernphasen Pausen, damit das Gelernte im Gedächtnis verankert wird.
4. Lies das Gedicht noch einmal vor dem Schlafengehen oder sage es in Gedanken auswendig auf.
5. Wiederhole den Text in immer größer werdenden Zeitabständen an mehreren Tagen, bis du ihn nicht mehr vergisst.

Zusammenfassung der Aufgaben 7–9, Seite 89

→ Ein Gedicht wirkungsvoll vortragen

1. Übe den Gedichtvortrag vor einem Spiegel: Schaue dich an und kontrolliere deine Haltung.
2. Stehe entspannt und selbstbewusst. Achte auf ein angemessenes Sprechtempo, mache an den passenden Stellen Pausen.
3. Warte beim Vortrag vor Zuhörern so lange, bis es ganz ruhig geworden ist.
4. Schaue während deines Vortrags die Zuhörer an.
5. Unterstütze deinen Vortrag durch Mimik und Gestik. Du kannst dabei einen Gegenstand, der mit dem Inhalt des Gedichts zu tun hat, als Requisit verwenden, z. B. einen Handschuh beim Vortrag der Ballade „Der Handschuh".
6. Bleibe nach dem Vortrag noch einen Moment stehen, bis sich die Spannung bei den Zuhörern gelöst hat.

→ Eine Geschichte mit Pointe nacherzählen

1. Notiere dir in Stichworten alles Wichtige in der richtigen Reihenfolge.
2. Erzähle die Geschichte zunächst mit Hilfe der Stichworte nach:
   – Füge nichts Neues hinzu.
   – Gib die Pointe ganz genau, aber nicht zu früh wieder.
   – Erzähle im Präteritum.
3. Versuche, es jetzt aus dem Gedächtnis zu erzählen.
4. Unterstütze deine Erzählung mit Gestik und Mimik und verändere deine Stimme, wenn es nötig ist.

→ Einen Text genau lesen und verstehen

1. Immer, wenn du beim Lesen zu einer wichtigen Information kommst, stellst du dazu eine kurze **W**-Frage:

Wer tut etwas?
Wann ereignet es sich?
Wo passiert es?
Was geschieht?
Warum kommt es dazu?

2. Beantworte die Frage, notiere die Antwort in Stichworten und lies weiter bis zur nächsten Information.

3. Wenn zu dem Text Bilder oder Grafiken gehören, prüfe, ob diese weitere Informationen enthalten.

4. Versuche, deine Notizen beim Aufschreiben zu ordnen, z. B. bei einer Kriminalgeschichte:

- Ausgangssituation und Tat,
- Spuren und Hinweise (Verdächtige),
- Ermittlungen und Lösung.

5. Fasse den Text nach dem Lesen anhand deiner Notizen mit eigenen Worten zusammen.

→ Sich schnell über den Inhalt eines Buches informieren

Wiederholung aus Klasse 6

1. Sieh dir den Titel und die äußere Gestaltung des Umschlages an. Überlege, was du daraus über den Inhalt entnehmen kannst.

2. Lies den Klappentext (er steht auf der Umschlagklappe oder auf der Rückseite des Buches).

3. Überfliege das Inhaltsverzeichnis (zu Beginn oder am Ende des Buches). Daraus erfährst du z. B., ob das Buch eine zusammenhängende Geschichte oder mehrere Geschichten enthält.

4. Prüfe, ob das Buch am Anfang oder Ende kurze Informationen über den Autor enthält. Auch sie verraten oft etwas über den Inhalt.

→ Ein Buch vorstellen

Wiederholung aus Klasse 6

1. Suche aus einem Buch deiner Wahl eine geeignete Textstelle aus.

2. Prüfe beim ersten lauten Lesen, wie viel Zeit du benötigst.

3. Übe den Vortrag durch wiederholtes Lesen. Achte auf sicheres Lesen, deutliche Aussprache, angemessenes Lesetempo und sinngemäße Betonung.

4. Überlege, wie du den Buchauszug einleitend erklären willst.

5. Übe diese Einleitung in Form eines kurzen Vortrags.

AUF EINEN BLICK

→ Einen Sachtext lesen und verstehen

Vor dem Lesen

Informiere dich anhand der Überschrift und evtl. vorhandener Diagramme und Bilder über das Thema.

Überblickslesen

Verschaffe dir einen Überblick über den Textinhalt:

- Erfasse den Aufbau des Textes (Gliederung in Abschnitte, Zwischenüberschriften, Hervorhebungen …).
- Lies die einzelnen Abschnitte kurz an und überlege, was du vermutlich aus dem Text erfahren wirst.

Genaues abschnittsweises Lesen

Lies nun Abschnitt für Abschnitt genau, schlage Unbekanntes nach. Beantworte nach jedem Abschnitt für dich die Frage, was in dem Abschnitt steht. Notiere das Wichtigste.

Nach dem Lesen

Denke über den gesamten Text nach: Was hast du erfahren? Was siehst du jetzt anders?

→ Ein Kurzreferat vorbereiten

1. Suche ein für die Zuhörer interessantes Thema aus.
2. Sammle Informationen zum Thema: Lies Texte und mache dir Notizen. Trage Anschauungsmaterial zusammen.
3. Erarbeite eine kurze Gliederung (Einleitung, Schlüsselwörter zu den Hauptgedanken …) und ordne die gesammelten Informationen zu.
4. Fertige einen Sprechzettel an (Thema, Einleitungssatz, Gliederung in Stichworten, wichtige Fakten …).
5. Übe, dein Kurzreferat vorzutragen.

→ Rechtschreibung

Wiederholung aus Klasse 5

→ Beim Schreiben mitsprechen

1. Schreibe bewusst leserlich.
2. Sprich beim Schreiben Laut für Laut und Silbe für Silbe wie ein Roboter mit.
3. Lies nach jeder Silbe und nach jedem Wort, was da steht.
4. Berichtige evtl. Fehler.

→ **Ableiten**

Oft kannst du durch Ableiten herausfinden, wie ein Wort geschrieben wird.

Verlängere das Wort:

Bei Nomen (Substantiven) hilft:

Plural bilden   Ber**g** – Ber**ge**, Schu**h** – Schu**he**.

Bei Adjektiven hilft:

durch ein e verlängern   run**d** – run**de**, fro**h** – fro**he**.

Bei Verben hilft:

Grundform (Infinitiv) oder Wir-Form bilden

lie**b**st – lie**b**en, la**g** – la**g**en, ge**h**t – ge**h**en, ho**ff**t – ho**ff**en.

Finde den Wortstamm heraus:

länger – l**a**ng; B**äu**me – B**au**m.

Zusammenfassung des Kapitels „Mit Wörtern jonglieren", S. 172–175

→ **Abschreiben**

1. Lies zuerst den ganzen Text, damit du den Inhalt verstehst.
2. Lies jetzt den ersten Satz, präge dir die erste Wortgruppe ein, decke sie ab und schreibe sie auswendig auf.
3. So schreibst du Wortgruppe für Wortgruppe auf. Achte auf besondere und schwierige Wörter sowie auf die Zeichensetzung.
4. Vergleiche jeden Satz genau und prüfe, ob du Fehler gemacht hast.
5. Berichtige den Text.

Wiederholung aus Klasse 5

→ **Schwierige Schreibungen einprägen**

Für das Einprägen von schwierigen Schreibungen gibt es viele Möglichkeiten:

1. Lies die Wörter mehrmals aufmerksam, schreibe sie und überprüfe die Schreibung selbst.
2. Schlage die Wörter im Wörterbuch nach.
3. Schreibe die Wörter in Schönschrift, gestalte sie.
4. Stelle Wörter mit ähnlicher Schreibung zusammen.
5. Schreibe die Wörter auf, unterstreiche oder markiere schwierige Stellen.
6. Schreibe die Wörter mit dem Finger in die Luft, auf den Tisch oder auf den Rücken des Nachbarn.
7. Lasse dir die Wörter diktieren.
8. Diktiere die Wörter selbst jemandem und korrigiere.
9. „Robotersprache": Sprich die Wörter, wie man sie schreibt (Ste-war-dess).

→ **Großschreibung (siehe S. 176–179)**

AUF EINEN BLICK

Übersicht über grammatische Grundbegriffe

Fachbegriff	Erklärung/deutscher Begriff	Beispiel
Vokal	Selbstlaut	a, e, i, o, u
Konsonant	Mitlaut	b, c, d, f, g, h, j, k, l, m, n, p, q, r, s, t, v, w, x, y, z
Diphthong	Doppellaut	au, äu, eu, ai, ei
Umlaut		ä, ö, ü
Wortstamm/ Stammsilbe	Der Wortstamm ist die sinntragende Silbe eines Wortes, wenn man Vor- und Nachsilben ausklammert.	fahren: Wortstamm: *fahr*
Silbe:	Teil eines Wortes	Arz-nei-mit-tel
Vorsilbe/Vorbaustein		<u>ver</u>-bieten, <u>vor</u>-machen, <u>be</u>-deuten
Nachsilbe/Endbaustein		Bild<u>chen</u>, Schüler<u>in</u>, Heiter<u>keit</u>, Sicher<u>heit</u>, mo<u>disch</u>, brauch<u>bar</u>
Grundwort		Haus<u>tür</u>
Bestimmungswort		<u>Haus</u>tür
Wortarten:		
Nomen (Substantiv)	Hauptwort/Namenwort	Baum, Wärme, Angst
Singular	Einzahl	der Fluss
Plural	Mehrzahl	die Flüsse
Kasus Nominativ Genitiv Dativ Akkusativ	Fall 1. Fall 2. Fall 3. Fall 4. Fall	Das Haus gehört mir. Das ist die Tür des Hauses. Dem Haus fehlt das Dach. Ich gehe in das Haus.

Fortsetzung grammatische Grundbegriffe

Fachbegriff	Erklärung/deutscher Begriff	Beispiel
Artikel	Begleiter/Geschlechts-wort	der, die, das, ein, eine
Bestimmter Artikel	Bestimmter Begleiter	der, die, das
Unbestimmter Artikel	Unbestimmter Begleiter	ein, eine, ein
Pronomen	Fürwort	mein, sein, sich, du …
Personalpronomen	Persönliches Fürwort	ich, du, er, sie, es, wir, ihr, sie
Possessivpronomen	Besitzanzeigendes Fürwort	mein, dein, sein, ihr, unser, euer
Demonstrativpronomen	Hinweisendes Fürwort	dieser, diese, dieses, der, die, das (Das ist eine Wolke.)
Relativpronomen	Bezügliches Fürwort	der, die, das, welcher, welche, welches (Der Hund, der meinem Vater gehört, ist gerade krank.)
Adjektiv	Eigenschaftswort	neu, teuer, hübsch
Vergleichsformen Positiv Komparativ Superlativ	Grundstufe Vergleichsstufe/Höher-stufe Höchststufe	gut, schön besser, schöner am besten, am schönsten
Verb	Zeitwort regelmäßig unregelmäßig	tanzen, laufen, singen tanzen, malen laufen, singen
Die Zeiten:		
Präsens	Gegenwart	ich male, ich laufe
Präteritum	1. Vergangenheit	ich malte, ich lief

Fortsetzung grammatische Grundbegriffe

Fachbegriff	Erklärung/deutscher Begriff	Beispiel
Perfekt	2. Vergangenheit	ich habe gemalt, ich bin gelaufen
Plusquamperfekt	3. Vergangenheit	ich hatte gemalt, ich war gelaufen
Genus des Verbs:		
Aktiv	Tätigkeitsform	ich schreibe, er leitet
Passiv	Leideform „Vorgangspassiv" „Zustandspassiv"	er wird geleitet, er wurde geleitet, er ist geleitet worden es ist abgeschlossen, es war abgeschlossen, es ist abgeschlossen gewesen
Präposition	Verhältniswort	unter, auf, über, am, neben, bei, in
Adverb	Umstandswort	gern, oft, hier
Konjunktion	Bindewort	und, oder, aber, damit
Wortfeld	Sinnverwandte Wörter aus der gleichen Wortart	sagen, rufen, reden
Wortfamilie	Wörter mit dem gleichen Wortstamm	beziehen, Zögling, zögerlich
Ober- und Unterbegriff	Sinnverwandte Wörter können durch das Erstellen von Ober- und Unterbegriffen sinnvoll gegliedert werden.	Oberbegriff: sprechen Unterbegriff: flüstern, schreien, stottern
Satz:		
Aussagesatz		Der Junge ist stark.

Fortsetzung grammatische Grundbegriffe

Fachbegriff	Erklärung/deutscher Begriff	Beispiel
Aufforderungssatz		Komm doch endlich her!
Ausrufesatz		Das ist doch schön!
Fragesatz		Kommt er noch?
Satzglieder	durch die Umstellprobe bestimmbar	(Morgen) (fahren) (wir) (nach Italien). (Wir) (fahren) (morgen) (nach Italien).
Subjekt Prädikat Objekt	Satzgegenstand Satzaussage Satzergänzung	<u>Der Vater</u> kommt. Der Vater <u>kommt</u>. Das Haus gehört <u>meinen Eltern</u>.
Satzreihe	Hauptsatz + Hauptsatz	Es donnert, alle Tiere verstecken sich …
Satzgefüge	Hauptsatz + Nebensatz	Ich merkte plötzlich, dass ich meine Armbanduhr verloren hatte.
Wörtliche Rede		Sie fragte: „Hilfst du mir?" „Hilfst du mir?", fragte sie. „Hilfst du mir", fragte sie, „das Fenster zu schließen?"
Vergleich	Bei einem Vergleich werden zwei oder mehrere Personen/Gegenstände auf eine bestimmte Eigenschaft (z. B. Alter, Größe, Farbe …) hin untersucht. Übereinstimmungen werden mit „(so) … wie", Unterschiede mit „… als" ausgedrückt.	Das Kind brüllt <u>wie</u> ein Löwe. Manual ist so alt <u>wie</u> ich. Thomas ist größer <u>als</u> ich.

AUTORENVERZEICHNIS
A BIS Z

Ballinger, Erich
wurde 1943 in Graz geboren und wohnt heute in Stainz (Österreich). Seit 1992 arbeitet er freiberuflich als Illustrator und Buchautor.
Geheimschrift, Seite 101

Brednich, Rolf Wilhelm
wurde 1935 geboren. Er lehrt an der Universität Göttingen als Professor für Volkskunde. Er ist der Herausgeber der „Enzyklopädie des Märchens".
Nierenklau, Seite 28
Monopoly, Seite 28

Britting, Georg
wurde 1891 in Regensburg geboren und starb 1964 in München. Er schrieb Gedichte, Romane und Theaterstücke.
Fröhlicher Regen, Seite 54
Brudermord im Altwasser, Seite 151–153

Busch, Wilhelm
wurde 1832 in Wiedensahl bei Hannover geboren und starb 1908 in Mechtshausen/Harz. Er wurde vor allem durch seine Bildergeschichten (zum Beispiel „Max und Moritz") und Gedichte berühmt.
Anekdote, Seite 98
Bewaffneter Friede, Seite 162

Eichendorff, Joseph Freiherr von
wurde 1788 in Oberschlesien auf Schloss Lubowitz geboren und starb 1857 in Neiße. Er hatte großen Erfolg mit seinen Novellen und Erzählungen. Aufgrund seiner vielen wunderbaren Gedichte wird er heute als einer der bedeutendsten Vertreter der deutschen Romantik bezeichnet.
Sehnsucht, Seite 166

Fels, Ludwig
wurde 1946 in Treuchtlingen geboren und lebt seit 1983 in Wien. Der bekannte Schriftsteller schreibt vor allem Lyrik und Prosa für Erwachsene.
Nebenan, Seite 167

Frei, Frederike
wurde 1945 in Hamburg geboren und ist eine erfolgreiche Jugendbuchautorin.
Selbstporträt, Seite 164

Funke, Cornelia
wurde 1958 in Dorsten geboren und lebt mit ihrer Familie in Hamburg. Sie ist eine der bekanntesten und erfolgreichsten deutschen Kinder- und Jugendbuchautorinnen. Demnächst wird ihr Roman „Herr der Diebe" sogar in Hollywood verfilmt.
Tintenherz (Auszug), Seite 110–111

Gebert, Helga
wurde 1935 geboren und lebt in Freiburg. Sie veröffentlichte bisher Bilderbücher, Comics und Märchenbücher.
Schreckliches Geschehen in der Osternacht oder die gebissene Lady, Seite 147–151

George, Stefan
wurde 1868 in Büdesheim (bei Bingen) geboren und starb in Minusio (Italien). Seine Eltern hatten ein Weingut. Auf seinen Reisen nach Frankreich traf er mit Vertretern des Symbolismus zusammen (Anhänger des Symbolismus verwendeten gerne eine bildhafte Sprache und versuchten, ihre Texte möglichst kunstvoll zu gestalten). George wurde ein bedeutender Vertreter des Symbolismus. Er schrieb unter anderem Naturgedichte. Seine Gedichte zeichnen sich durch Formstrenge aus.
Vogelschau, Seite 163

Guggenmoos, Josef
wude 1922 in Irsee/Allgäu geboren und starb
dort Ende 2003. Er schrieb vor allem Gedichte
und Texte für Kinder.
Du Satansröhrling! Seite 23

Güll, Friedrich
wurde 1812 in Ansbach (Bayern) geboren und
starb 1879 in München. Literarisch berühmt
wurde er vor allem durch seine zahlreichen
Bücher über das Volks- und Kinderleben.
Nebel, Seite 55

Hebel, Johann Peter
wurde 1760 in Basel geboren und starb 1826 in
Schwetzingen. Er war Pfarrer und Schulleiter
und führte die alemannische Mundart in die
Dichtung ein. Seine einfachen und humorvollen
Kalendergeschichten und Anekdoten machten
ihn bekannt und beliebt. Einige dieser Geschichten finden sich heute noch in fast allen Schul-
lesebüchern.
Die Tabakdose, Seite 145–146

Heine, Heinrich
wurde 1797 in Düsseldorf geboren und starb 1856
in Paris. Er gilt als einer der wichtigsten Lyriker
des 19. Jahrhunderts. Seine Schriften waren zu
seinen Lebzeiten wegen seiner politischen Haltung in Deutschland verboten (s. a. Seite 89, 98).
Die Lore-Ley, Seite 84
Anekdote, Seite 98

Heym, Georg
wurde 1887 in Hirschberg (Schlesien) geboren
und starb 1912 in Berlin. Der sehr strenge Vater
Heyms wollte, dass sein Sohn eine Juristen-
oder Offizierskarriere einschlug, also studierte
Georg Heym Jura. Später arbeitete er als freier
Schriftsteller und schrieb vor allem Gedichte.
April, Seite 163

Ihering, Herbert
wurde 1888 in Springe am Diester (bei Hannover) geboren und starb 1977 in Berlin. Er war ein
bekannter Theaterkritiker, Theaterpolitiker und
Herausgeber von Büchern, die mit dem Theater
zu tun hatten.
Bertolt Brecht: Die schlechte Zensur, Seite 96

Jandl, Ernst
wurde 1925 in Wien geboren, dort starb er auch
im Jahre 2000. Bekannt sind vor allem seine
experimentellen, sprachspielerischen und laut-
malenden Gedichte.
my own song, Seite 164

Kästner, Erich
wurde 1899 in Dresden als Sohn einer Hand-
werksfamilie geboren und starb 1974 in München. Er studierte Germanistik, Geschichte,
Philosophie und Theatergeschichte. Er arbeitete
später als Journalist und Theaterkritiker. Bekannt wurde er durch seine Kinderromane wie
etwa „Pünktchen und Anton", „Das fliegende
Klassenzimmer" und „Die Konferenz
der Tiere" usw.
Die Entwicklung der Menschheit, Seite 162

AUTORENVERZEICHNIS
A BIS Z

Kersten, Detlef
wurde 1948 in Berlin geboren und lebt bei Hannover. Er ist ein bekannter Autor und Illustrator.
Komissar Kniepel, Seite 102–103

Krolow, Karl
wurde 1915 in Hannover geboren und starb 1999 in Darmstadt. Er studierte Germanistik, Philosophie, Romanistik und Kunstgeschichte. Später arbeitete er als freier Schriftsteller und schrieb vor allem Naturgedichte.
Kurzes Unwetter, Seite 221

Lion, Frank
Der Regisseur und Autor gründete 1982 die „Theater Compagnie Lion". Mit ihr führt er seitdem äußerst erfolgreich zahlreiche, zum Teil auch selbst geschriebene Theaterstücke für Kinder und Jugendliche, aber auch für Erwachsene auf.
Eier-Meier verwandelt sich, Seite 33–35

Lutz, Herbert
wurde 1950 in Calw geboren und lebt in Bad Teinach. Er ist Verlagslektor und Autor.
Christoph Kolumbus, Seite 97

Manz, Hans
wurde 1931 in Wila (Züricher Oberland) geboren und lebt in Zürich. Er ist vor allem bekannt durch seine Sprachbücher (zum Beispiel „Sprachbuch für Kinder und Neugierige: Die Welt der Wörter"), er veröffentlichte aber auch schon Erzählungen, einen Roman und verschiedene Kinderbücher.
Ich, Seite 164

Moser, Erwin
wurde 1954 in Wien geboren. Er arbeitet als Illustrator und Kinderbuchautor.
Die Diamantenbrosche im Aufzug, Seite 142–144

Nöstlinger, Christine
wurde 1936 in Wien geboren. Sie ist eine der erfolgreichsten deutschsprachigen Kinder- und Jugendbuchschriftstellerinnen. Für viele ihrer Bücher, wie zum Beispiel „Maikäfer, flieg" oder „Das Austauschkind", erhielt sie hohe literarische Auszeichnungen.
Oh, du Hölle! Julias Tagebuch, Seite 46–47
Spiegel lügen nicht, Seite 94–95
Rechenaufgabe unter Tränen, Seite 169

Oppel, Kenneth
Der kanadische Autor lebt in Toronto und veröffentlichte bereits mit 14 Jahren sein erstes Kinderbuch. Inzwischen hat er zahlreiche Romane und Drehbücher geschrieben.
Silberflügel (Auszug), Seite 112–113

Petri, Walther
wurde 1940 in Leipzig geboren und lebt in Berlin. Er war Lehrer und hat vor allem Gedichte, Kurzprosa und Kinderbücher veröffentlicht.
Sehnsucht, Seite 166

Piontek, Heinz
wurde 1925 in Kreuzberg (Schlesien) geboren und starb 2003 in Rotthalmünster bei Passau. Er studierte Germanistik. Seit 1948 arbeitete er als freier Schriftsteller und lebte in Dillingen/Donau, später wohnte er in München. Piontek erhielt viele Preise, darunter auch den höchsten deutschen Literaturpreis: den Georg-Büchner-Preis.
Mit einem schwarzen Wagen, Seite 90–93

Pressler, Mirjam
wurde 1940 in Darmstadt geboren und lebt in der Nähe von München. Die freie Schriftstellerin und Übersetzerin erhielt für ihre Bücher zahlreiche Preise.
Bitterschokolade (Auszug), Seite 165
(zum Inhalt s. a. Seite 44–45)

Rilke, Rainer Maria
wurde 1875 in Prag geboren. 1926 starb Rilke an Leukämie in einem Sanatorium bei Montreux (Schweiz). Nach väterlicher Tradition sollte er die Offizierslaufbahn einschlagen, er studierte dann aber Kunst- und Literaturgeschichte. Er schrieb vor allem Gedichte, die sich durch eine sehr kunstvolle Sprache auszeichnen.
Herbsttag, Seite 82

Romahn, Susi
über die Verfasserin des Textes ist leider nichts bekannt.
Besoffen vor Glück, Seite 168

Scheuermann, Erich
wurde 1878 in Hamburg geboren und starb 1957. 1914 reiste er nach Samoa. Nach seiner Rückkehr schrieb er die Europa-Erfahrungen des Südseehäuptlings Tuiavii nieder, eine deutliche Kritik an der europäischen Zivilisation. Auch heute noch kann man trotz des humorvollen Textes viele Parallelen zur Gegenwart finden.
Papalagi (Auszug), Seite 214

Schiller, Friedrich von
wurde 1759 in Marbach am Neckar geboren und starb 1805 in Weimar. Seine Balladen und Theaterstücke gehören auch heute noch zu den bedeutendsten deutschen Dichtungen (s. a. Seite 89).
Der Handschuh, Seite 86–87

Schwarz, Regina
wurde 1951 in Beuel bei Bonn geboren und lebt in Langenfeld/Rheinland. Sie veröffentlichte bisher vor allem Gedichte.
Wen du brauchst, Seite 168

Siege, Nasrin
wurde 1950 in Teheran (Iran) geboren, kam mit 9 Jahren nach Deutschland. Jetzt lebt sie zumeist mit ihrer Familie in Tansania, wo sie sich für Straßenkinderprojekte engagiert. Sie hat viele Geschichten, Märchen und Gedichte (auch für Kinder) geschrieben.
Hyänen in der Serengeti, Seite 154–160

Sklenitzka, Franz S.
wurde 1947 in Lilienfeld (Österreich) geboren. Er zählt zu den bekanntesten Kinder- und Jugendbuchautoren Österreichs.
Delle im Blech, Seite 104–105
Kassenraub, Seite 106

Sperschneider, Michael
war, als er Ende der 70er-Jahre das Gedicht geschrieben hat, noch ein Schüler. Was aus ihm später geworden ist, weiß man leider nicht.
Disko, Seite 13

Storm, Theodor
wurde 1817 in Husum geboren und starb 1888 in Hademarschen (Holstein). Er studierte Jura in Kiel und Berlin und arbeitete später als Rechtsanwalt. Vor allem schrieb er Novellen (kurze Erzählungen) und Gedichte.
Die Stadt, Seite 163

AUTORENVERZEICHNIS
A BIS Z

Tock, Annelies
wurde 1951 in Sint-Gillis-Waas/Belgien geboren.
Sie ist in ihrem Land eine bekannte Kinder- und
Jugendbuchautorin.
Blume im Wind (Auszug), Seite 114–115

Tolkien, John Ronald Reuel
wurde 1892 in Bloemfontein/Südafrika geboren
und starb 1973 in Bournemouth/England. Er gilt
als einer der bedeutendsten „Fantasy"-Autoren,
besonders durch seine Trilogie „Der Herr der
Ringe", die er Mitte des vergangenen Jahrhunderts schrieb. Die Verfilmung der drei Teile zählt
zu den größten Kinoerfolgen aller Zeiten und hat
das Werk nach über 50 Jahren auch als Buch
wieder zu einem Bestseller werden lassen.
Die Hobbits, Seite 171

Tollmien, Cordula
wurde 1951 in Göttingen geboren und lebt in
Hannoversch Münden. Sie ist Lehrerin und
Schriftstellerin.
Angst vor Hunden, Seite 48

Trakl, Georg
wurde 1887 in Salzburg geboren und nahm sich
1914 in Krakau das Leben. Er studierte Pharma-
zie in Wien. Bereits in dieser Zeit veröffentlichte
er Gedichte. Seine Gedichte sind von einer stark
pessimistischen Stimmung und einer tiefen

Suche nach Gott geprägt. Oftmals verwendete
er Symbole wie „Herbst" und „Nacht" in seinen
Gedichten.
Im Winter, Seite 55

Wendt, Irmela
wurde 1916 in Donop bei Detmoldt geboren und
lebt in Dörentrup/Lippe. Sie war Rektorin und
schreibt Kinder- und Jugendbücher.
Die Wut, Seite 27

Weitere Persönlichkeiten sowie Autoren, die nicht im Autorenverzeichnis aufgeführt sind, da sie im Buch nur erwähnt werden.

Adenauer, Konrad
lebte von 1876–1967. Der Politiker wurde1949 zum ersten deutschen Bundeskanzler der Bundesrepublik Deutschland gewählt und blieb bis 1963 im Amt.
Seite 98

Barnard, Prof. Christiaan
lebte von 1922–2001; südafrikanischer Herzspezialist, der als Erster eine erfolgreiche Herzverpflanzung vornahm
Seite 196

Beckenbauer, Franz
geboren 1945 in München-Giesing; bekanntester deutscher Fußballer („Kaiser Franz"), heute u. a. Leiter des Organisationskomitees der Fußballweltmeisterschaft 2006 in Deutschland
Seite 98

Benz, Carl
lebte von 1844–1929. Er baute den ersten Kraftwagen und gründete zusammen mit dem Kaufmann Max Kaspar Rose und dem Techniker Friedrich Wilhelm Esslinger im Jahre 1883 in Mannheim die Firma „Benz & Cie. Rheinische Gasmotoren", heute Daimler Chrysler.
Seite 207

Biemann, Christoph
geboren 1952; seit 1972 Autor, Regisseur und Darsteller für die „Sendung mit der Maus"
Seite 59

Braille, Louis
lebte von 1809–1852; der französische Blindenlehrer verlor selbst mit drei Jahren sein Augenlicht und erfand später die heute übliche Blindenschrift
Seite 196

Brecht, Bertolt
lebte von 1898–1956. Er schrieb neben Gedichten vor allem zeitkritische Theaterstücke wie zum Beispiel „Galileo Galilei" oder „Mutter Courage und ihre Kinder".
Seite 96

Cabot, John (eigtl. Giovanni Caboto)
lebte um 1450–1499; der italienische Seefahrer entdeckte vermutlich noch vor Kolumbus das nordamerikanische Festland.
Seite 120, 124–125

Dickens, Charles
englischer Schriftsteller (1812–1870). Er schrieb vor allem Romane.
Seite 81

Duden, Konrad
lebte von 1829–1911; schaffte mit seinem Werk die Grundlage für eine einheitliche deutsche Rechtschreibung
Seite 98

East, Marion
geboren 1954; südafrikanische Hyänen-Forscherin
Seite 154–160

Edison, Thomas
lebte von 1847–1931. Er gilt als einer der größten Erfinder. Über 1000 Patente gehen auf ihn zurück, so hat er z. B. die Kohlefadenglühlampe erfunden.
Seite 209

Eriksson, Leif
lebte um 940 bis um 1010; der normannische Seefahrer, Wikinger, (Sohn Erichs des Roten) erreichte von Grönland aus Neufundland und Labrador, das laut der Grönlandsaga von den Wikingern Vinland genannt wurde. Er könnte damit der erste Entdecker Amerikas gewesen sein.
Seite 126–127

Fontane, Theodor
lebte von 1819–1898. Er wurde vor allem durch seine Romane berühmt. Zum Beispiel schrieb er „Effi Briest" oder „Frau Jenny Treibel".
Seite 89, 98

Franklin, Benjamin
lebte von 1706–1790; der amerikanische Naturwissenschaftler und Politiker wurde durch seine Erfindung des Blitzableiters bekannt.
Seite 209

PERSONENVERZEICHNIS
A BIS Z

Franz I.
war von 1515–1547 französischer König
Seite 86

Goethe, Johann Wolfgang von
lebte von 1749–1832. Er wird oftmals als „Dichterfürst" bezeichnet. Goethe schrieb vor allem Gedichte und Dramen, aber auch Romane. Zu seinen berühmtesten Werken zählen „Faust" und „Die Leiden des jungen Werthers".
Seite 89

Gutenberg, Johannes
lebte von ca. 1394 / 1399–1468; entwickelte 1440 ein neues Verfahren für den Buchdruck, bei dem bewegliche Lettern (Bleibuchstaben) verwendet wurden.
Seite 196

Heinrich VII.
war englischer König von 1485–1509.
Seite 125

Janssen, Hans
war ein holländischer Brillenmacher im 16. Jahrhundert.
Seite 209

Jaramillo, Sor Sara Sierra
geboren 1964 in Kolumbien; gelernte Erzieherin, Präsidentin des Verbandes aller kolumbianischen Lehrerausbildungsstätten; leitet zusammen mit Hartwig Weber ein Straßenkinder-Projekt
Seite 137–138

Kolumbus, Christoph
lebte von 1451–1506; der genuesische Seefahrer gilt als der Entdecker Amerikas (1492).
Seite 97, 120, 122–123

Kristen, Dr. Karl-Heinz
ist ein bekannter Sportorthopäde am Donauspital in Wien.
Seite 65

Maar, Paul
geboren 1937 in Schweinfurt; bekannter Kinder- und Jugendbuchautor, besonders populär sind seine Geschichten vom „Sams"
Seite 108

Nobel, Alfred
lebte von 1833–1896; Erfinder des Dynamits und Stifter des Nobelpreises
Seite 196

Prinz, Birgit
geboren 1977; deutsche Fußballspielerin, die 2003 mit der Nationalmannschaft der Frauen Fußballweltmeisterin wurde
Seite 67

Ptolemäus
lebte um 100–170; der Astronom, Geograf und Mathematiker wurde berühmt durch sein astronomisches Weltsystem.
Seite 122

Röntgen, Wilhelm Conrad
lebte von 1845–1923; der deutsche Physiker entdeckte 1845 die Röntgenstrahlen und war der erste Physik-Nobelpreisträger.
Seite 196

Ruetz, Stefan
ist ein deutscher Unternehmer und Erfinder.
Seite 177

Valerien, Harry
geboren 1922; war viele Jahre lang ein erfolgreicher TV-Moderator und Sportreporter
Seite 98

Völler, Rudi
geboren 1960; einer der beliebtesten deutschen Fußballer, war von 2000–2004 Teammanager der deutschen Fußball-Nationalmannschaft
Seite 68

Watt, James
lebte von 1736–1819; englischer Erfinder, baute 1765 die erste in der Praxis verwendbare Dampfmaschine
Seite 196

Weber, Hartwig
geboren 1944; deutscher Theologe und Pädagoge, leitet mit Sor Sara Sierra Jaramillo ein Straßenkinder-Projekt in Kolumbien
Seite 137–138

Wilmut, Ian
geboren 1945; der Embryologe klonte 1996 das erste Schaf mit dem Namen „Dolly".
Seite 196

Textarten

Anekdote

In Anekdoten werden besondere Ereignisse, interessante Einzelheiten dargestellt. Häufig werden Anekdoten über bereits verstorbene oder auch noch lebende berühmte Personen (Künstler, Politiker u. a.) erzählt. Dabei wird entweder von einem Ereignis aus deren Leben oder über bestimmte Charaktereigenschaften berichtet. Dies geschieht meist in sehr knapper Form, wobei am Ende häufig eine Pointe steht. Dadurch soll das Besondere der Persönlichkeit noch stärker betont werden.
Die Verfasser von Anekdoten sind, ähnlich wie bei Witzen, oft unbekannt.

Bertolt Brecht:

Die schlechte Zensur, Herbert Ihering, **96**

Christoph Kolumbus, Herbert Lutz, **97**

Heinrich Heine, **98**

Theodor Fontane, **98**

Konrad Adenauer, **98**

Konrad Duden, **98**

Wilhelm Busch, **98**

Franz Beckenbauer, **98**

Anleitung

Einfache Hauptsätze und eindeutige Formulierungen sowie die genaue Reihenfolge der einzelnen Arbeitsschritte sind für eine Anleitung besonders wichtig, denn sie soll dem Leser einen Sachverhalt möglichst kurz und anschaulich erklären. Dabei kann es sich um ein Spiel, um die Anfertigung eines Produktes oder auch um Sport-Übungen handeln. Eine besondere Form sind Gebrauchsanweisungen, die den sachgemäßen Umgang mit technischen Geräten erläutern. Anleitungen gehören zu den Sachtexten.

Brausepulver-Rakete (Bastelanleitung), Christoph Biemann, **59**

Kartentrick: Treibjagd, nach Hans-Werner Huneke, **174**

Bericht

Es gibt verschiedene Berichtsformen. In den meisten Berichten wird in sachlicher Sprache ein Ereignis oder ein Geschehen im Präteritum dargestellt. Der Berichtende verzichtet dabei auf eine Wertung des Geschehens, überlässt es dem Hörer oder Leser, sich eine eigene Meinung zu bilden (Anders ist das jedoch zum Beispiel bei einer Sportreportage, die live gesendet wird. Hier wird versucht, dem Hörer oder Fernsehzuschauer zu vermitteln, was gerade geschieht. Das geschieht im Präsens und das Geschehen wird dabei auch gewertet.). Mit Hilfe der W-Fragen kann man einem Bericht die notwendigen Informationen entnehmen.

Sportunfälle (ohne Titel), **65**

Hyänen in der Serengeti, Nasrin Siege, 154–160

Beschreibung

Bei der Beschreibung von Gegenständen oder Vorgängen ist es immer notwendig, dass man beachtet, für wen und mit welchem Ziel etwas beschrieben werden soll. Dies geschieht im Präsens und mit Hilfe treffender Wortwahl sowie durch Einbeziehung von Fachausdrücken. Eine sinnvolle bzw. richtige Reihenfolge der einzelnen Arbeitsschritte oder Angaben ist dabei ebenso wichtig. Bei der Personenbeschreibung sollten neben den äußerlichen Merkmalen auch Verhaltensweisen dargestellt werden.

Lemminge (ohne Titel), **187**

Diagramm

Ein Diagramm ist eine grafische Darstellung (Schaubild) von Zusammenhängen, die in Zahlen ausgedrückt werden. Es gibt verschiedene Arten von Diagrammen, z. B. Säulen-, Kreis- und Kurvendiagramme. Auch Diagramme sind Sachtexte.

Säulendiagramm, **108, 135, 139**

Erzählung, Geschichte

In der Literatur versteht man unter Erzählungen im Gegensatz beispielsweise zum Roman kürzere literarische Texte, die in einer Gruppe mit Märchen, Kurzgeschichten und Novellen erfasst werden. Inhaltlich gibt es dabei keine Einschränkungen. Eine exakte Zuordnung der Erzählung ist aber oft sehr schwer. So sollte sie zum Beispiel einen Umfang von etwa 6 bis 60 Seiten haben. Häufig spricht man deshalb bei

TEXTARTEN UND THEMEN
A BIS Z

kürzeren Texten auch von einer Geschichte, die erzählt wird.

Fragebogen

Mit Hilfe von Fragebögen können im Gegensatz zum Interview oft viele Personen gleichzeitig zu einem Thema befragt werden. Ziel von solchen Fragebögen ist es, ein möglichst umfassendes und genaues Meinungsbild zu erhalten. Ein Fragebogen enthält meist Entscheidungsfragen oder Vorgaben, bei denen man sich für eine Aussage entscheiden muss, die dann nur noch angekreuzt wird. Wichtig ist dabei, dass die Vorgaben nur eindeutige Antworten zulassen.

Gedicht, Erzählgedicht (Ballade)

Gedichte sind meist kürzere literarische Texte in einer besonderen Gestaltung (z.B. ein bestimmter Sprechrhythmus, Einteilung in Strophen/Verse, Wiederholungen oder Wörter, die sich reimen). Oft verwenden die Autoren dabei eine bildreiche Sprache. Gedichte sind aus Liedern hervorgegangen. In der Antike begleiteten fahrende Sänger ihren Vortrag auf der „Lyra", einem Saiteninstrument. Man spricht deshalb als Oberbegriff für alle Gedichtformen von der Lyrik. Die Balladen, die oft viele gereimte Strophen haben, werden heute häufig Erzählgedichte genannt (s. a. Seite 89).

Interview

Ein Interview ist eine zumeist öffentliche Befragung einer Person. Diese kann sowohl spontan erfolgen, aber auch zwischen den beiden Gesprächspartnern vereinbart sein (z. B. in einer Fernsehsendung). Um ein interessantes Gespräch mit einer anderen Person führen zu können, sollte sich der Interviewer über die Person, die er befragen will, gut informieren. Der Erfolg eines Interviews hängt oft wesentlich von der Art der Gesprächsführung ab, vor allem vom Einsatz verschiedener Fragetechniken und Fragetypen (Entscheidungsfrage, Ergänzungsfrage, provozierende Frage u. a.).

Jugendbuch

Als Kinder- und Jugendliteratur bezeichnet man Bücher, die für junge Menschen zwischen 3 und etwa 18 Jahren geschrieben werden. Allerdings gibt es nicht immer eine klare Alterstrennung. So lesen auch viele Erwachsene zum Beispiel gerne Märchen oder Fantasy-Romane, während Jugendliche sich durchaus auch für Gedichte oder Erzählungen interessieren, die ursprünglich nicht für sie geschrieben wurden. Im 18. und 19. Jahrhundert dienten Jugendbücher nahezu ausschließlich der Erziehung. Die heutige Jugendliteratur möchte unterhalten, spannende und interessante Geschichten erzählen, die natürlich auch zum Nachdenken anregen sollen. Das Zusammenleben der Menschen, schulische und familiäre Probleme, geschichtliche Ereignisse, Freundschaft und erste Liebe, humorvolle Begebenheiten, abenteuerliche Expeditionen und kriminalistische Ermittlungen sind nur einige der vielfältigen Themen heutiger Kinder- und Jugendliteratur.

Kriminalkurzgeschichte

In einer Kriminalkurzgeschichte wird zumeist mit nur wenigen Sätzen ein Verbrechen und seine Aufklärung dargestellt. Dies geschieht in vielfältiger Form und die Kurzgeschichte kann auch humorvolle Züge tragen. Am Schluss steht natürlich immer die Aufklärung des Falls (z. B. durch einen Detektiv oder die Polizei). Eine besondere Form dabei ist der Rätselkrimi. Hier soll der Leser selbst am Ende herausfinden (durch logisches Denken oder auch durch aufmerksames Lesen), wer der Täter ist.

Kurzgeschichte

Die Kurzgeschichte wurde vor allem im 20. Jahrhundert eine wichtige Erzählform. Weil die Kurzgeschichte mitten im Geschehen beginnt, hat man die Handlung der Kurzgeschichte oftmals mit dem Aufspringen auf einen fahrenden Zug verglichen. Der Schluss bleibt offen, um die Leser zum Nachdenken anzuregen. Im Gegensatz zu ausführlicheren Erzählungen und Romanen sind in der Kurzgeschichte die Beschreibung der Zeit, des Orts und der Personen nur skizzenhaft.

Sachtext

Sachtexte sind keine literarischen Texte wie Romane oder Erzählungen. Man bezeichnet sie oft auch als Gebrauchstexte. Sie befassen sich meist mit einem Thema (z. B. Geschichte, Geografie, Sport usw.). Sachtexte sind also keine „erfundenen" Geschichten, sondern in erster Linie Informationsquellen für den Leser und existieren in vielfältiger Art – vom Lexikonartikel bis zum Fachbuch, von Gesetzestexten bis hin zu Protokollen, Anleitungen oder Unfallberichten. Darüber hinaus können sie Fotos, Illustrationen oder grafische Übersichten enthalten.

Sage (moderne)

Märchen und Sagen haben manche Gemeinsamkeiten, wie zum Beispiel die mündliche

Überlieferung. Sagen sind jedoch fast immer an einen bestimmten Ort gebunden oder spielen in einer mehr oder weniger genau bestimmten Zeit. Geschichtliche Ereignisse oder Gestalten stehen im Mittelpunkt der Handlung, die im Gegensatz zum Märchen weniger ausschmückend ist. Oft wird so sachlich erzählt, dass der Leser selbst die unglaubwürdigsten Ereignisse als wahr empfindet. So entstehen auch heute immer wieder neue Geschichten, die weitererzählt werden. Diese so genannten modernen Sagen werden auch als Wandersagen bezeichnet, weil dabei häufig die Motive von Personen oder die Örtlichkeiten einfach auf andere übertragen werden, ohne dass die Handlung der Geschichte sich ändert.

Nierenklau, nach Rolf W. Brednich, 28
Monopoly, nach Rolf W. Brednich, 28

Schilderung

Da jeder Mensch seine Umwelt, ein Ereignis oder eine Situation anders empfindet, schildert er sie auch entsprechend unterschiedlich. Dabei versucht er seine Gefühle, Gedanken und Sinneswahrnehmungen mit Hilfe unterschiedlicher sprachlicher Mittel darzustellen. Eine wichtige Rolle spielt dabei auch die Erzählperspektive (z. B. Ich-Form).

Besoffen vor Glück, Susi Romahn, 168

Spruch (Ausspruch)

Ursprünglich wurden früher vor allem Gedichte oder Dramen durch Sinn- und Denksprüche unterbrochen oder beendet (man bezeichnet sie auch als Sentenzen). Viele dieser „geflügelten Worte" sind auch heute noch bekannt. Aussprüche von Persönlichkeiten (Künstler, Politiker u. a.) werden heute aber auch in vielfältiger Form Texten oder Reden entnommen.

Nichts in der Welt ..., Charles Dickens, 81

Tagebuch

Wenn eine Person – egal ob es sich dabei um einen Erwachsenen oder einen Jugendlichen handelt – regelmäßig (meist täglich) ihre Erlebnisse und Erfahrungen, ihre unterschiedlichen Gefühlszustände und die Auseinandersetzungen mit anderen Menschen und der Umwelt aufschreibt, führt sie ein Tagebuch.

Selbst viele berühmte Persönlichkeiten führten solche Tagebücher, in denen sie zusätzlich auch philosophische Betrachtungen, künstlerische Gedanken, politische Haltungen und vieles mehr äußerten. Diese Tagebücher sind heute oft sehr wertvoll für die Geschichtsforschung.

Oh, du Hölle! Julias Tagebuch,
Christine Nöstlinger, 46–47

Theaterstück

Theaterstücke (häufig auch Dramen genannt) sind Komödien und Tragödien, die auf einer Bühne von Schauspielern vor Publikum aufgeführt werden. Die Stücke können sowohl in Versform als auch in freier Sprache verfasst sein. Monologe und Dialoge sind dabei die wichtigsten Gestaltungsmittel. Wenn Personen (Figuren) in einem Theaterstück die Bühne neu betreten oder sie verlassen, spricht man von einer Szene. Mehrere Szenen zusammen werden dann oft auch Akt genannt.

Eier-Meier verwandelt sich, Frank Lion, 33–35

Witz

Ein Witz kann intelligent, derb, naiv, politisch oder auch einfach nur doof sein – immer soll er aber zum Lachen reizen. Oftmals nur mit sparsamen Mitteln (je nachdem, ob es sich um einen Wortwitz oder Bilderwitz handelt) wird ein Geschehen dargestellt, das mit einer Pointe endet.

Lehrerwitz, 76, 80
Witz der Woche, 80

Zeitungsmeldung

Wenn Ereignisse kurz, sachlich und ohne eine persönliche Meinung wiedergegeben werden, spricht man von einem Bericht. Berichte stehen meist im Präteritum. Zeitungsmeldungen sind eine Form des Berichts (wie z. B. Sportberichte oder Schadensmeldungen). In Zeitungsmeldungen wird neben dem Präteritum auch das Präsens verwendet.

Ein Wechselbad der Gefühle, 15
„Einbrecher" waren eine Schulkasse, 30
Weihnachtsmänner fahren kostenlos, 176
30-Euro-Schein, 176
Kinofilm erstmals auch zum Riechen, 177
Urlaubssteuer, 177

TEXTARTEN UND THEMEN
A BIS Z

TEXTARTEN UND THEMEN
A BIS Z

Internet

Download

Viele Benutzer bieten auf ihren Internetseiten die Möglichkeit, Texte, Bilder, aber auch Videoclips und vieles mehr „herunterzuladen". Dabei könnt ihr diese Dateien von einem Server (ein Computer, der diese Dateien bereithält) auf euren Rechner übertragen. Ihr solltet euch aber vorher unbedingt genau informieren, ob der Download kostenlos oder nur gegen entsprechende Bezahlung erfolgen darf.

E-Mail

Mit der elektronischen Post (electronic mail = E-Mail) könnt ihr über das Internet in kürzester Zeit Nachrichten an andere Benutzer senden. Mit Hilfe von angehängten Dateien ist es euch außerdem möglich, zusätzlich Texte (zum Beispiel ein Word-Dokument), Bilder, Musik und sogar Videos der E-Mail anzufügen. Die persönliche Postadresse ist für euch besonders wichtig, damit ihr euch eindeutig identifizieren (ausweisen) könnt. Außerdem benötigt ihr sie häufig als Zugangsberechtigung, um an bestimmte Informationen zu gelangen. Eine E-Mail-Adresse besteht aus drei Teilen: Name (tatsächlicher oder Fantasiename), Symbol @ (der so genannte Klammeraffe), Name des Internetserviceanbieters.

Homepage

Die Homepage ist die Startseite (Auftaktseite), mit der sich die Benutzer (z.B. Firmen, Institutionen, Privatpersonen) im Internet vorstellen. Von dort aus gelangt man zumeist zu einer ganzen Reihe weiterer Seiten dieses Benutzers: Die Gesamtheit aller dieser Seiten nennt man Website. Oft gibt es aber auch so genannte Links (Querverweise) zu anderen Seiten.

Internet

Das Internet ist ein weltweiter Verbund von Computersystemen. Den Inhalt des Internets bestimmen seine Dienste. Der World Wide Web (WWW) oder auch kurz nur Web ist der wichtigste und bekannteste Dienst. Häufig wird er daher auch als Bezeichnung für das Internet gebraucht.

Link

Auf vielen Internetseiten befinden sich Querverweise. Ein solcher Hyperlink (Kurzform: Link) verknüpft dabei verschiedene Dokumente unterschiedlicher www-Seiten. Dies geschieht mit Hilfe einer besonderen Programmiersprache (HTML). Durch Anklicken eines solchen Links gelangt ihr so direkt zu dem angebotenen Dokument der entsprechenden www-Seite.

Webadresse

Um zu einer ganz bestimmten Seite eines Benutzers im Internet zu gelangen (zum Beispiel der Homepage), benötigt ihr seine genaue Adresse. Sie erfahrt ihr zum Beispiel entweder über Suchmaschinen oder durch Veröffentlichungen in Zeitschriften, in Büchern oder im Fernsehen.

Webmaster

Server sind Rechner, die oft riesige Datenmengen zentral verwalten und auf die andere mit ihm verbundene (vernetzte) Rechner Zugriff haben. Im Internet ist ein Webmaster verantwortlich für den Betrieb eines solchen WWW-Servers, damit zum Beispiel der Download von Dateien fehlerfrei erfolgen kann.

Texte am PC schreiben

Cursor

Mit Hilfe der Maus könnt ihr den Cursor auf der Bildschirmoberfläche bewegen. In den meisten Fällen handelt es sich dabei um ein Pfeil-Symbol. Wenn ihr zum Beispiel die Maus von euch wegschiebt, bewegt sich der Cursor nach oben, wenn ihr sie zu euch heranzieht, nach unten.

Datei

Alle Informationen (Daten) mit jeweils ähnlichem Inhalt werden in einem „Speicher" aufbewahrt, damit man sie wieder lesen oder auch verändern kann. Das können zum Beispiel Zeichen, Texte oder Bilder sein. Dateien sind daher die grundlegende Einheit eines Computers zur Speicherung. Ein Computer kann über mehrere Tausend solcher Dateien verfügen. Damit ihr sie schnell findet bzw. mit ihnen arbeiten könnt, ist es sinnvoll, sie in Ordnern zusammenzufassen.

Dateiname

Um Dateien voneinander zu unterscheiden, werden sie mit einem Namen versehen. Damit ihr aber auch wisst, um welche Art von Datei es sich handelt, erhält jede (getrennt durch einen Punkt) noch eine Drei-Buchstaben-Erweiterung (Dateinamenerweiterung). Ein Word-Dokument hat zum Beispiel die Erweiterung „.doc", eine Nur-Text-Datei „.txt" und eine Webseiten-Datei „.htm".

Formatieren

Um einen Text in die „richtige Form" zu bringen, bietet das Textverarbeitungsprogramm viele Möglichkeiten. So könnt ihr die Schriftart, den Zeichenabstand und die Anzahl der Spalten festlegen. Ihr könnt auch entscheiden, wann ihr einen Absatz einfügen wollt und wie der Text ausgerichtet sein soll oder ob ihr ihn einrahmen wollt. Dazu klickt ihr in der Menüleiste den Begriff „Format" an, der euch zu weiteren Untermenüs führt. Aber auch über die Symbolleiste ist es euch möglich, bestimmte Formatierungen durchzuführen. Die gesamte Text- und Bildgestaltung eines Textes nennt man Layout.

Menü

Wenn ihr eine Schaltfläche (zum Beispiel „Start") oder ein Wort (bei dem Word-Programm zum Beispiel unterhalb der Titelleiste das Wort „Datei") anklickt, öffnet sich ein so genanntes Menü. Oft findet ihr dort verschiedene Möglichkeiten (Optionen) eingeblendet, aus denen ihr wählen könnt (welche Handlung ihr zum Beispiel als Nächstes ausführen möchtet). Wenn ihr neben dem Menü einen Pfeil seht, wisst ihr, dass sich dort noch weitere Untermenüs befinden.

Ordner

In einem Ordner könnt ihr mehrere Dateien zusammenfassen. Dies erleichtert euch die Suche nach einer bestimmten Datei, aber auch das Arbeiten zum Beispiel mit einer ganzen Gruppe von Dateien (wenn ihr sie zum Beispiel alle gleichzeitig kopieren, an einen anderen Ort verschieben oder sie löschen wollt). Ein Ordner kann wiederum einen oder mehrere Ordner enthalten (man nennt diese dann Unterordner).

Rechtschreibprüfung

Wenn ihr in einem Textverarbeitungsprogramm arbeitet, lassen sich Rechtschreib-, Tipp- und grammatische Fehler leicht erkennen und korrigieren. Dabei hilft euch die Rechtschreibprüfung, die ihr so einstellen könnt, dass sie euch schon während des Schreibens die jeweiligen Fehler anzeigt. Aber auch eine Überprüfung nach Beendigung des Schreibens ist möglich.

Symbolleiste

Nicht von allen, aber von den wichtigsten Menübefehlen gibt es auch Symbole, die in einer Leiste angeordnet sind. So ist es euch zum Beispiel möglich, anstatt über das Menü „Datei/Speichern" zu gehen, einfach in der Symbolleiste die Schaltfläche „Speichern" anzuklicken. So könnt ihr manchmal einfacher und schneller arbeiten.

Textverarbeitungsprogramm

Diese Programme ermöglichen euch das Schreiben und Verändern von Texten im Computer. Der von euch über die Tastatur eingegebene Text wird auf dem Bildschirm angezeigt. Jederzeit könnt ihr während des Schreibens zum Beispiel Wörter ändern, einen Satz an eine andere Stelle setzen, Text löschen oder an jeder beliebigen Stelle einfügen. Häufig ist auch eine Rechtschreibprüfung möglich.

Thesaurus

Die meisten Textverarbeitungsprogramme enthalten ein Wörterbuch. Mit Hilfe dieser Wortschatzsammlung (= Thesaurus) könnt ihr nicht nur die Rechtschreibung überprüfen, sondern euch auch Wörter ähnlicher Bedeutung für einen Text vorschlagen lassen.

REGISTER
A BIS Z

REGISTER
A BIS Z

Lernbereich Lesen und Literatur, Kapitel „Denksport"

S. 100, Aufg. 2
Der 5. und der 8. Drache sind völlig gleich.

S. 100, Aufg. +3
Der Pudel gehört Michael.

S. 101, Aufg. 1
Ja, du hast es fein ge=macht, so wirst du auch nicht ausge=lacht. Logisches Denken ist sehr recht, Ungeduld ist immer schlecht.

S. 102–103 „Kommissar Kniepel", Aufg. 2
Kommissar Kniepel hatte sich aufmerksam das eingeschlagene Fenster angesehen und das Beet im Garten unter dem Fenster. Danach wusste er, dass kein Einbrecher von außen die Scheibe eingeschlagen haben konnte.

S. 104–105 „Delle im Blech", Aufg. 3
Der Kassenzettel, der noch zwischen den Gitterstäben klemmte, ist der Beweis, wer der letzte Benutzer des Wagens war.

S. 106 „Kassenraub", Aufg. +2
Eine Neonröhre wird nicht so heiß, dass man sich daran verbrennen kann.

Leseecke, Abschnitt „Wer ist der Täter?"

S. 142–144 „Die Diamantbrosche im Aufzug"
Wer hat die Diamantbrosche gestohlen und im Aufzug versteckt? Die Brosche war mit einem Kaugummi an der Decke befestigt gewesen. Es war also der junge Mann in Jeans und mit Brille.

S. 147–151 „Schreckliches Geschehen in der Osternacht oder die gebissene Lady"
Wer war der Täter in der Osternacht? Herrn Catchups Schnittverletzung an der Hand rührte von dem ungeschickt geöffneten und daher schadhaften Flaschenhals her. Dr. Dickmilchs Asche und Zigarrenrauch waren in dem Badezimmer, Arbeitszimmer und Wohnzimmer, nicht aber im Schlafzimmer zu finden. Er schloss daher, trotz mitternächtlichem Händewaschens, als Täter ebenfalls aus. Auch Fräulein von Frankenstein fiel aus (Keine Sandspuren im Schlafzimmer oder auf der Fensterbank des geöffneten Schlafzimmerfensters.). Gorowenko kam ebenfalls nicht in Betracht. (Keine Spuren von Gartenerde im Schlafzimmer oder auf der Fensterbank.) Er hatte allerdings Nelken mit Narzissen verwechselt – mangelnde Deutschkenntnisse. Narzissen aber blühen in der Osterzeit. Das große Messer hatte er zum Blumenschneiden benutzt.

Der Täter war Miss Berta. Indiz: Der kleine Holzsplitter in ihrem Auge, der sie zum Weinen brachte. Er stammte von der zertrümmerten Kuckucksuhr. Die Uhr fiel während des Überfalls auf Lady Amanda, um Schlag zwölf Uhr, dem Zeitpunkt, an dem der unstillbare Blutdurst in Vampir Berta erwachte, herunter, zerbrach, rief ihr letztes Mal „Kuckuck" und blieb stehen. Die Uhr ging, wie das Kuckucksuhren so an sich haben, zehn Minuten nach. Miss Berta konnte unbesehen durch die Türe vom angrenzenden Frühstückszimmer in das Schlafzimmer hinaus gelangen. Nachtrag: Lady Amanda fliegt in lauen Sommernächten als blasse Fledermaus herum. Zweiter Nachtrag: Enrico Enzian blieb bis Pfingsten heiser. Dann sang er wieder, Gott sei Dank!

TEXT- UND BILDQUELLENVERZEICHNIS

Textquellenverzeichnis

S. 12: Frank (Schüler): Computerleben. Aus: Hungrig nach starken Gefühlen. Ein Lesebuch von Schülerinnen und Schülern der Hauptschule für den Rest der Welt. Herausgegeben von der Gerhart-Hauptmann-Schule Springe, der Geschwister-Scholl-Schule Hildesheim und der Haupt- und Realschule Wennigsen. Westermann Schulbuchverlag, Braunschweig 1994, S. 134 • S. 13: Michael Sperschneider: Disko. Aus: Anneliese Werner et al. (Hrsg.): Acht Stunden täglich. Wuppertaler Arbeitsgruppe für Jugendliteratur. Hoch Verlag, Düsseldorf 1978 • S. 14: Tim: Mit Alk fing's an. Aus: Alexander Holst (Hrsg.): Wenn Nina nicht gekommen wär. Briefe Drogenabhängiger an ihre Kinder. Auer Verlag GmbH, Donauwörth 2003, S.18/19 (Text gekürzt) • S. 15: N. N.: Ein Wechselbad der Gefühle. Kölner Stadtanzeiger 10.12.2002 • S. 23: Josef Guggenmoos: Du Satansröhrling! Aus: Der Bunte Hund. Nr. 16 1987 • S. 27: Irmela Wendt: Die Wut. Aus: Hans-Joachim Gelberg (Hrsg.): Menschengeschichten. Drittes Jahrbuch der Kinderliteratur. Verlag Beltz & Gelberg, Weinheim/Basel 1975 • S. 28: Nierenklau. Nach: Rolf W. Brednich: Die Maus im Jumbo-Jet. Neue sagenhafte Geschichten von heute. Verlag C. H. Beck, München 1994, Text 57, S. 79 • S. 28: Monopoly. Nach: Nach: Rolf W. Brednich: Die Ratte am Strohhalm, Allerneueste sagenhafte Geschichten von heute. Verlag C. H. Beck, München 1996, Text 1, Seite 15 • S. 29: Moderne Sagen – Wandersagen: Interview mit Professor Rolf W. Brednich. Aus: geradeaus 7. Ernst Klett Verlag, Stuttgart 1999, S. 21 • S. 30: N. N.: „Einbrecher" waren eine Schulklasse. Aus: Rhein-Neckar-Zeitung 17./18.06.2000 • S. 33–35: Frank Lion: „Eier-Meier verwandelt sich". Ein Theaterstück. Aus: geradeaus 7. Ernst Klett Verlag, Stuttgart 1999, S. 37/38 • S. 46/47: Christine Nöstlinger: Oh, du Hölle! Julias Tagebuch. Aus: Dies.: Oh, du Hölle! Verlag Beltz & Gelberg, Weinheim/Basel 1986, S. 37–43 • S. 48: Cordula Tollmien: Angst vor Hunden. Aus: Hans-Joachim Gelberg (Hrsg.): Was für ein Glück. Neuntes Jahrbuch der Kinderliteratur, Verlag Beltz & Gelberg, Weinheim/Basel 1993, S. 97 • S. 54: Georg Britting: Fröhlicher Regen. Aus: Ders.: Werkausgabe. Listverlag München 1969, S. 54 • S. 55: Friedrich Güll: Nebel. Aus: www.textgalerie.de/archiv/gedichte/friedrich_guel/index.html • S. 55: Georg Trakl: hor.de/gedichte/georg_trakl/im_winter.htm • S. 59: Christoph Biemann: Brausepulver-Rakete. Aus: Ders.: Christophs Experimente. Carl Hanser Verlag München/Wien 2003, S. 85 • S. 65: N. N.: Fast ein Drittel aller Sportunfälle. Nach: Institut für medizinische Information. Freiburg Abt. Prämotion. Immed-Verlag, Freiburg 2001, S. 43 • S. 67/68: Ein Interview mit Birgit Prinz. Fernsehsender „xxp" 13.10.2003 • S. 82: Rainer Maria Rilke: Herbsttag. Aus: Hans Bender (Hrsg.): Das Herbstbuch. Insel Verlag, Frankfurt am Main 1982 • S. 84: Heinrich Heine: Die Lore-Ley. Aus: C. Siegrist (Hrsg.): Heinreich Heine: Werke, Band 1. Insel Verlag, Frankfurt am Main 2003 • S. 86/87: Friedrich Schiller:

Der Handschuh. Aus: Gerhart Fricke/Herbert Göpfert (Hrsg.): Schiller: Sämtliche Werke. Carl Hanser Verlag, München 1958 • S. 90–93: Heinz Piontek: Mit einem schwarzen Wagen. Aus: Ders.: Werke in 6 Bänden. Schneekluth Verlag, München 1985 • S. 94/95: Christine Nöstlinger: Spiegel lügen nicht. Aus: Dies.: Stundenplan. Verlag Beltz & Gelberg, Weinheim Basel 1976 • S. 96: Herbert Ihering: Bertolt Brecht: Die schlechte Zensur. Aus: Schaubude. Deutsche Anekdoten, Schwänke und Kalendergeschichten aus sechs Jahrhunderten. Verlag Neues Leben, Berlin 1964, S. 341 • S. 97: Herbert Lutz: Christoph Kolumbus. Aus: Leo Lesebuch, Klasse 8. Ernst Klett Verlag, Stuttgart 2001, S. 72 • S. 98: N. N.: Theodor Fontane/Franz Beckenbauer. Aus: Doris Kunschmann (Hrsg.): Das große Anekdotenlexikon. Die witzige Würze für Rede, Vortrag und Konversation (ungekürzte Buchgemeinschaftslizensausgabe der Bertelsmann Club GmbH, Rheda Wiedenbrück). Möller Verlag, Niederhausen TS. 1996 • S. 98: N. N.: Heinrich Heine, Konrad Duden, Konrad Adenauer, Wilhelm Busch. Aus: Anekdotensammlung Harenberg. Harenberg Lexikonverlag, Dortmund, S. 16, S. 293, S. 103, S. 172 • S. 100: Aufgabe 1/2. Aus: Bolchowitinow, Koltowoi, Lagowski (Hrsg.): Spaß für freie Stunden. Verlag MIR, Moskau/Leipzig 3. Aufl. 1980, S. 13, 15 • S. 101: Erich Ballinger: Geheimschrift. Nach: Ders.: Spürnasen in Aktion. 13 Krimirätsel. Lesehefte für den Literaturunterricht. Zusammengestellt von F. Brinkmeier, Ernst Klett Verlag, Stuttgart 1998, S. 18 f. • S. 102/103: Nach Detlef Kersten: Kommissar Kniepel. Aus: Spürnasen in Aktion. 13 Krimirätsel. Lesehefte für den Literaturunterricht. Zusammengestellt von F. Brinkmeier, Ernst Klett Verlag, Stuttgart 1998, S. 14 ff. • S. 104/105: Nach Franz S. Sklenitzka: Delle im Blech. © Franz S. Sklenitzka • S. 106: N. N.: Kassenraub: Bolchowitinow, Koltowoi, Lagowski (Hrsg.): Spaß für freie Stunden. Verlag MIR, Moskau/Leipzig 3. Aufl. 1980, S. 74 • S. 108: Diagramm. Nach: „Büchergenre 2000". Aus: S. Feierabend/W. Klinger: KIM-Studie 2002. Kinder und Medien. Basisstudie zum Medienumgang 6- bis 13-Jähriger. Medienpädagogischer Forschungsverbund Südwest, Baden-Baden 2002, S. 24: www.mpfs.de • S. 109: Cornelia Funke Inhaltsverzeichnis (Auszug). Aus: Dies.: Tintenherz. Cecilile Dressler Verlag, Hamburg 2003, S. 567 • S. 110/111: Cornelia Funke: Damals (Auszug). Aus: Dies.: Tintenherz, Cecilie Dressler Verlag, Hamburg 2003, S. 151–153 • S. 112/113: Kenneth Oppel: Klappentext/Schatten (Auszug). Aus: Ders.: Silberflügel. Aus dem Englischen von Klaus Weimann, Beltz Verlag, Weinheim/Basel 2000. Titel der Originalausgabe: Silverwing. Toronto 1997, U1, U2, S. 7 f. • S. 114/115: Annelies Tock: Auszug. Aus: Dies.: Blume im Wind. Aus dem Niederländischen von Sylke Hachmesiter. Mit Vignetten von Birte Müller, Carlsen Verlag, Hamburg 2003, S. 8–10 • S. 117: Inhaltsverzeichnis. Aus: Ich tu was!! August 2004 • S. 117: Inhaltsverzeichnis. Aus: BRAVO Nr. 36, 2004 • S. 118: N. N.: Ein traumhafter Spätsommertag. Aus: Popcorn Nr. 12, 2004 • S. 118: N. N.: Facts rund um die Verhütung. Anzeige der BZgA (Bundeszentrale für gesundheitliche Aufklärung). Aus: Bravo Nr. 48, 2004 • S. 118: N. N.: Knuddeliger Vierbeiner sorgt für Mega-Chaos! Aus: Popcorn Nr. 12, 2004 • S. 122/123: Christoph Kolumbus. Nach: Hellmut Hintermeyer: Die See war ihr Zuhause. Pietsch Verlag, Stuttgart 2000, S. 31 ff. • 124/125: John Cabot. Nach: Hellmut Hintermeyer: Die See war ihr Zuhause. Pietsch Verlag, Stuttgart 2000, S. 31 ff. • S. 126/127: 500 Jahre vor Cabot und Kolumbus (Grönlandsaga). Nach: Peter Donat: Rund um die Archäologie. Kinderbuchverlag, Berlin 1988, S. 108 f. • S. 133: Je früher, desto schlimmer! Nach: BZgA (Bundeszentrale für gesundheitliche Aufklärung). Auf dem Weg zur rauchfreien Schule • S. 134: „Krebs hab ich erst später". Aus: Saarbrücker Zeitung 24. März 2004, Seite D5, Spezial • S. 137/138: Hartwig Weber/Sor Sara Sierra Jaramillo: Hernán (Auszug). Aus: Narben auf meiner Haut. Büchergilde Gutenberg. Frankfurt am Main 2003, S. 68 f. • S. 139: Leben auf der Straße. Übersetzung nach Departamento Administrativo Nacional des Estadistica 2002: www.pnud.org.co • S. 140/141: Beatrix S. Hell (UNICEF): Wer ist ein Straßenkind? Aus: Auszüge aus Vortrag zu dem Thema „Straßenkinder". Berlin 2000: http:/bas.cs.tu-berlin.de/Projektsws99/Hell.pdf/ • S. 142 -144: Erwin Moser: Die Diamantenbrosche im Aufzug. Aus: Der Bunte Hund. Nr. 11 1985, S. 34/35 • S. 145/146: Johann Peter Hebel: Die Tabakdose. Aus: Bibliothek deutscher Klassiker (Hrsg.): Nationale Forschungs- und Gedenkstätte der klassischen Deutschen Literatur in Weimar. Ausgewählt und eingeleitet von Dieter Pilling, Aufbau Verlag, Berlin/Weimar 5. Aufl. 1989, S. 227/228 • S. 147–151: Helga Gebert: Schreckliches Geschehen in der Osternacht oder die gebissene Lady. Aus: Der Bunte Hund. Nr. 13 1986, S. 48/49 • S. 151–153: Georg Britting: Brudermord im Altwasser. Aus: Ders.: Gesamtausgabe. Nymphenburger Verlagshandlung, München 1958, Band 3: Erzählungen 1920–1936, S. 84 • S. 154–161: Hyänen in der Serengeti. Aus Der Bunte Hund. Nr. 59, S. 40 • S. 162: Erich Kästner: Die Entwicklung der Menschheit. Aus.: Ders.: Gedichte. Ausw. und Nachwort von Peter Rühmkopf, Suhrkamp Verlag, Frankfurt am Mein 1985 • S. 162: Wilhelm Busch: Bewaffneter Friede. Aus: Ders.: Gedichte. Ausgewählt von Theo Schlee, Insel Verlag, Frankfurt am Main 1999 • S. 163: Theodor Storm: Die Stadt. Aus: hor.de/gedichte/theodor_storm/die_stadt.htm • S. 163: Georg Heym: April. Aus: Ders.: Lyrik, Dichtungen und Schriften, 4 Bände, Verlag C. H. Beck, München 1999 • S. 163: Stefan George: Vogelschau. Aus: hor.de/gedichte/stefan_george/vogelschau.htm • S. 164: Ernst Jandl: My own song. Aus: Ders.: Werkausgabe in drei Bänden. Luchterhand Literaturverlag, Frankfurt am Main 1985 • S. 164: Hans Manz: Ich. Aus: Hans-Joachim Gelberg (Hrsg.): Großer Ozean. Gedichte für alle. Verlag Beltz & Gelberg, Weinheim/Basel 2000, S. 77 • S. 164: Frederike Frei: Selbstporträt. Aus: Joachim Fuhrmann (Hrsg.): Gedichte für Anfänger. Rowohlt Verlag, Reinbek 1980, S. 11 • S. 165: Mirjam Pressler: Auszug. Aus: Dies.: Bitterschokolade. Verlag Beltz & Gelberg, Weinheim/Ba-

sel 1986, S. 59/60, S. 158 • S. 166: Joseph von Eichendorff: Sehnsucht. Aus: Ders.: Werke. Nach den Ausgaben letzter Hand unter Hinzuziehung der Erstdrucke. Herausgegeben von Anser Hillach, 13 Bände, Verlag Artemis & Winkler, München 1970 ff., hier: Bd. 1, S. 66 • S. 166: Walther Petri: Sehnsucht. Aus: Hans-Joachim Gelberg (Hrsg.): Großer Ozean. Gedichte für alle. Verlag Beltz & Gelberg, Weinheim/Basel 2000, S. 62 • S. 167: Ludwig Fels: Nebenan. Aus: Joachim Fuhrmann (Hrsg.): Tagtäglich. Gedichte. Rowohlt Verlag, Reinbek 1976, S. 135 • S. 168: Regina Schwarz: Wen du brauchst. Aus: Hans-Joachim Gelberg (Hrsg.): Überall und neben dir. Gedichte für Kinder. Verlag Beltz & Gelberg, Weinheim/Basel 1989, S. 159 • S. 168: Susi Romahn: Besoffen vor Glück (Auszug). Aus: Renate Boldt, Gisela Krahl (Hrsg.): Das Rowohlt Lesebuch für Mädchen. Rowohlt Verlag, Reinbek 1984, S. 251 • S. 169: Jessica (Schülerin): Angst vor Jungen. Aus: Hungrig nach starken Gefühlen. Ein Lesebuch von Schülerinnen und Schülern der Hauptschule für den Rest der Welt. Herausgegeben von der Gerhart-Hauptmann-Schule Springe, der Geschwister-Scholl-Schule Hildesheim und der Haupt- und Realschule Wennigsen. Westermann Schulbuchverlag, Braunschweig 1994, S. 73 • S. 169: Christine Nöstlinger: Rechenaufgabe unter Tränen. Aus: Hans-Joachim Gelberg (Hrsg.): Großer Ozean. Gedichte für alle. Verlag Beltz & Gelberg, Weinheim/Basel 2000, S. 201 • S. 172: Ich, der weiße Wal. Aus: geradeaus 7, Ernst Klett Verlag, Stuttgart 1997, S. 132 • S. 176/177: Weihnachtsmänner/30-Euro-Schein/Kinofilm/Urlaubssteuer. Nach: Anne und Ingo Reichardt: Hund beißt Flugzeug. Tausend kuriose Meldungen aus aller Welt. Stamm Verlag, Essen 2001, S. 131, 63, 98, 127 • S. 179: Das Rad neu erfunden/Morgengrauen/Knast-Mobil/Abnehmen auf heißen Socken. Nach: Anne und Ingo Reichardt: Hund beißt Flugzeug. Tausend kuriose Meldungen aus aller Welt. Stamm Verlag, Essen 2001, S. 66 ff. • S. 195: N. N.: Die Dampflokomotive. Nach: Microsoft Encarta Enzyklopädie 2002. Microsoft Corporation 1993–2001 • S. 207: N. N.: Carl Benz (Text verändert). Aus: geradeaus 7, Ernst Klett Verlag, Stuttgart 1997, S. 101 • S. 208: N. N.: Die erste Bewährungsprobe. Aus: geradeaus 7. Ernst Klett Verlag, Stuttgart 1997, S. 101 • S. 210/211: Hans Hass: Der Fischmensch erwirbt eine künstliche Lunge. Aus: Ders.: Vorstoß in die Tiefe. Esso AG, Hamburg 1972 • S. 214: Erich Scheuermann: Papalangi (Auszug; Text bearbeitet). Aus: geradeaus 7, Ernst Klett Verlag, Stuttgart 1997, S. 110.

Bildquellennachweis

S. 8: MEV • S. 9: MEV • S. 11: MEV • S. 12: Mauritius, Mittenwald • S. 13: Picture Alliance (ZB) Frankfurt • S. 32.1: Mauritius, Mittenwald • S. 32.2: Picture Alliance (Berliner Kurier), Frankfurt 32.3: Picture Alliance (KPA Copyright), Frankfurt • S. 32.4: Picture Alliance (dpa), Frankfurt • S. 32.5: Picture Alliance (Berliner Kurier), Frankfurt • S. 32.6: Picture Alliance (ZB), Frankfurt · S. 42: Corbis (Michael Pole), Düsseldorf · S. 44: Cover Mirjam Pressler: Bitterschokolade. Verlag Beltz & Gelberg, Weinheim/Basel 1986/1990 · S. 47: Cover: Christine Nöstlinger: Oh, du Hölle! Verlag Beltz & Gelberg, Weinheim/Basel 1986 · S. 52.1: Picture alliance (dpa), Frankfurt · S. 52.2: Okapia (J. L. Klein; M. L. Hubert), Frankfurt · S. 52.3: mauritius (age fotostock), Mittenwald · S. 56.1: Corbis (Strauss/Curtis), Düsseldorf · S. 56.3/4: Klett Archiv (Peter Nierhoff) · S. 57.1/2: Klett-Archiv (Peter Nierhoff) · S. 59.1–7: Christoph Biemann: Christophs Experimente. Gesamtgestaltung von Hildegard Müller, Carl Hanser Verlag München/Wien 2003 · S. 60.1–4: Horst Schierhorn, Friedeburg · S. 67: Picture Alliance (ASA), Frankfurt · S. 68: Klett-Archiv (w.w) · S. 72.1: Argus (Schwarzbach), Hamburg · S. 72.2: Klett-Archiv (w. w.) · S. 82: MEV · S. 96: Picture-Alliance (dpa), Frankfurt · S. 97: Bridgeman. Art Library London · S. 109: Cover: Cornelia Funke: Tintenherz. Cecilie Dressler Verlag, Hamburg 2003 · S. 112: Cover: Kenneth Oppel: Silberflügel. Verlag Beltz & Gelberg, Weinheim/Basel 2000 · S. 114: Cover: Annelies Tock: Blume im Wind. Carlsen Verlag, Hamburg 2003 · S. 116.1: Titelbild: BRAVO Nr. 36, 2004 · S. 116.2: Titelbild: Ich tu was! August 2004 · S. 120.1: AKG, Berlin · S. 120.2: Corbis (John Farmar; Coprdaiy Photo Library Ltd), Düsseldorf · S. 120.3: Frank Spieß, Bottrop · S. 122: AKG (akg-images), Berlin) · S. 124: Corbis (Lake County Museum), Düsseldorf · S. 130: Caro Foto · S. 133.1: BZgA (Bundeszentrale für gesundheitliche Aufklärung), Köln · S. 133.2: MEV · S. 134: Mauritius · S. 136.1: Visum (Paul Smith/panos pictures/plus 49), Hamburg · S. 136.2./3.: Hartwig Weber, Heidelberg · S. 138: Hartwig Weber, Heidelberg · S. 154: Mauritius, Mittenwald ·S. 155: Karte: Klett Archiv (Andrea Mix), Stuttgart · S. 155: Hintergrundfoto: Corbis (Ron Sanford) Düsseldorf · S. 156.1: Okapia (NAS G. C. Kelley), Frankfurt · S. 156.2: Nasrin Siege, Frankfurt · S. 157: Picture Alliance (Okapia KG, Germany), Frankfurt · S. 158: Mauritius, Mittenwald · S. 160: Nasrin Siege, Frankfurt · S. 204.1/2: Bayernpress (Dreier GmbH), Nürnberg · S. 204.3/4 AP (Frank Boxler), Frankfurt · S. 207: AKG, Berlin · S. 208: Corbis (Hulton-Deutsch-Collection), Düsseldorf · S. 210: Mauritius (age fotostock, Mittenwald · S. 211: Mauritius (ACE), Mittenwald · S. 218.1–6: MEV · S. 220.1–4: MEV · S. 224.1: Okapia (Zack Burris); Frankfurt · S. 224.2: Mauritius (age fotostock), Mittenwald · S. 224.3: Mauritius (J. Beck), Mittenwald